엔터테인먼트 매니지먼트 실무론

머리말

이 책은 엔터테인먼트 산업의 매니저 실무에 입문하는 학생과 일반인을 대상으로 하여 그 전반적인 내용을 개괄적으로 서술해 놓았다. 독자는 이 책을 통해 엔터테인먼트 산업의 기초적인 매니저 실무 이론을 접하고, 이에 대한 분석과 고찰 및 토론 등을 하게 될 것이다.

현대의 엔터테인먼트 산업의 기업 환경은 무한 경쟁 체제에 있으며 그 변화의 속도는 점점 빨라져, 미래의 엔터테인먼트 산업은 지금보다 더욱 불확실한 상황에 놓이게 될 것이다. 이에 엔터테인먼트 산업의 경영적 사고는 무엇과도 바꿀 수 없는 자산이 될 수밖에 없다. 이 책은 그러한 환경 속에 내재되어 있는 기회와 위협을 발견하고 대처 방안을 수립해 효과적인 활용이 가능하도록 지침서의 역할을 한다.

최근의 문화 산업의 발달로 엔터테인먼트 산업은 매니지먼트 측면에서 매니저의 역할이 중요하게 부각되고 있으며, 이런 상황은 매니저의 기초적 실무부터 변화를 필요로 하고 있다. 매니저의 새로운 매니지먼트 연구로 도출되는 일대 변혁기를 맞이하고 있다고

할 만하다. 이러한 시대에 매니저의 매니지먼트 경쟁력을 향상시키기 위해서는 디지털 기술과 문화 · 환경 기술에 따른 관리 기법이 필요하다. 그리고 모든 엔터테인먼트 산업은 인간 상호 존중과 삶의 질을 개선하려는 의지를 바탕으로 이루어져야 한다.

이 책은 엔터테인먼트 산업 경영 및 일반 산업 경영의 과목을 강의노트 중심으로 작성한 것으로 국내외의 많은 자료들을 참조하였다. 그것에는 국내외 서적과 보고서, 논문, 강의 교재 자료와 인터넷에서 얻은 자료 등이 포함된다. 따라서 이 책의 내용들이 모두 집필자의 독창적인 연구 결과로 도출된 것이 아님을 밝힌다. 또한 인용된 내용 중 일부가 자료의 출처를 정확하게 기재하지 못하였을 수 있는 바 그 점은 깊이 머리 숙여 양해를 구하고자 한다.

마지막으로 이 책은 학부에서 교재로 사용할 수 있도록 저자들이 지난 몇 년간 대학에서 엔터테인먼트경영 전공, 예술경영 전공, 다중매체 전공, 공연기획 전공, 연예매니저 전공에 따른 문화 산업의 전반적인 강의 경험을 토대로 최선을 다해 요약, 정리하였으나 경험이 일천하여 오류가 있을 것으로 사료되어 앞으로 수정, 보완해 나갈 것을 약속한다.

이 책이 나오기까지 열과 성을 다하여 원고 정리를 도와준 지인들과 많은 조언과 격려를 아끼지 않은 선배, 동료 교수님들께 감사의 인사를 올린다. 그리고 B&M BOOKS의 임직원 여러분께도 감사를 전한다.

2008년 2월

꿈 말 연구실에서 Cho & Lee & Chi

제 1 장 엔터테인먼트 매니지먼트의 개념 및 정의

제 2 장 엔터테이너의 수급 현황과 기획사와의 관계

제 3 장 엔터테인먼트 매니저의 업무

제 1 장

엔터테인먼트 매니지먼트의 개념 및 정의

1. 엔터테인먼트의 개념 정의
2. 엔터테인먼트 산업의 특징
3. 엔터테인먼트 매니지먼트의 일반적 특징

1. 엔터테인먼트의 개념 정의

(1) 엔터테인먼트의 본질

엔터테인먼트(Entertainment)라는 단어를 사전에서 찾아보면 몇 개의 뜻 중에 '오락' 이라는 뜻이 다가온다. 우리가 알다시피 오락은 단순히 게임만이 아니라 여러 가지 콘텐츠를 통해서 인간이 재미있게 즐길 수 있는 모든 것을 말한다. 따라서 엔터테인먼트 산업은 무척 광범위하다. 영화, TV, 대중음악, 스포츠, 놀이 공원, 라디오, 카지노, 잡지, 신문, 책, 어린이용 또는 성인용 장난감 기타 등등이 엔터테인먼트 산업의 주요 무대이고 또한 상품이다.[1)]

엔터테인먼트에 대하여 정당화하려는 최초의 노력을 보인 사람은『호모 루덴스』를 저술한 하위징아(Johan Huizinga: 1872~1945)이다. 하위징아는 엔터테인먼트의 근원은 놀이라고 정의하고, 종교와 학문, 예술과 문화 등은 원래부터 놀이 속에서 생겨난 것으로, 놀이를 자유로운 창조의 발로라고 주장한다.

이후 로제 카유와(Roger Callois: 1913~1978)는 하위징아의 이론을 더욱 발전시킨다. 사회학, 종교학 등 다양한 분야에서 활동한 그는 놀이를 '어떤 것도 만들어 내지 않는 비생산적인 활동'[2)] 이라고 규정한다. 오락이 우리에게 제공하는 것은 심리적인 만족감에 지나지 않기 때문이다. 로제 카유와가 말한 것처럼, 인간이 즐기는 놀이(오락)는 물질적 이익과 연결되지 않는 비생산적인 활동이며, 그런 의미에서 무용지물인 셈이다. 따라서 엔터테인먼트는 우리의 일상생활에서 반드시 필요한 필수품

---

1) 마이클 J. 울프,『오락의 경제』, 리치북스, 이기문 옮김, 2000, p.21.
2) 로제 카유와,『遊びと人間』, 多田道太郎 옮김, 講談社 學術文庫, 1990.(Roger Callois, *Les Jeux et les hommes*, 1958.)

은 아니라고 할 수 있다.

일반적으로 어떤 특정적인 것에 대한 판단을 내릴 때, 본질 기능인 1차 기능은 정량적으로 측정할 수 있어 '좋다 ↔ 나쁘다' 라는 비교 우위 관계가 간단하게 성립한다. 공업 제품, 즉 하드웨어는 좋고 나쁜 것이라는 비교가 가능한 상품인 것이다. 그러나 브랜드 이미지를 나타내는 2차 기능은 수치로 전환하기가 매우 어렵다.

디자인과 브랜드 이미지는 소비자 개인의 취향에 따라 평가가 제각기 다르기 때문에 객관적인 비교를 할 수 없다. 따라서 2차 기능은, 즉 '좋다 ↔ 싫다' 로 표현되는 것이다. 엔터테인먼트 상품은 1차 기능을 갖지 않고, 2차 기능만을 가지는 상품이다. 따라서 사람의 개인적인 취향을 절대적인 척도로 측정하는 것은 부적절하다.

이렇게 엔터테인먼트는 소비자들의 평가 척도가 다르기 때문에, 결과적으로 비즈니스의 전개 방법도 다르기 마련이다. 시장에서는 가격이 높고 성능이 뒤처지는 제품은 당연히 팔리지 않는다. 우열을 가른다는 것은 지극히 일반적인 경쟁의 법칙을 따르기 때문에 좋은 것은 살아남고 나쁜 것은 사라질 수밖에 없는 것이다.

만약 성능이 떨어지는 대신 가격을 낮추면 팔릴 수도 있다. 성능이 떨어진다고 하여도 유용성은 남아 있기 때문이다. 예를 들면, 현재 컴퓨터의 성능은 경이로울 정도로 진화하고 있다. 3개월 전에 발매된 컴퓨터가 짧은 시간 안에 구식 모델이 되는 시대이다. 그러나 구식 모델이라고 하여도 초보자용 컴퓨터 정도로 가격을 낮추면 시장성이 생기게 된다. 성능에 맞는 가격을 책정한다면 팔릴 수도 있다는 이야기이다.

그러나 엔터테인먼트 상품은 그렇지 못하다. 유행이 지나간 음악 CD나 캐릭터 상품은 공짜라도 구미를 당기질 못한다. 상품으로서 가치가 거의 없어 가끔은 갖고 있는 것조차 짐이 될 수 있다. 필수품의 세계에서는 가격 설정과 성능 설계가 빗나가지만 않는다면 판매 예측이 크게 벗어나는 예는 그다지 많지 않을 것이다. 사회가 요구하는 사용가치에는 한도가 확실해 비교적 예측 가능하기 때문이다.

엔터테인먼트 상품은 사전의 체계적이고 구체적인 판매 예측에도 불구하고 예상을 빗나가는 케이스가 많다. 인기를 얻지 못하면 실수요(實需要)가 없어 사업상 큰 타격을 입는 경향이 있다. 엔터테인먼트의 콘텐츠는 가격을 낮춘다고 해서 팔릴 수 있는 것도 아니기 때문에 실패하면 혹독한 결과를 맞게 되는 것이다. 특히 새로운 장르를 개척한 결과물을 세상에 내놓는 경우는 그 파장이 더욱 커서 사업 성과가 타협의 여지가 없을 수밖에 없는 상황이다. 엔터테인먼트에는 성공과 실패의 격차가 매우 크고 도박의 요소가 강하다는 이유를 바로 이러한 본질에서 알 수 있다.

또 하나, 엔터테인먼트의 매니지먼트를 생각할 때 중요한 포인트가 있다. 그것은 '좋다 ↔ 나쁘다'의 평가에서는 '기존의 경험이 모든 것을 말하는 세계'이나, '좋다 ↔ 싫다'의 평가에서는 '기존의 경험이 오히려 방해를 하는 세계'라는 구조이다. 자동차의 개량에는 숙련된 전문가의 지혜가 필요하다. 그러나 새로운 유행을 주도하는 엔터테인먼트의 개발에서는, 숙련된 전문가들이 참여하는 것이 이미 지적한 바와 같이 오히려 상당한 해를 끼친다고 볼 수 있다. 왜냐하면 엔터테인먼트의 평가 척도가 '좋다 ↔ 싫다'로서 하드웨어의 평가 척도인 '좋다 ↔ 나쁘다'와는 다르기 때문이다.

[그림 1] 하드웨어와 엔터테인먼트의 평가 척도

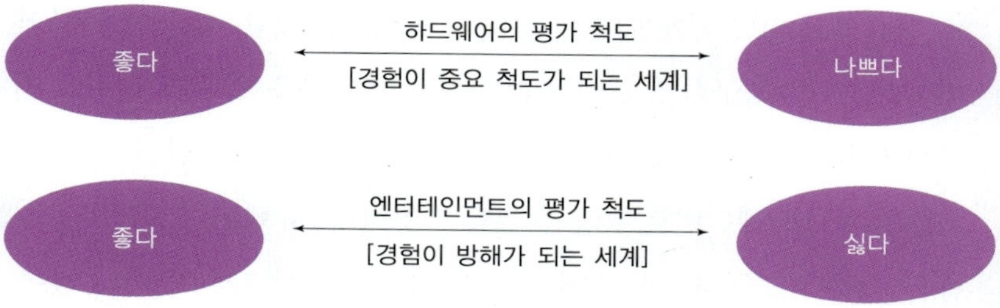

(2) 유행의 본질=신기함과 연대감

로제 카유와는 놀이에 대해서 분석하면서, 그 본질은 규범 속의 자유이자 창의이며, 놀이를 할 때마다 무언가가 나올지 모르기 때문에 사람들은 더욱 즐거움을 느낀다고 하였다. 창의란 새로운 착상이며, 이것이 오락의 본질적인 요소이기도 하다. 동시에 카유와는 새로운 착상에 대해 규범이라는 한정을 둔다. 규범이 없는, 즉 약속이 없는 착상은 즐겁지 않다.

관중은 과거부터 이어져 온 암묵의 양해 사항을 감각적으로 소유하고 있다. 암묵의 양해 사항에서 일탈한 매우 새롭고 신기한 것을 보게 되면 당황한다. 사람들은 양해된 룰을 바탕으로 한 새로운 창의를 원하고 있기 때문에 한계 범위를 넘어선 일탈 놀이는 공감을 얻을 수 없다. 이렇게 일정한 틀 속의 창의를 '오락의 신기성' 이라고 부른다.

일본 최고의 코미디 전문 연예기획사 요시모토흥업(吉本興業)을 이끌고 있는 요시노 이사오(吉野伊佑佐男) 사장은 "코미디는 그것을 공연하는 시대 상황에 상당히 민감합니다…(중략)…특히 실제 공연의 코미디(무대)는 항상 시기적절한 것이 아니면 먹히지 않습니다", 또한 "너무나도 앞을 달려서도 관객은 받아들여 주지 않습니다"[3] 라고 말한다. 시대를 조금 리드하는 것이 비결이라는 것이다.

소니컴퓨터엔터테인먼트(SCE)의 사이토 아키라(佐藤明) 사장 역시 한 인터뷰에서 '사용자로부터 반보 앞, 또는 한 보 앞' 을 계속해서 리드해 나가는 것이 게임 비즈니스에서 무엇보다도 중요하다고 답했다. 따라서 오락의 신기성이란 너무 튀지 않는 범위의 신기성을 말하는 것이다. 또한 놀이에는 중요한 요소가 있다. 바로 연대감이다. 노래는 세상의 흐름과 밀접한 관계가 있다. 각각의 시대에는 그 시대를 상징하

3) 中屯秀雄, 『「笑賣」心得帖』, 東洋經濟新報社, 1992, p.27.

는 유행가가 있기 마련이다. 기억을 더듬어 보면 인기 가수뿐만 아니라 시대를 상징하는 연예인이나 탤런트를 떠올릴 수 있다. 마찬가지로 시대를 상징하는 상품에서도 유행의 성쇠, 기복을 발견할 수 있다. 그렇다면 유행이란 과연 무엇일까?

로제 카유와는 놀이가 갖는 사회성에 대해서도 분석하고 있다. 그에 의하면 놀이란 같은 부류의 친구를 만들거나 상대방과 경쟁하고 싶어 하는 것이라고 한다. "일반적으로 놀이를 하면서 정말로 만족한 기분을 맛보는 것은, 그 놀이가 주위 사람들을 끌어들여 반향을 일으켰을 때뿐이다."[4)]

엄밀하게 따져 보면, 개인이 혼자서 즐길 수 있는 놀이는 많지 않다. 혼자서 즐기는 것이라도 곧 다른 사람에게 보이고 싶고, 경기나 콘테스트에 나가고 싶어진다. 카유와는 놀이는 공감을 느끼고 주목해 줄 관중의 존재가 필요하며, 그런 면에서는 어떠한 범주의 놀이도 예외는 없다고 주장한다. 요즘 우리나라의 코미디 프로그램도 관객을 스튜디오에 초대한 관객 참가 형식으로 제작하는 경향이 많은데, 직접 제작하는 담당 프로듀서의 말을 빌리자면, 그렇게 하지 않으면 재미가 없다는 것이다. 놀이는 고독한 것이 아니고, 함께 즐기는 친구를 필요로 한다.

아브라함 매슬로(Abraham H. Maslow: 1908~1970)의 유명한 가설인 욕구계층설에 의하면, 인간의 욕구는 자기실현 욕구, 존엄 욕구, 귀속(애정) 욕구, 안전 욕구, 생리적 욕구의 다섯 가지로 계층화되어 있다. 생리적 욕구를 제외하고는 사회와의 관계에 의해서 달성되는 욕구이다. 로제 카유와는 식사도 잊고 춤추는 사람들을 예로 들면서, 놀이는 때로 생리적인 욕구까지도 잊어버리게 한다고 말한다.

어쨌든 놀이가 인간의 가장 기본적인 욕구라고 한다면, 놀이의 사회성은 실로 인간 욕구의 본연 자세, 그 자체를 나타내고 있는 것이다. 오락이 기본적으로 갖고 있는 하나의 성질은 공감과 연대이다. 이 성질 때문에 오락은 사람들 사이에 전달되고,

---

4) 로제 카유와, 앞의 책, p.82~83.

유행을 이루며 붐이 조성되고, 종식된다.

(3) 엔터테인먼트의 범위

미국인들은 매년 적어도 1,200억 시간과 2,000억 달러 이상을 합법적인 다양한 형태의 엔터테인먼트에 쓰고 있는 것으로 파악된다. 또한 세계적으로는 약 5,000억 달러가 소비자들의 주머니에서 엔터테인먼트로 지출되는 것으로 추산된다.[5] 이러한 사실을 바탕으로, 과연 엔터테인먼트란 무엇인가, 어떤 이유로 엔터테인먼트에 이러한 전폭적인 관심과 지출이 따르는 것일까, 다양한 분야의 엔터테인먼트가 공통적으로 갖는 성질은 무엇일까를 생각해 볼 수 있다.

『엔터테인먼트 산업의 경제학』에서 보겔은, 즐거운 기분 전환 상태를 자극하거나, 촉진하거나 또는 만들어 내는 어떤 것이라도 엔터테인먼트라 부를 수 있다고 말한다. 이처럼 엔터테인먼트라는 것이 실제로 많은 사람들에게 너무나 많은 것을 의미하기 때문에 보다 분명한 경계가 요구된다.

여기서는 엔터테인먼트 매니지먼트 특성을 살펴보는 데 그 목적이 있으므로 산업의 분류와 범위 등에 대한 논의는 최소한으로 그치고자 한다. 다만, 엔터테인먼트의 개념 정의를 분명히 할 필요가 있기 때문에 보겔이 엔터테인먼트 산업으로 명백히 설정한 업종들을 중심으로 그 범위를 가늠해 보겠다.

보겔은 엔터테인먼트 산업을 크게 미디어 의존형과 라이브형으로 나누고 있다. 세부적으로는, 미디어 의존형 엔터테인먼트에 영화, 음악, 방송 등, 주로 영상과 관련된 미디어 업종들을 포함시키고, 라이브형 엔터테인먼트에는 매체와 같은 도구를 필

---

5) Harold L. Vogel, *Entertainment Industry Economics: A Guide for Financial analysis*, Cambridge University Press, 1999, p.XVII.(헤럴드 L. 보겔, 『엔터테인먼트 산업의 경제학』, 현대원 옮김, 커뮤니케이션북스, 2003.)

[표 1] **엔터테인먼트 산업 범위**

	대 상	내 용
미디어 의존형 엔터테인먼트	영화	영화 제작, 배급, 상영, 마케팅, 홈비디오 등
	음악 비즈니스	작곡, 음악 출판, 매니지먼트, 로열티, 콘서트, 음반 제작
	방송	프로그램 제작 및 배급
	케이블	방송 운영(SO), 유료 방송(PPV)
	완구와 게임	캐릭터, 게임 콘텐츠
라이브형 엔터테인먼트	도박	슬롯머신, 카지노 경영
	스포츠	방송 사업자와의 협력 사업(방송 중계권)
	공연 예술	상업 연극, 오케스트라, 오페라, 댄스 등
	유원지/테마파크	

자료: Vogel, *Entertainment Industry Economics*, Cambridge University Press.

요로 하지 않지만 장소를 매개로 방문하여 즐기는 업종의 엔터테인먼트를 포함시킨다.

우리나라에서는 공식적으로 엔터테인먼트 분야를 하나의 별개 산업으로 묶거나 분류하려는 시도는 아직 이뤄지지 않고 있다. 다만, 보겔이 분류한 엔터테인먼트 산업의 범위에 속한 업종들은 최근 들어 통계청이 제시한 특수 목적 분류로 정한 문화산업 범위에 포함되어 있다. 가령 '문화산업진흥기본법'에 열거된 문화산업의 업종으로는 영화와 관련된 산업, 음반 · 비디오물 · 게임물과 관련된 산업, 출판 · 인쇄물 · 정기간행물과 관련된 산업, 방송 영상물과 관련된 산업, 광고, 공연, 미술품, 공예품, 패션 디자인, 전통 의상, 전통 식품 등으로 제시되어 있다.

여기서는 그중에서 소비자의 입장에서 엔터테인먼트라고 인정되는, 즉 여가와 오락, 문화 활동의 주를 이루는 영상과 관련된 영화, 음악, 방송 등을 중심으로 그 특성을 살펴보도록 하겠다. 또한, 매니지먼트의 개념으로 엔터테인먼트의 기획 입안에서 자금 조달, 추진 관리, 권리 관리까지 엔터테인먼트에 걸친 제반 사항을 운영하는 중심적인 역할을 살펴보도록 하겠다. 특히, 우리나라의 경우, 이러한 엔터테인먼트 매니지먼트가 질적으로도 양적으로도 부족한 현실이다.

2. 엔터테인먼트 산업의 특징

(1) 엔터테인먼트 콘텐츠=희(喜)와 락(樂)의 고부가가치

엔터테인먼트가 많은 사람들이 쉽게 접촉하게 되고 산업으로까지 인식되게 된 것은 인간의 본능과 현대사회의 흐름과 무관하지 않다. 인간을 특징지워 주는 고유한 속성 중 하나는 사유(思惟)하는 것이다. 그러나 인간의 학술적 명칭을 호모루덴스(Homo ludens: 유희하는 인간)라고 제창한 네덜란드의 역사가 하위징아는, 일찍이 이 개념을 포괄하는 더 큰 개념의 인간을 특징짓는 틀을 제시했다.[6] 그것은 바로 '놀이' 이다. 인간이 근원적으로 유희를 즐긴다는 그의 주장은 획기적이었다. 하위징아는 우리가 오랫동안 문화에서 놀이가 갖는 중요성을 무시해 왔다고 말한다.

'놀 수 있다' 는 것은 '정신을 가지고 있다' 는 것을 의미한다. 왜냐 하면, 생존을 위한 움직임은 기계적 물리법칙을 따르는 것일 뿐이지만, '놀이' 를 한다는 것은 기계적 물리법칙을 벗어난 그 이상의 활동이기 때문이다. 또한 삶의 의미는 '놀이함' 에서 나온다. 생존을 좇아서 살아간다는 점에서 인간은 여타의 동물들과 다를 바 없다.

6) 『호모 루덴스』는 유희사상사(遊戲思想史)에서 한 획을 긋는다. 종래에는 유희가 문화 속에서 발생하는 것으로 문화 쪽이 상위개념이라고 생각하였으나, 하위징아는 이러한 견해를 역전시켜 문화는 원초(原初)부터 유희되는 것이며 유희 속에서 유희로서 발달한다는 획기적인 주장을 내놓았다.(Johan Huizinga, *Homo Ludens: A Study of the Play-Element in Culture,* 1938; 『호모 루덴스』, 김윤수 옮김, 까치, 1989.)

생존의 사슬에서 벗어나 여가를 갖고 놀이를 할 때, 비로소 인간 삶의 독특한 의미가 살아나기 때문이다. 이런 의미에서 하위징아는 인간의 문화는 놀이로부터 나왔다고 주장하며, 인류는 원천적으로 놀이를 통해 '재미'를 추구해 왔으며, 문명이 발달할수록 재미에 대한 욕구가 커져 왔다고 설명한다.[7)]

놀이를 인간 활동의 문화인류학적으로 설명하자면, 그것은 종교적 제사와 함께 시작되었다고 할 수 있다. 안전한 수렵과 풍요를 기원하는 농경적인 제사에서 신에게 바치는 노래와 춤, 그리고 악령을 쫓기 위한 주문 등의 활동은 일상생활에서 벗어난 일탈 행위로 일종의 놀이, 오락이라고 할 수 있다. 또한 이러한 행위에는 예술의 발아가 포함되어 있다.

놀이의 형태는 시대와 함께 변화한다. 오늘날 콘텐츠를 복제하는 인쇄술과 음향, 영상 등의 미디어 기기가 발달함에 따라, 이와 같은 오락과 놀이는 개인 차원에서도 향유할 수 있게 되었다.

독일의 평론가 발터 벤야민(Walter Benjamin: 1892~1940)이 『기술복제시대의 예술작품(Das Kunstwerk im Zeitalter seiner technischen Reproduzierbarkeit)』에서 예술 작품의 일회성이라는 아우라가 복제 예술의 등장과 함께 사라져 버렸다고 지적하였지만,[8)] 이제는 그러한 일회성이 갖는 신성함과 신비함만이 중요한 것은 아니다. 현대의 디지털 기술의 급속한 발전은 오리지널과 카피를 구별하는 것조차 불가능하게 만들고 있기 때문이다.

---

7) 하위징아, 앞의 책.

8) 벤야민은 아우라(aura)를 종교의식에서 기원하는 현상으로 '가깝고도 먼 것의 찰나적인 현상(einmalige Erscheinung einer Ferne, so nah sie sein mag)'이라고 정의한다.

(2) 정서 산업의 성장

일본의 게임 메이저사인 나무코의 창업자 나카무라(中村) 회장은 현재 제3차산업이 자본, 노동력, 소득의 어느 분야에서나 전 산업의 약 70%를 차지하고 있다고 말한다.

그는 또한 종래의 제1차산업 · 제2차산업 · 제3차산업이라는 분류로는 산업구조를 설명할 수 없다고 지적하며 다음과 같은 제안을 한다.9) 제안서에서는 제3차산업(넓은 의미의 서비스업)을 다음과 같이 세 분야로 분류하고 있다.

① 제3차산업=노동(勞動) 서비스(좁은 의미의 서비스업)

② 제4차산업=지식(知識) 서비스

③ 제5차산업=정서(情緖) 서비스

나카무라는 '고차원의 산업일수록 고부가가치를 만들어 낸다' 라는 가설을 제창하고 가설의 정당성을 밝히기 위해서라도 위와 같은 산업 분류가 필요하다고 역설한다. 그리고 일본뿐만 아니라 서구 선진국들의 산업구조가 **[그림 2]**와 같이 제조업이나 노동 서비스업에서 제4차산업인 지식 서비스업으로, 그리고 제5차산업인 정서 서비스업으로 깊게 기울고 있는 점에 주목한다. 제5차산업에는 방송, 영화 및 음악 관련 사업뿐만 아니라 게임 소프트 개발과 엔터테인먼트 계열의 모든 경영이 포함된다.

그의 제안은 시대 변화의 실감을 표현한 것이지만, 제조업이나 지식 서비스업, 정

---

9) 일본의 경제 단체 (社)經濟同友會의 제11회 경제정책위원회 '구조 개혁 실현 후 경제사회의 그랜드 디자인'에 제출된 (株)ナムコ의 中村雅哉 회장(간사)의 제안서.

[그림 2] **지식 산업, 정서 산업으로의 이동**

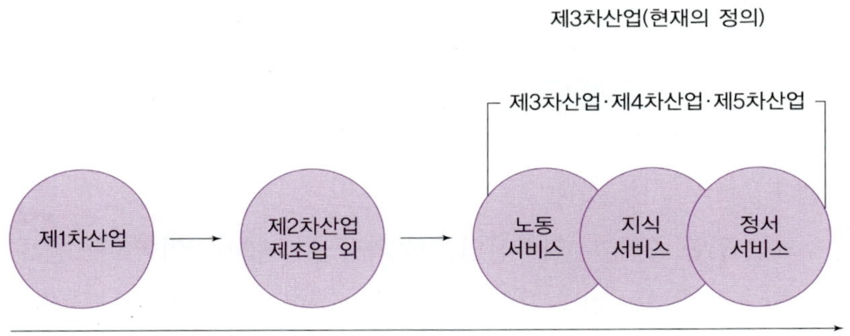

서 서비스업 간의 경계는 명확하지 않다. 초등학교 운동회의 모습을 기록하기 위하여 구입한 비디오카메라는 정서 산업에 가깝다고 생각되지만, 통계상 제조업으로 분류되고 있는 것이 좋은 예이다.

나카무라가 지적한 바와 같이, 아직 넓은 의미로서의 엔터테인먼트 산업의 전용을 측정하기는 어렵다. 그렇지만 일본을 위시한 서구 선진 각국에서 경제적인 부가가치가 제4차산업과 제5차산업으로 이동하고 있는 양상은 더욱 명확해지는 것이 현실이다.

(3) 새로움을 추구하는 엔터테인먼트 산업

오락에는 새로움이 필요하다. 항상 새로운 것을 추구한다는 것은, 역으로 말하면 사람들은 무언가를 즐긴 후 그것을 차례로 버린다는 의미이다. 사람들은 놀이에 곧 싫증을 낸다. 오락의 신기성과 싫증은 물체의 겉과 속의 관계라고 할 수 있다. 사람들은 오락을 빠르게 소비해 간다. 한때 엄청난 인기를 누렸던 엔터테인먼트라고 할

지라도 한가로울 여유도 없이 눈 깜짝할 사이에 버림 받는 존재가 된다.

엔터테인먼트 성향이 강한 상품은 붐이 일어난 후에 급커브로 수요가 내려간다. 이러한 매상 커브는 엔터테인먼트 비즈니스의 숙명적 현상이라고 할 수 있다. 세상의 산업구조가 점점 오락 산업으로 이동해 가는 현상은 경영자에게 결코 좋은 환경은 아니다. 사람들의 급변하는 마음에 맞추어 나가지 않으면 안 되기 때문이다.

경영자라면 품질이 좋은 제품은 영원하다고 믿고 싶어 한다. 그러나 소비자들은 그것을 허용하지 않는다. 소비자에게 한 번 '놀이 상품'으로 받아들여지면, 갑자기 폭발적이고 적극적인 관심을 받다가도 품질과 상관없이 어느새인가 버려진다. 그러한 상황의 특성에 대처하는 각오가 없으면 엔터테인먼트 산업은 해 나갈 수 없다.

한편 사람들이 갑작스럽게 싫증을 내기도 하지만, 그 반대의 현상도 일어난다. 과거의 것이 다시 사랑받는 현상이 바로 그것이다. 한 번 재미를 경험한 소비자는, 그것을 기억 속에 남겨 둔다. 그리고 때때로 그 기억은 다시 부활한다. 즐거웠던 놀이에 대한 추억과 마음속으로부터 만족했던 소비 체험은 잠재의식 속에 장시간 남아 있기 때문이다.

여기에 초점을 맞춘 엔터테인먼트 비즈니스가 바로, 리바이벌 전략이다. 음악의 세계에서는 흘러간 노래도 리바이벌로 히트한다. 클래식 음악과 같은 정형화된 고전음악도 있지만, 유행가처럼 시대와 함께 흘러간 노래라도 다시 시대를 거쳐서 종종 부활한다.

리바이벌을 기본적인 경영전략으로 하고 있는 엔터테인먼트 기업도 있다. 월트디즈니(The Walt Disney Company)가 그 전형이다. 월트디즈니는 과거에 제작된 명작 애니메이션 영화를 거의 7년에서 10년 주기로 반복하여 로드쇼 공개를 해 왔다. 이들 영화는 신세대의 어린이들에게는 새로운 영화임과 동시에 어린이의 부모 세대에게는 과거에 대한 향수 어린 감정을 느낄 수 있는 영화이다. 어린이가 어른이 되면 다시 부모와 자식 세대가 공통으로 접근할 수 있도록 하는 반복 전략인 것이다.

엔터테인먼트는 많은 경우 시대의 변화와 함께 지극히 단명하는 편이다. 그러나 한 번 사람들의 내면에 자리 잡게 되면 어느 정도의 기간을 두고 다시 부활한다. 한 번 즐긴 경험은 간단히 사라지지 않고 잠재의식 속에 묻혀 있다가 무엇인가가 계기가 되어 다시 살아나고, 사람들은 한 번 더 즐기게 되는 것이다. 이처럼 엔터테인먼트는 사람들의 변덕으로 소비되고, 싫증을 느껴 버림 받게 되지만, 동시에 한 번 인식된 오락의 회귀적인 성질도 갖고 있음을 잊어서는 안 될 것이다.

(4) 엔터테인먼트와 미디어

과거 근대화 이전의 사람들에게 오락으로 즐길 수 있었던 것은 노래와 춤, 연극, 이야기와 같은 것들이었다. 지금 식으로 이야기하자면, 라이브로 즐기는 오락인 셈이다. 이런 오락을 즐기는 방법을 크게 바꾼 것은 역시 미디어 기술의 발달이다.

최초로 등장한 미디어 기술혁신이라고 한다면, 15세기에 독일의 구텐베르크(Johannes Gutenberg: 1397~1468)에 의해서 발명된 인쇄 기술이다. 인쇄라는 하드 기술은 성서라는 킬러 소프트와 만난 덕분에 순식간에 전 세계로 보급되었다. 인쇄 미디어 덕분에 사람들은 라이브로밖에 들을 수 없었던 이야기들을 자신들이 좋아하는 장소에서 원하는 시간에 소설로 즐길 수 있게 되었다.

그 후, 사진과 녹음기, 영화 등이 발명되고 드디어 방송 네트워크 미디어가 출현하였다. 오늘날은 전자 미디어와 인터넷의 영향으로 오락 비즈니스는 대량 생산, 판매가 가능하게 되었다. 지금은 연극도 극장(이것도 미디어의 하나로 볼 수 있다)을 찾지 않아도 텔레비전이나 비디오로 관람할 수 있다. 연극이 영화화되면 영화관과 페이퍼뷰(payperview: 시청한 프로그램마다 요금을 지불하는 유료 케이블 텔레비젼 방식, PPV)의 위성방송, DVD로 즐길 수도 있다. 인터넷을 통한 구입도 물론 가능한 시대이다.

엔터테인먼트는 여러 가지 다양한 미디어와 만난 것을 계기로, 점점 더 우리들과 가까운 것이 되었다. 노래와 이야기는 우리가 좋아하고 즐기는 것이지만, 그 실태는 정보이다. 이러한 정보를 우리에게 신속하게 전달하는 시스템, 즉 정보 캐리어가 미디어인 것이다. 미디어 속에 담긴 정보의 내용을 미디어와 비교해서 '콘텐츠'라고 부른다.

CD와 DVD 등의 미디어는 주변기기를 필요로 한다. 이 경우, 정보 해독의 기계를 '플랫폼'이라고 한다. 출판은 패키지만으로 완결되므로 해독을 위한 별도의 기계가 필요 없다. 그러나 엄밀하게 생각하면, 문자라는 미디어와 제본이라는 플랫폼(유저 인터페이스 하드웨어의 의미로)의 조합으로 볼 수도 있다.

또한 연극용의 극장은 시어터 미디어라고도 불리나, 이것도 엄밀하게는 미디어는 연기자이고, 건물은 플랫폼이라고 생각할 수 있다. 미디어와 관련된 기능에 대해서는 [표 2]와 같이 분류할 수 있다.

[표 2] **미디어에 관한 기능 분류**

(1) **콘텐츠(정보의 내용)**: 문자, 음악, 영상 등의 정보
(2) **미디어**: 콘텐츠를 유저에게 전달하는 정보 캐리어, 플랫폼을 겸하는 미디어도 있다. ① 패키지 미디어: 책, CD-ROM, DVD 등 ② 네트워크 미디어: 전화망, 방송망, 인터넷 등 ③ 시어터 미디어: 극장, 미술관, 테마파크 등
(3) **플랫폼(유저 인터페이스의 하드웨어)**: 텔레비전 수상기, 개인용 컴퓨터, 휴대전화, 게임기, 네비게이션 등

3. 엔터테인먼트 매니지먼트의 일반적 특징

(1) 오디션 시스템 - 관객이 엄선하는 세계

1) 유능한 재능은 외부에서

엔터테인먼트 비즈니스란, 쉽게 말해 아티스트의 재능을 발굴하여 가공(육성)하고 판매하는 사업이다. 즉, 재능지상주의의 세계라고 할 수 있다. 재능이 있는 사람들을 우선적으로 선별하여 그 안에서 장래 빛나는 원석을 발견하는 것이 생명선인 것이다.

보통 많은 기업들은 회사 내의 사원들을 육성하고 하나부터 열까지 교육시켜서 자기 부담으로 노하우를 확립해 왔다. 그러나 엔터테인먼트 비즈니스는 다르다. 재능을 가진 사람을 보다 넓은 세계에서 찾는다. 세상에서 침묵하고 있는 재주꾼들을 발굴하는 구조가 바로 오디션 시스템이다.

오디션 시스템은 다양한 재주꾼을 찾아내는 구조이다. 우선 오디션에는 누구라도 참가할 수 있다. 참가 자격에서는 장벽이 매우 낮은 편이다. 그리고 성공 보수 획득의 찬스가 있다. 오디션에 합격한다면 스타가 될 가능성이 높기 때문이다.

대부분의 엔터테인먼트 기업은 다양한 형태의 오디션을 주최하고 있다. 이 같은 오디션 활동에 가장 열심인 기업이 일본의 소니뮤직엔터테인먼트(SME)이다. SME가 CBS소니로 창업했을 당시, 그들은 엔터테인먼트 비즈니스를 전략적으로 연구했다. 그 결과, 엔터테인먼트 비즈니스는 저작권 비즈니스라는 명확한 인식을 가지고, 아티스트와 저작권을 철저하게 맺고 일관성 있게 육성하지 않으면 만족스러운 성공은 얻을 수 없다고 판단했다. SME는 창업 후 10년이 지난 1978년에 전국 규모의 신인 발굴 오디션(사운드 디벨로프먼트, 즉 SD 활동이라고 부른다)을 개시했다. 그리고 SD 활동을 통해 SME의 중핵이 되는 아티스트를 지속적으로 발굴해 왔다.

1996년부터는 SD 출신 아티스트의 수익이 일본 국내 제작 판매액의 약 30%를 웃돌기 시작했다. SD 활동을 각 제작 본부 안에 포함시켜 시대에 맞는 다양한 형태의 오디션을 실시하면서 항상 새로운 스타일의 오디션에 도전하고 있다.

SME가 이렇게 SD 활동을 중시하는 것은 재능 발굴 외에도 여러 가지 효과가 있기 때문이다. 오디션장은 관객 입회하에 신인들의 퍼포먼스를 평가한다. 그곳은 그들이 현재의 공기를 잡을 수 있는 귀중한 장소가 되는 것이다. 신인이 동시대 사람들의 공감을 일으키는 재능을 갖고 있는지의 여부는 관객의 반응을 보고 있으면 알 수 있다. 관객이 모든 것이라고는 할 수 없다. 그러나 관객 한 사람의 공감도 얻어 낼 수 없다면, 동시대성은 없는 것이다. 이것이 엔터테인먼트 비즈니스의 기본적인 마케팅 수법이다.

오디션 시스템은 빛나는 재능의 원석을 찾아내는 구조이기만 한 것이 아니다. 동시에 관객을 끌어넣은 재능 적격의 심사장이며, 디렉터들에게 시대의 분위기를 알게 하는 마케팅의 현장이기도 하다.

일본의 코미디 전문 엔터테인먼트 기업인 요시모토흥업은 전국적인 규모로 소극장을 운영하면서 오디션 프로그램을 적극적으로 시행하고 있다. 그곳에서의 오디션은 두 가지의 방법으로 실시된다. 하나는 기존의 것과 같은 프로 심사원들이 선택하는 방법이고, 또 하나는 그곳에 와 있는 관객들의 선택에 맡기는 방법이다. 당시 요시모토 사장은 후자의 방법이 더 좋다고 판단했다.

시대에 따라 관객과 같은 세대들이 바로 스타를 만들어 주기 때문이다.[10)]이 말은 오디션 시스템의 포인트를 꿰뚫고 있다. 시대가 요구하는 엔터테이너를 발굴하여 육성시키는 것은 프로가 아닌 관객인 것이다. 햇병아리 엔터테이너들이 관객에게 호소

---

10) 掘江誠二, 『吉本興業の研究』, 朝日新聞社, 1995, p.253.

하면서 관객의 반응을 살핀다. 디렉터가 그 반응을 코디네이트하여 엔터테이너로 연마시킨다. 그것이 바로 오디션 시스템이며, 엔터테인먼트 비즈니스의 기본형이기도 하다.

2)오디션 모델

마케팅 분야에서도 한때 인터렉티브 마케팅이라는 개념이 제창되었다.[11] 고객과의 관계성을 구축하기 위해서는 고객과의 상호 작용의 장에서 해석과 문맥을 공유할 수 있는 대화의 성립이 필요하다는 생각이다. 즉, 그 자리에서는 파는 사람과 사는 사람이 제품과 서비스를 둘러싸고 니즈와 정책을 주고받으면서 개발과 개량을 진행시켜 가는 모델이다.

엔터테인먼트 비즈니스의 마케팅 수법도, 이러한 사고방식과 일맥상통한 면이 있다. 그러나 엔터테인먼트 비즈니스에서는 상호 작용의 장에서 만나는 것이 파는 사람과 사는 사람만은 아니다. 외부에서 재능을 제공해 주는 많은 크리에이터들이 오디션의 형태로 참가하는 것도 중요한 포인트가 된다. 디렉터(또는 프로듀서)는 그 장(場)을 코디네이트한다.

바로 그 자리에서 새로운 엔터테인먼트를 제안하는 크리에이터와 관객을 불러 모아서 만나게 하는 것이다. 3자 간의 상호 작용이 시작된다. 즉, 관객과 크리에이터와의 공조를 통해서 디렉터는 관객의 욕구를 알아내고 크리에이터의 컨셉트를 재발견한다. 그리고 필요한 수정과 조정을 가한다.

엔터테인먼트는 '너무 튀지 않는 신기성'이 결정적인 포인트이다. 그리고 본질적으로는 연대와 공감을 자아내야 한다. 엔터테인먼트의 개발은 새로운 제안을 폭넓게

---

11) 嶋口充輝, 『顧客滿足型のマーケティング構圖』, 有斐閣, 1994; 青井倫一 외 3인, 『インタラクティブ・マネジメント―關係性重視の經營』, ダイヤモンド社, 1996.

모아 시대와 함께 발휘할 수 있는지를 판별하면서 실행된다. 제안된 많은 새로운 재능 속에서 공감할 수 있는 빛나는 원석을 발견하고 끌어내 주는 것은 선택받은 프로가 아닌 관객인 것이다.

[그림 3] **오디션 모델**

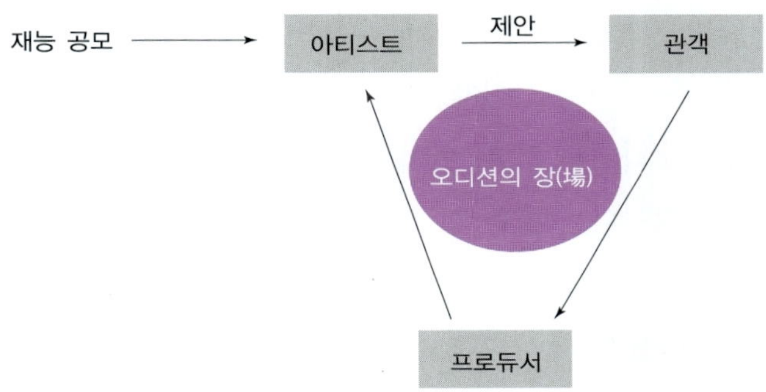

(2) 리스크 최소의 매니지먼트

1) 작은 조직으로 대응

어느 나라, 어느 시대에도 히트곡은 있기 마련이다. 현재 우리나라에도 매월 100여 곡 의 새로운 대중가요가 선보인다. 그중 상당 부분이 빛도 보기 전에 사라져 간다. 극히 소수의 사람에게만 행운의 여신이 전해 주는 찬란한 미래가 열리게 된다. 그렇다면 히트 확률은 어떠할까? 히트의 확률에 관한 확실한 통계 데이터는 존재하지 않는다. 히트에 대한 정의에 대해서도 아직까지 의견 일치가 되지 않았다.

또한 지금껏 들인 개발 코스트와 제각기 처해 있는 상황도 모두 다르다. 수입에 대해서도 외부인에게는 철저하게 가려져 있다. 엔터테인먼트 비즈니스에 종사하는 대부분의 경영자들은 히트 확률을 직감적이고 경험적으로 보았을 때 야구의 타율과도 같다고 말한다. 아무리 우수한 디렉터가 직접 다룬 일이라도, 아무리 분발하여도 3할 정도가 상한선이라고 한다. 3할이 상한선이라면 보통은 그보다 훨씬 낮은 셈이다.

히트 상품은 반드시 나온다. 그러나 히트의 확률이 그렇게 높지 않다면 히트를 치기 위해서 우선 많이 쏟아 붓지 않으면 안 된다. 즉, 히트를 만들어 내기 위해서는 히트를 노리는 커다란 모집단을 갖지 않으면 안 된다. 신곡을 많이 내고, 배우나 연기자를 많이 데뷔시켜서 신제품을 될수록 많이 세상에 낼 수밖에 없다.

시장에 내놓은 신작이나 신제품의 성공률을 어떻게 끌어올리느냐에 관해서는 뒤에서 자세히 언급하기로 하고, 여기서는 우선 모집단을 크게 만들지 않으면 비즈니스는 시작되지 않는다는 점을 지적하고 싶다. 그러나 모집단을 크게 만들었다고 해서 반드시 성공하는 것은 절대로 아니다. 커다란 모집단을 만들고 많은 신작을 발매하여도 히트 상품을 내지 못하는 기업이 있는 반면, 겨우 한 편의 신작으로 대성공을 거두는 사람도 있다.

이러한 현상은 어떠한 분야에나 있을 수 있는 일이다. 그러나 될수록 적은 돈으로 한 번에 대성공을 거두면 좋다는 발상으로는 생명이 긴 경영을 할 수 없다. 경영이라는 것은 '계속적인 기업(Going Concern)'이 전제라고 할 수 있다. 계속을 전제로 기나긴 기간을 준비하면 야구 타율과 같이 히트 확률은 일정한 숫자로 안정되게 된다. 같은 확률이라면 타석수가 많은 편이 히트하는 수도 많다.

따라서 확률의 문제는 우선 접어 두고, 무엇보다도 모집단을 크게 갖출 필요가 있다. 조직을 작게 나누고, 작은 탐색 유닛(unit)을 많이 만들어서 탐색시키는 것이 합리적이다. 처음에는 작게 시작한 후에, 인기의 광맥을 잡은 것만을 크게 팽창시켜 나가는 수법을 취하는 것이다. 그러고는 작은 탐색 유닛은 자유롭게 유지한다.

그렇게 하기 위해서는 담당자가 자유롭게 생각하고 일할 수 있는 조건을 정비해 놓지 않으면 안 된다. 소집단에 권위 이양을 하는 것이다. 일일이 상사의 승인을 받아야만 움직일 수 있다면 탐색은 되지 않는다. SME는 아티스트를 스스로 발굴, 육성하는 방침을 기본으로 하여 음반 작업을 젊은 디렉터들에게 일임했다.

SME 초대 사장 오자와 토시오(小澤敏雄)는 "일찍이 레코드 회사는 제작 본부장을 주축으로 하는 계층 조직이었다. 아랫사람이 상사의 눈치를 보고 마음에 드는 것을 고르는 경향이 있었다. CBS소니는 작은 집단으로 나누어서 각자에게 일임하는 것으로 전환하였다"[12]라고 설명한 적이 있다.

유저의 기호가 격변해 가는 엔터테인먼트의 분야에서는 주춤하는 의사결정이야말로 치명적이다. 현장의 담당자들이 지금이 찬스라고 판단한 순간, 즉시 상품화하는 것이 이상적이다. 망설이고 있으면 소비자는 벌써 다른 곳으로 마음을 옮겨 놓기 때문이다. 이것이 엔터테인먼트 비즈니스 특유의 측면이다.

2) 적은 코스트

기업 경영은 많은 부분이 도박적인 요소를 갖고 있지만, 엔터테인먼트 분야는 그러한 면이 더욱 강하다고 할 수 있다. 연예기획사에는 스타가 되고 싶은 아티스트들이 리스크를 안고 모여든다. 대부분의 경우 햇병아리들은 인기를 얻지 못하면 최저 생활을 강요받게 된다. 일본의 경우, 코미디 업계에서는 신인들에게 지불하는 수당이 한 스테이지당 500엔(약 5,000원) 정도에서 시작된다. 그러나 연예계에서는 그것에 대해 누구도 이상하게 생각하지 않을뿐더러 당연하게 여긴다. 인기를 얻고 못 얻고는 본인의 탓이고, 인기를 얻었을 때에는 막대한 보수가 생기기 때문에 누구에게라도 평등한 가능성이 그것을 허락하는 근거가 되고 있다.

만화도 적은 코스트로 대응할 수 있는 구조로 되어 있다. 만화는 거액의 재료비가 들지 않는다. 더구나 출판사가 만화가에게 지불하는 원고료도 그다지 높은 편은 아니다. 따라서 출판사는 안심하고 여러 가지 도전이 가능하다.

12) 〈日本經濟新聞〉, 1995년 12월 3일.

음악 세계에서도 제작비와 제조 코스트를 줄이기 위해 노력해 왔다. 그러나 음악 CD 제작에서 가장 큰 문제는 선전과 프로모션의 코스트이다. 선전비는 여전히 부담으로 남아 있기는 하지만, 이것도 협력과 제휴라는 방법을 통해 부담의 경감을 도모하고 있다.

낮은 코스트로 준비하는 데 가장 많은 어려움을 안고 있는 것은 게임과 영화 부문이다. 게임은 아무리 싸게 제작한다고 해도 편당 수천만 원에 이른다(소니의 플레이스테이션 1의 경우). 뿐만 아니라 제작비를 낮추게 되면 품질도 그에 상응하여 떨어진다.

그러나 과거에 컴퓨터 대응 소프트는 수억 원대 레벨이었다. 플레이스테이션 2의 경우와 같이 하드웨어의 성능이 높아지고 영상이 보다 선명해지면서 제작비 상승은 피할 수 없다. 이처럼 고액의 제작비가 들면 도전적인 신작 제안이 어렵다. 따라서 확실하게 이익을 올릴 수 있는 속편이나 리메이크 쪽으로 흐르게 되는 것이다. 이처럼 코스트를 최소화하는 다양한 수법이 엔터테인먼트 분야에서 목하 진행 중이라고 하겠다.

3) 계획적인 동향 관리

소집단에서 작은 규모로 시작한다 할지라도 실패는 역시 일어난다. 탐색 작업 중의 실패는 항상 붙어 다니기 마련이다. 예상도 크게 빗나간다.

엔터테인먼트 비즈니스와 같은 새로운 것을 탐색하는 비즈니스에서는 예상이 빗나가는 경우가 많다. 이미 인기 가수가 된 엔터테이너의 신곡과 대히트한 게임 소프트의 속편, 잡지의 연재로 인기를 누린 만화의 단행본 등은 팔릴 것을 예상해 볼 수 있다. 그러나 신인의 출현과 신작 게임의 출시는 그 예상이 어렵다. 여하튼 예상은 믿을 수 없다. 그것이 엔터테인먼트 비즈니스의 상식이다. 그렇다고 엔터테인먼트 기업이 계획, 관리를 하지 않느냐 하면 그렇지는 않다. 보통 기업과는 다른 방법을 모색할 뿐이다.

엔터테인먼트 비즈니스의 계획, 관리는 '계획은 세우지만, 세웠다면 그것으로 끝'이다. 그렇다면 무엇 때문에 계획을 세우는가. 그것은 비즈니스를 디자인하기 위함이다. 엔터테인먼트 업계는 매출을 극히 중시한다. 소비자의 평가는 결국 매출로 표현되기 때문이다. 아티스트의 인기 동향도 매출의 추이가 대신해 준다. 그렇지만 통상적으로 예산 관리는 엔터테인먼트 비즈니스에는 맞지 않다.

첫째, 상품화시키는 데는 속도감이 있는 반면, 자금 회수의 기간이 길다는 점이 있다. 엔터테인먼트는 변화가 빠르기 때문에 스피드 대응으로 상품화해 나가는 반면, 회수 기간이 길다. 따라서 변화에 빠르게 대응하는 측면과 교차한다. 즉, 계획의 전제가 자주 바뀐다는 점과 장기간 걸쳐서 보지 않으면 안 되는 양면성을 가지고 있기 때문에 어느 쪽에서 보더라도 결산 연도에 구획을 져서 생각하는 방법은 맞지 않다.

둘째, 상사가 계획의 내용에 간섭하지 않는다는 점을 들 수 있다. 소집단 유닛이 진행할 수 있는 사업의 내용에 대해 관리직은 그 실상을 모른다. 예산의 구체적인 내용이 타당한지 아닌지에 대해 상사는 개입할 수 없다. 사업의 결과밖에 개입할 수 없는 것이다.

계획은 디자인을 공유하면 끝이고, 그 외에는 동향 내지는 기회를 본다. 계획이 불확실한 만큼, 도중 경과의 결과에 따라 유연하게 대응한다. 소위 기회주의적인 시장 대응을 한다. 계획이 어긋나는 것은 그다지 문제되지 않는다.

그러나 예상보다 결과가 저조할 경우, 리스크가 최소가 될 수 있도록 행동한다. 계획대로 진행되지 않는다는 것을 누구나 알고 있기 때문에 계획을 바꾸어 진행시키는 데 주저함이 없다. 흥행을 개시해서 평판이 나쁜 작품을 그대로 상영하는 것보다 페널티를 받는 편이 득이다. 그리고 재빨리 빠져나가기 위해서는 계약 시에 페널티를 가볍게 해 둔다. 브로드웨이의 뮤지컬이나 할리우드 영화는 테스트와 같은 시연, 시사회에 의해서 정보가 모인 후 공개의 방침이 결정된다.

그러나 그렇다 하여도 예상은 역시 빗나간다. 따라서 브로드웨이에서는 개연 초일의 관객 반응으로 그 후의 공연 일정이 정해진다. 첫날에 중단되는 경우도 물론 있다. 할리우드 영화는 개봉일에서 2, 3일 내에 다음의 전략, 예를 들면 그 후의 개봉 기간과 개봉관 수가 결정된다. 평판이 좋다면 단 한 번에 상영관을 전국으로 넓히는 케이스도 있지만 중단되는 경우도 있다.

SME는 데이터를 매우 중시하는 기업이다. SME의 마츠오(松尾修吾) 전 사장은 히트에는 재현성과 보편성이 있으며, 데이터를 해독하는 노하우가 SME의 파워라며 다음과 같이 언급한다. "실제로 팔아 보면 결과가 나온다. 그러한 상황과 끊임없이 접하게 한다. 또한, 앙케이트에 답하는 젊은이들의 쓰는 태도까지 지켜보고 있으면 여러 가지를 알게 된다. 그러한 숫자와 숫자 사이를 읽는 애널리스트를 육성했다. 이것이 타사에는 없는 파워를 만들어 냈다."[13)]

데이터 수집이란 과거의 매상 데이터를 보고 앙케이트 조사를 하는 작업이 아니다. 스태프가 계획을 세우고, 그것에 따라 실제 상품을 시장에 내고, 그 결과를 애초의 계획과 대조해 보는 것이다. 계획은 앞으로 있을 소비자의 소비 형태를 읽어 보는 가설의 묶음이라고 하여도 좋다. 결과를 보고 다시 가설을 다시 세우고, 또한 시장에 선보여 그 결과를 지켜본다. 이러한 가설과 검증의 반복에 의해서 시장의 움직임을 알아낼 수 있는 것이다.

구체적으로 콘서트에서의 테스트 마케팅, 파일럿 소프트에 의한 반응 조사, 시장 투입 후의 피드백 등, 정보의 거래가 시장 간에 교차한다. 행동을 일으킨 후, 빠르게 반응을 해석하여 2차 전략에 응용한다. 이러한 예민한 정보 감도를 뛰어난 엔터테인먼트 기업은 갖고 있는 것이다.

13) 〈日經ビジネス〉, 1993년 4월 5일.

4) 추진 과정에 따른 결과 평가

리스크를 최소화하기 위해서는 업적 평가가 무엇보다도 중요하다. 추진 중인 사업의 결과를 재빠르게 포착하여 사업이 상승 기운에 있다면 과감하게 추가 투자를 하고, 기대에 어긋날 경우에는 다른 방법을 생각해 내야 한다. 이 판단을 누가 어떻게 하는가? 평가자와 평가 방법에 대해서 사전에 미리 정해 놓아야 한다. 평가 기준에 대해서도 무엇을 기준으로 할지를 명확히 하고 담당자들이 납득할 수 있게 할 필요성이 있다. 업적 평가와 인센티브를 연결해서 담당자에게 동기를 부여하기 위하여 한 사람 한 사람의 공헌도를 판정하지 않으면 안 된다.

어느 기업에서나 업적 평가는 매우 어려워하는 부분이다. 더구나 엔터테인먼트 비즈니스는 더하다. 이처럼 비즈니스에서 업적 평가를 어렵게 하는 요인에는 여러 가지가 있다. 엔터테인먼트는 기본적으로 콘텐츠, 즉 정보의 내용을 팔고 있다. 정보는 여러 사람의 아이디어가 모여 가공, 변형된다. 제각기 다른 분야의 사람과의 연계 플레이를 통해 개발과 프로모션을 해 나간다. 그러나 콘텐츠의 히트가 누구의 어떠한 연구와 노력에 의한 것인지를 알기 어렵다. 또한 평가자에 따라 견해가 달라질 수도 있다.

그렇다면 구체적으로 업적 평가가 어려운 엔터테인먼트 비즈니스에서는 평가 기준에 대해서 어떻게 설정하는 것이 좋을까? 경영자가 진행 상황과 담당자를 지켜본다고 해서 평가할 수 있는 것이 아니기 때문에 일정한 평가 기준에 의존할 수밖에 없다. 경영자가 평가 기준으로 삼는 것은 첫 번째로 '소비자의 평가' 이고, 두 번째로는 '동료들의 평가' 라고 하겠다.

먼저 소비자의 평가라는 기준에 대해 살펴보자. 리더는 진행 과정에 개입할 수 없기 때문에 결과로 판단할 수밖에 없다. 소비자 평가의 결과는 단적으로 매상으로 나타난다. 따라서 매상이 제일 중요한 평가 기준이 된다. 두 번째의 평가 기준은 동료들의 평가이다. 상품으로서의 가치에 대한 평가를 내리는 것은 소비자이며 그 결과는 매출로 나타난다. 그러나 결과가 모든 것은 아니다. 결과는 상당한 시간이 지난 후에 나타나는 케이스도 적지 않기 때문이다. 따라서 장기간의 공헌을 보지 않으면 평가할 수 없다. 그렇다면 장기간으로 결과를 내고 있는 사람을 평가하지 않으면 안 된다. 그것을 가장 잘 알고 있는 것은, 가깝게 있는 관객과 함께 일하는 동료들이다. 회사나 그룹 속에서 누가 제일 뛰어나고, 누가 제일 노력하고, 누가 제일 적임자인지, 누가 가장 일을 능숙하게 처리할 수 있는지는 동료들이 알고 있다. 표면적인 리더는 누구인지, 모두에게 신뢰를 받고 있는 실질적인 리더가 누구인지에 대한 멤버의 견해는 이미 내려져 있는 것이다.

(3) 네트워크의 경제성

1) 히트 상품의 철저한 멀티유즈

탐구 비즈니스에서는 히트를 기록할 확률이 낮다. 그러나 한 번 히트를 치면 그것을 철저하게 이용해야 한다. 결과물을 최대한 활용하는 것이다. 하나의 콘텐츠를 다방면으로 활용하여 모든 하드웨어에 적용시키려고 하는 것, 이것이 바로 '원 소스 멀티유스(one source multi use)' 이다. 다시 말해 '네트워크의 경제성' 이 추구하는 과정이라고 해도 과언이 아니다.

엔터테인먼트의 시발점이라고도 할 수 있는 미국의 월트디즈니가 미키마우스라는 한 마리의 생쥐로 인해 주목받기 시작했다는 것은 누구라도 알고 있는 사실이다. 월트디즈니의 창업자 월트 디즈니(Walt Disney)가 사상 최대의 유산인 미키마우스를 세상에 내놓은 것은 1928년 11월 18일이다(미키마우스의 공식 생일). 미키마우스는 디즈니랜드의 중핵적인 캐릭터 상품으로 지금도 엄청난 수익을 월트디즈니 월드에 가져다주고 있다. 월트디즈니는 미키마우스를 철저하게 활용하고 있다. 그것도 무려

70년 이상이라는 오랜 시간에 걸쳐서 말이다. 특히, 월트디즈니의 영상 작품과 캐릭터는 가족용이다. 그렇기 때문에 시간이 경과하면서 수요가 반복적으로 부활한다. 그야말로 거액의 유산이라고 부를 만하다.

엔터테인먼트 상품으로 히트를 치는 것은 어렵다. 확률도 높지 않다. 그러나 히트 상품을 만들어 냈다면 그것을 철저하게 활용하는 것이 엔터테인먼트 비즈니스의 지혜이다. 히트 확률이 낮기 때문에 한 번 찾아온 기회는 최대한 활용하는 것이 실패를 지워 버릴 수 있는 방법인 것이다.

일본의 산요(SANYO)가 만든 고양이 캐릭터 헬로키티도 탄생해서 30년이나 된 장수 캐릭터이다. 특히, 최근 들어 헬로키티가 부활하면서 엄청난 속도로 매출이 늘어 성공을 거둔 데는 그만한 이유가 있다. 바로, 헬로키티의 소비자 연령층을 넓혔기 때문이다. 초등학생 때 헬로키티를 좋아하던 어린이들은 현재 중 · 고교생이 되었고, 그들을 다시 타깃으로 활용한 것이다. 또한 여기서 멈추지 않고, 그 대상을 더욱 넓혀 대학생과 주부들이 사용할 수 있는 제품을 만들어 내고 있다.

산요에는 모두 430종류의 캐릭터가 있지만, 수익을 올리고 있는 것은 겨우 3개의 캐릭터에 지나지 않는다. 그만큼 캐릭터 개발은 어려운 일이다. 그러나 월트디즈니와 산요처럼 유산(캐릭터)를 가지고 있으면, 그것의 수익을 기반으로 새로운 캐릭터 개발에 도전할 수 있는 것이다.

그렇기 때문에 새로운 캐릭터 개발을 위해서라도 히트 캐릭터의 철저한 멀티유즈는 필수적이라고 할 수 있다.

2) 네트워크의 경제성

엔터테인먼트 비즈니스는 콘텐츠라고 하는 정보를 판매한다. 그렇다면 정보란 무엇이고, 정보는 어떤 성질을 가지고 있는지 그 의미를 정리해 보자. 다음은 정보의 특성을 정리한 것이다.

① 사용 보존성: 정보는 그것을 사용해도 소멸하지 않고 축적된다.

② 다중 이용성: 하나의 정보는 다중으로 이용할 수 있다.

③ 양적 불변성: 같은 정보를 축적해도 가치는 증가하지 않는다.

④ 누적 효과성: 다른 정보의 누적 · 결합으로 새로운 정보가 생겨나고 가치가 누적된다.

이렇듯 엔터테인먼트 비즈니스는 정보가 가지고 있는 특성을 유용하게 이용한 사업 전개라는 사실을 알 수 있다.

①의 특성을 이용한 전형적인 사례로 미키마우스를 꼽을 수 있다. 미키마우스를 몇 번 사용하든지 몇 년간 사용하든지 줄어들거나 소멸하지 않는다.

②의 정보의 다중 이용성의 경우는, 특정 콘텐츠가 영화화되기도 하고 애니메이션으로 만들어지기도 하고 책으로 출판되기도 하는 경우를 들 수 있다. 엔터테인먼트 업계에서는 이러한 전개 방식을 '원 소스 멀티유즈' 라고 한다. 하나의 정보 원천을 다면적으로 활용한다는 의미이다.

③의 양적 불변성이란 데이터베이스상에 똑같은 두 개의 정보가 있을 경우 두 번째 정보는 가치가 없다는 것을 의미한다. 예를 들면, 서점에 같은 책이 여러 권 쌓여 있다고 해도 한 권이 가지는 가치에는 변화가 없다.

④누적 효과성이라는 정보의 특성은, 많은 정보가 편집되어 축적되는 것을 의미한다. 누적 자체가 의미를 가지며 정보 베이스 가치가 상승하는 효과를 보인다. IT 분야에서 자주 쓰는 '네트워크의 경제성' 과 같은 의미이다. 복수의 정보 네트워크로 연결된다면 경제적 효율이 높아지는 현상을 말한다.

이른바 '한탕주의' 라고 부르는 엔터테이너가 있다. 음악을 한 곡 히트시킨다거나 소설 한 편만을 히트시킨 경우로, 기업도 마찬가지이다. 어렵게 얻은 기회를 한 번으로 끝내 버리고 다음에 도전하는 경우가 있는데, 이런 기업은 항상 힘들고 고되다. 무언가를 히트시킬 확률이 낮기 때문이다.

엔터테인먼트 산업을 미래의 산업으로 꼽는 데는 누구도 이견이 없을 것이다. 한류의 붐을 타고, 우리나라의 영화와 TV 드라마, 음반 등이 약진하는 모습에는 엄청난 에너지가 느껴진다. 그럼에도 불구하고 아직까지 엔터테인먼트 비즈니스, 엔터테인먼트 매니지먼트는 일반인들에게는 가볍고 질이 낮은 분야로 인식되는 경우가 많을 뿐만 아니라, 일반 기업과는 전혀 다른 별천지 세계의 경영이라는 선입관마저 있다. 특히, 젊은층이 소비를 주도하기 때문에 변화무쌍한 젊은 분위기를 따라가지 못하는 연배에서는 엔터테인먼트를 경시하는 경우는 물론, 체계적인 계획이 뒷받침하지 않고 운 좋게 하나의 대박 아이템(콘텐츠 · 연예인)에 의지하는 비전략적인 경영이라는 이미지도 굳어 있다. 그러나 이러한 선입관과는 달리 합리적이고 계획적인 경영 방식을 취하지 않는 기업은 엔터테인먼트 업계에서는 살아남을 수 없다.

21세기에 거세게 몰아닥친 한류 열풍은 우리나라 엔터테인먼트 산업의 규모와 시장성, 그리고 향후 발전 가능성을 제시했다. 엔터테인먼트 매니지먼트를 통해, 이 같은 추세를 몰고 나간다면 한국은 틀림없는 엔터테인먼트 부문의 강국이 될 것이다. 다만, 현재의 한국 엔터테인먼트 산업의 호황은 엔터테인먼트 산업의 체계는 물론, 전략적인 매니지먼트의 기본 틀을 갖추지 않은 상태에서 맞이한 호황이기 때문에 그 누구도 미래를 예측하지 못하고 상황의 흐름을 주시하고 있을 뿐이다.

성공적인 엔터테인먼트 매니지먼트를 위해서는 국내는 물론, 글로벌 시장에서의 경쟁력 점검에서 나타난 취약성을 극복하여, 기획력과 창의력, 마케팅을 강화하고 엔터테인먼트 기업들의 경영 혁신이 뒤따라야 할 것이다.

지금 우리에겐 보다 전략적이며, 지속적인 새로운 매니지먼트 스타일이 요구되고 있으며, 보다 철저하고도 지속적인 엔터테인먼트 콘텐츠의 활용과 전개 방식의 매니지먼트가 필요하다. 엔터테인먼트에 대한 산업으로서의 가치 인정은 물론, 그 활용 방법과 전개 방식에서 엔터테인먼트 매니지먼트와 관련된 전문가의 양적, 질적 육성이 시급한 때이다.

제 2 장

엔터테이너 수급 현황과 기획사와의 관계

1. 엔터테이너의 수급 현황
2. 연예기획사의 역할과 양극화 현상

1. 엔터테이너의 수급 현황

연예인은 학력이나 라이센스와는 무관하다고 할 수 있는 직업이지만, 현재의 엔터테이너인 연예인(실연자)은 학력과 무관하다고는 볼 수 없는 것이 엔터테인먼트 업계의 현실이다. 그렇지만 창의력이나 예술적 표현 능력은 주관적인 것이고 타고난 소질과 재능은 노력으로 획득되는 것이 아니기 때문에, 그것들을 발견하고 연구 개발하여 수급 시장으로 접근하게 하는 과정, 즉 양성하는 과정, 관리하는 과정, 일을 기획, 알선하는 영역 등에서는 매우 전문적이며 주관적인 능력과 경험이 필요하고, 그만큼 접근하기에 매우 어려운 구조를 가지고 있다고 볼 수 있다.

현재 구체적인 인력의 수급(충원) 방식은 매우 다양하며, 주관적인 기준과 비공식적인 경로에 의존하는 경향이 크다. 하지만 이를 좀더 일반화시켜 구조적으로 도식화해 보면, 엔터테이너로 나아가기 위한 교육을 담당하는 시장, 양성된 자질과 교육을 바탕으로 노동력 시장으로 나아가기 위한 유통 시장, 그리고 이들의 노동력이 제작에 적용되는 시장으로 나눌 수 있다. 간단히 나타내면, '교육(양성) 시장 → 노동력 유통 시장 → 제작 시장' [14]을 거친다고 할 수 있다.

(1) 엔터테이너의 교육 시장 현황

엔터테이너의 교육 시장은 방송 엔터테이너 지망생을 대상으로 하여 향후 방송 · 연예 관련 제작 시장에 참여할 수 있는 기본 자질과 역량을 발굴, 육성하는 단계의

14) 노동연구원, 「문화산업 환경」, 『문화산업 전문인력 형성 구조와 정책지원』, 2006.

시장이다. 방송 엔터테이너에 대한 사회적 인식이 지금처럼 높지 않았던 시절에는 대학의 연극영화과와 연예기획사의 자체 양성 프로그램에 따른 교육이 거의 전부였지만, 지금은 방송 엔터테이너에 대한 사회적 인식이 향상되면서 지망생이 급격하게 증가하고 있으며, 방송 · 연예 산업이 하나의 산업으로 인식되고 체계화되면서 다양한 교육기관이 설립되었고, 연예기획사 내부의 양성 프로그램도 독립된 교육기관의 설립으로 변화되고 있다.

[그림 4] **엔터테이너(연예인)의 수급 현황**

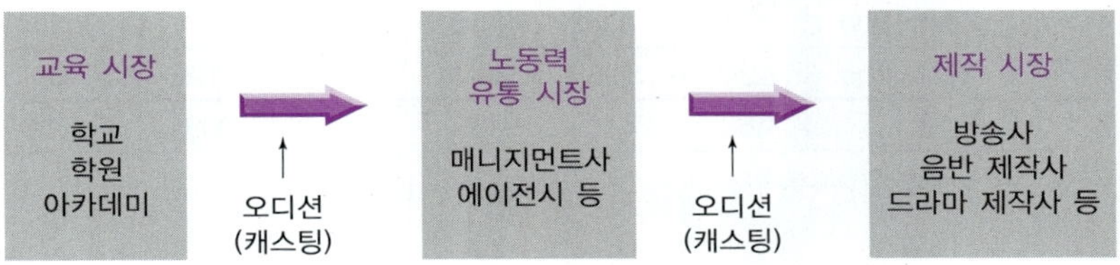

방송 엔터테이너 양성을 위한 교육기관은 우선 공교육 차원의 대학교와 전문대학, 고등학교, 사교육 차원의 방송 엔터테이너 관련 학원, 그 외 방송사 부설 아카데미, 연예 매니지먼트사 소속 양성소 등이 있으며, 다음과 같은 교육의 현황을 볼 수 있다.

1) 대학 및 전문대학

우리나라 정규 교육과정으로 개설된 관련 학과 중 대표적으로는 연극과, 영화과, 방송연예학과, 엔터테인먼트경영학과, 문화콘텐츠학과, 연예산업경영과, 연예매니지먼트과, 모델과를 들 수 있으며, 최근의 사회적 분위기에 맞춰 다양한 이름의 관련 학과들이 신설되고 있다. 특히 '모델'과 관련된 학과의 경우에는 그 영역이 실제 현장에서 명확하지 않은 것을 반영하듯 모델연기학과, 방송모델과 등과 같이 연기자나 방송의 영역과 합쳐져 있으며 그 명칭도 다양하다. 일반 4년제 대학에는 연극 · 영화과가, 2년제 대학(이하 전문대학)에서는 모델학과가 주로 개설되어 있으며, 자세한 현황은 다음의 [표 3]과 같다.

[표 3] **연도별 관련 학과 및 학생 수**

구 분		2002		2003		2004		2005	
		학과	학생	학과	학생	학과	학생	학과	학생
대학	연극 · 영화	55	6,100	61	6,741	65	7,307	76	7,903
	영상 · 예술	57	9,413	70	12,800	74	13,081	90	13,132
전문대학	연극 · 영화	15	3,152	16	3,234	18	3,361	26	3,263
	영상 · 예술	36	5,488	41	4,745	52	4,789	63	6,034
합 계		163	24,153	188	27,520	209	28,538	255	30,332

자료: 교육기본통계(교육통계서비스시스템, www.kedi.re.kr) 정리

방송연예 관련 학과에 재학 중인 학생 수의 증가에 따라 졸업생의 수가 꾸준히 증가하고 있다. 불과 몇 년 전인 2002년에 약 3,000명이었던 졸업생 수가 2005년에는 4,063명으로 증가하였다. 해당 학과의 학생들은 엔터테이너를 양성하는 가장 공식적인 교육 시장의 연예 산업의 인력으로 볼 수 있다.

[표 4] **연도별 졸업생 수**

구 분		2002	2003	2004	2005
대학	연극 · 영화	601	689	834	932
	영상 · 예술	555	1,306	1,311	1,248
전문대학	연극 · 영화	561	698	533	658
	영상 · 예술	1,377	1,107	1,223	1,225
합 계		3,094	3,800	3,901	4,063

자료: 교육기본통계(교육통계서비스시스템, www.kedi.re.kr) 정리

2) 사설 학원

사설 학원은 비록 대형 매니지먼트사의 매출과 사업 규모에 비해 적은 부분을 차지하지만 여전히 연예인 지망생들이 일차적으로 찾는 주된 경로가 되고 있다. 사설 학원의 종류와 특징을 살펴보면 다음의 [표 5]와 같다.

[표 5] **사설 학원의 구분과 특징**

구 분	특징
입시형 연기 학원	• 대학 진학을 위한 각 특정 학과의 실기 위주 집중 교육 (대학 진학에 목표를 둔 학원)
기업형 연기 학원	• 연예계 진출을 목적으로 교육 • 가장 많은 문제점이 발생하는 곳
지상파 방송국 부설 아카데미	• 규모가 크고 교육 과정이 다양 • 원장을 비롯하여 강사진이 현직에 종사 중인 연예인과 제작 인력이 많이 포진
연예기획사 부설 아카데미	• 기획사의 전속 계약으로 이어지는 경우가 드물다.

자료: 교육기본통계(교육통계서비스시스템, www.kedi.re.kr) 정리

(2) 오디션 및 캐스팅

오디션과 캐스팅은 연예인이 되기 위한 필수 코스이다. 방송 · 연예 활동을 준비할 수 있는 곳은 아래와 같이 10여 개의 경로가 있다.

① 대학 연극 · 영화학과 및 연예 관련 학과

현재 전국 136개 대학에서 매년 1만 4,000여 명의 정원이 모집된다.

② 연예 관련 사설 학원

연예계 진출을 목적으로 학원을 수료하는 인원은 수도권에서만 한 해 5,000명에서 6,000명으로 추정된다.

③ 극단 입단

연기자 입문의 가장 고전적인 경로이다. 연기자의 꿈을 갖고 극단에 입단하여 연기 훈련뿐 아니라 극단의 모든 잡무를 맡으며, 무대 데뷔까지의 기간은 보통 생각하는 것보다 상당한 기간이 걸린다고 볼 수 있다. 입단을 했다고 해서 바로 배우가 되는 것도 아니며 특정한 훈련 기간을 거쳐 연기자로 발돋움하는 것도 아니므로 매년 극단에 지원하는 연기자 지망생의 현황은 정확히 파악할 수 없다. 최근에는 개그맨/코미디언들이 주로 이 경로를 이용하여 입문하고 있으며, 개그 관련 매니지먼트 회사에서 자체 극단과 극장을 소유해 소속 연기자들을 교육(양성)한 후 검증된 개그맨들을 방송 프로그램에 출연시키고 있다. 개그콘서트(KBS), 웃음을 찾는 사람들(SBS), 개그야(MBC)가 대표적인 케이스라고 할 수 있다.

④ 연예기획사의 오디션 및 캐스팅

엔터테인먼트 기업 자체에서 신인 발굴 오디션을 실시하며 신인 연예인의 발굴 정원은 정해져 있지 않다. 연예인 지망생의 대부분이 엔터테인먼트 매니지먼트사의 오디션에 참가한다. 또한 소위 '길거리 캐스팅'이라고 불리는 매니지먼트사의 개별적 캐스팅 역시 활발한 편인데, 특히 젊은이들이 많이 모이는 거리, 또는 축제나 대형 행사에서 새로운 얼굴을 찾는 방식은 아직도 빈번하게 사용되고 있다.

⑤ 각종 선발 대회

미스코리아와 슈퍼엘리트모델을 포함해 수많은 종류의 선발 대회가 있다. 각종 선발 대회의 참가자들은 대부분 대회 입상을 통한 연예계 진출을 꿈꾸기 때문에, 연예인 지망생들에게 중요한 기회의 장으로 인식되고 있다. 그 예로 미스 춘향, 보성 녹차, 영양 고추, 문경 능금, 단양 철쭉, 성환 배, 성주 수박, 경주 버섯, 나주 배꽃, 진해 벚꽃, 제주 감귤, 부산 자갈치, 부산 오륙도, 증평 인삼 등 전국 각지에서 200여 개의 크고 작은 지역 미인 선발 대회가 있다.

⑥ 방송사 공채

예전에는 텔런트, 가수, 성우, 코미디언 등을 공채로 선발하였으며, 현재와 같이 방송 · 연예 산업이 대형화 · 산업화되기 전에는 가장 중요한 경로였다. 하지만 1990년대부터 엔터테인먼트 매니지먼트사를 통한 '특채' 탤런트들이 등장해 스타로 성장하면서 중요성과 유효성이 줄어들었고 지금은 실시하지 않고 있다. 개그맨만 각 방송사별로 공채로 선발 채용하고 있다. KBS는 1997년에 연예인 관련 공채가 중단되었고, MBC는 2001년, SBS는 2003년부터 실시하지 않고 있다.

⑦ 연예인 2세

연예인(실연자)에 대한 사회적 인식이 좋아지면서, 연예인 2세들이 연예계에 많이 진출하고 있다. 물론 이전에도 연예인 2세들이 연예계에서 많은 활동을 했지만 지금처럼 많지는 않았다. 부모 세대의 인맥 등을 활용하여 일반 연예인 지망생들보다는 쉽게 등용하며 활동의 기회를 많이 잡는 것으로 평가되고 있다.

⑧ 인터넷 얼짱

인터넷 포털사이트 다음의 카페 '五大 얼짱(http://cafe.daum.net/5i)'을 중심으로 인터넷 얼짱이 등장하기 시작하여, 얼짱 1기인 박한별, 구혜선이 연예계에 데뷔를 하였다. 청소년 연예인 지망생들이 많은 관심을 보이고 있고, 현재는 자기 자신의 동영상을 기획, 제작하여 인터넷 사이트에 올리는 경우도 있다.

⑨ 패션/광고 모델

패션/광고 모델 자체가 연예인의 연예 활동 영역이지만 연기자로 데뷔해 더 많은 인기를 얻기 위한 남녀 연기자들의 지름길로 인식되고 있다.

⑩ 버라이어티쇼

인기 연예인과 일반인이 함께하는 버라이어티쇼에서 대중 사이에서 화제가 되어 인기를 얻고 연예기획사의 눈에 띄어 데뷔하기도 한다.

⑪ UCC

주로 가수 지망생이 자신을 홍보하는 데 활용도가 높고, 심지어는 UCC 포털사이트에서 가수 선발 오디션을 운영하며 새로운 신인을 발굴 중에 있다. 미국에서는 UCC를 통해 유저들의 폭발적인 반응에 힘입어 신인으로서는 파격적인 계약금을 받고 데뷔한 경우도 있었다. 앞으로 UCC를 통해 많은 연예인이 배출될 것으로 주목된다.

2. 연예기획사의 역할과 양극화 현상

(1) 역할

국내의 연예기획사의 설립과 등록은 허가제가 아닌 관할 구청 등록제로 되어 있으며, 인수 및 합병 등을 통한 사명(社名) 변경이 잦고 코스닥 우회 상장이 변수로 작용하면서 정확한 현황을 파악하기 힘든 것이 국내 연예기획사의 현실이다.

과거에는 연예기획사들이 엔터테이너의 발굴 및 관리, 유지하는 업무을 주 업무로 하였지만, 1990년대 이후 대형화되면서 기존 업무 이외의 일을 새로운 사업 영역으로 확장하였다. 문화 콘텐츠가 황금 알을 낳는 거위로 인식되면서 매니지먼트사의 우회 상장, SK, CJ, KT와 같은 대기업의 투자와 해외의 자금이 들어오면서 매니지먼트사의 몸집은 더욱 커지고 있다. 즉, 국내 연예 매니지먼트 업계는 과거에는 볼 수 없었던 형태로 본격적인 대형화, 금융화, 글로벌화를 통해 시스템과 인력 구조를 재편해 가고 있다. 또한 기존에 기획사 자체 내에 존재하였던 교육, 양성 기능을 자회사 형식의 아카데미로 독립시켜 운영하는 곳도 생겼다. 이렇게 연예기획사는 대형화, 다양화되는 추세에 있다. 일반적으로 연예인과 기획사의 역할을 도식화해 보면 다음의 [그림 5]와 같다.

[그림 5] **연예기획사의 업무 내용**

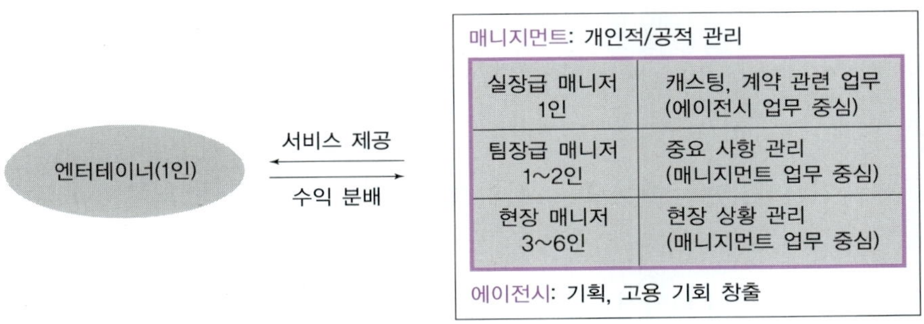

(2) 연예 매니지먼트사의 양극화 현상

국내 연예계 매니지먼트 시스템은 심각한 양극화 경향을 보이고 있으며, 다수의 스타를 확보한 '공룡' 급 매니지먼트사는 막강한 영향력과 힘을 과시하고 있는 것이 사실이다. 더불어 장동건, 배용준, 정지훈, 이영애 등 소위 '한류 스타' 들은 1인 기업형 매니지먼트 회사를 직접 운영하며 연예계의 새로운 파워로 급부상하고 있다. 이에 중소 연예 매니지먼트사들은 점점 설 자리를 잃고 있다.

우리나라 연예 매니지먼트 업계에 나타난 독특하고 기이한 매니지먼트사의 양극화 현상을 살펴보면 다음과 같다.

우리나라 연예계의 제작자 및 종사자들은 대부분 엔터테인먼트 매니지먼트사의 대형화를 자연스러운 변화로 받아들이며 현재 우리나라 엔터테인먼트 산업을 영국의 산업혁명에 비유한다. 산업혁명이 거대한 기업들의 탄생과 가내수공업의 몰락을 가져왔다는 면에서 우리나라의 엔터테인먼트 매니지먼트사는 영국의 산업혁명의 초기와 너무도 닮아 있다는 것이다. 거대한 대기업의 자본과 인적 자원의 유입과 더불어 거대한 엔터테인먼트 매니지먼트사의 출현이 현재 계속적으로 이어지고 있고, 코스탁 열풍을 타고 1인 기업화와 같은 기형적 형태의 엔터테인먼트 매니지먼트사가 나타나고 현실이다.

엔터테인먼트 매니지먼트사의 대형화와 체계적인 시스템화는 한류를 이끌어 내는데 주도적인 역할을 했는가 하면, 한류 스타의 체계적인 관리 등 국내 엔터테인먼트 매니지먼트의 다각화와 해외로의 진출로 이어지는 등 발전적인 모습들도 많이 보여주고 있다. 그러나 스타의 권력화와 몸값 폭등이 중소 매니지먼트사들의 초라한 퇴출로 이어지는 등 부작용도 일어나고 있다.

거대한 엔터테인먼트 매니지먼트 회사의 출현으로 대두된 가장 큰 부작용으로 지적되는 것이 '끼워 팔기' 식 캐스팅이다. '끼워 팔기' 식 캐스팅은 대형 매니지먼트사가 드라마나 영화에 자사의 톱스타를 출연시키면서 신인을 '옵션'으로 끼워 넣는 방식. 하지만 드라마 제작과 매니지먼트 사업을 병행하고 있는 대형 엔터테인먼트 회사의 한 관계자는 '끼워 팔기' 식의 캐스팅 계약은 어쩔 수 없는 선택이라고 설명한다. 현실적으로 아무리 힘 있는 회사라고 하더라도 신인 연기자만을 한 작품에 출연시키기란 어렵기 때문이다.

이런 이유로 신인 연기자들 역시 작은 매니지먼트 회사보다는 대형 매니지먼트 회사를 선호하고, 대형 매니지먼트사로부터 이적 제의를 받거나 계약 및 여러 상황으로 지금의 매니지먼트인 중소 엔터테인먼트 매니지먼트사를 저버릴 수 없는 현실에서 대형 매니지먼트사에 의해 다됐던 드라마 출연이 좌절되면 정말 당장에라도 소속사를 옮기려는 마음이 들 수 있다. 그래서 무리해서라도 소속사를 옮기는 현실에서 신인 연예인(실연자)과 매니지먼트사와의 시비가 종종 일어나기도 한다.

최근 높은 시청률을 기록했던 한 드라마 제작사의 관계자는 '한국에 과연 스타가 존재하느냐'고 반문하는데, 그 말은 드라마나 영화의 흥행을 혼자 책임질 수 있는 스타가 과연 있느냐는 것이며 "하지만 방송국에서는 스타 파워의 현실을 잘 알면서도 은연중 스타 캐스팅을 원한다"고 토로한다.

그리고 "제작사는 편성이나 투자를 받기 위해서는 울며 겨자 먹기 식의 스타 캐스팅을 할 수밖에 없다"는 것이 현실이며, 제작사의 관계자들은 "연기력이 검증되지 않는 신인을 선불리 캐스팅할 수도 없고. 꼭 스타가 필요하다면 대형 기획사의 '끼워 넣기' 요구에도 응할 수밖에 없다"고 하소연하는 것이 현재 우리의 엔터테인먼트 매니지먼트사의 현실이라고 말한다. 이에 중소 매니지먼트 회사들이 설 자리를 잃어가고 있으며, 양극화가 점차 심각해지면서 나타난 현상 중 하나는 중소 매니지먼트 회사들의 몰락이라고 할 수 있다.

대형 매니지먼트 회사들의 캐스팅 독점은 물론이고, 제 살 깎아 먹기 식으로 중소 매니지먼트 회사들끼리 소속 연예인들을 빼돌리는 상황도 있으며 한 달이 멀다 하고 연예인과 소속사 간의 소송 기사가 미디어와 신문 지면을 장식하고 있는 것도 바로 이러한 이유 때문이라고 할 것이다.

하지만 최근까지 중소 매니지먼트 회사를 운영해 온 매니저들은 지금의 폐해는 결국 경험과 기획력과 아이디어 능력이 부재한 대다수 중소 매니지먼트사 스스로 초래한 것으로, 그중 하나의 예로 "몇 년 사이 연기자 한두 명을 데리고 엔터테인먼트 매니지먼트를 시작하는 회사가 우후죽순으로 생겨났지만 사실상 이들 회사 중 전문적인 지식과 풍부한 경험이 있는 곳은 정말로 드물다"라고 설명한다.

심지어 방송국이나 제작사의 시스템이 어떠한 방법으로 운용되는지 제대로 알지 못하는 매니저들도 많다는 점이 가장 큰 문제점으로 지적되고 있다. 이러한 문제점을 해결하기 위해서는 5년 후 10년 후를 내다볼 수 있는 전략과 전문화된 인력 충원 그리고 마케팅 능력을 키워야 하며 회사와 소속 연예인의 신뢰와 믿음이 반드시 뒷받침돼야 한다.[15)]

(3) 연예인의 발굴 및 스카우트

엔터테인먼트 매니지먼트의 핵심은 연예인이라 할 수 있다. 발굴한 신인이 스타로서 성장하였을 때 엔터테인먼트 매니지먼트에서 가장 많은 기업의 이익을 창출되기 때문이다. 그래서 대부분의 엔터테인먼트 매니지먼트사들은 신인을 발굴하는 전담 직원을 채용하고 있으며, 신인 연예인의 발굴은 매니지먼트사의 공식 오디션을 통해 이루어지며, 아직도 공식적인 과정을 통하지 않은 이른바 '길거리 캐스팅' 관행은 계속되고 있다. 길거리 캐스팅의 장점은 무엇보다도 공식 오디션을 위한 비용이 절

15) 〈스포츠월드〉, 2007년 4월 11일.

감된다는 데 있다고 볼 수 있다.

그러나 최근 엔터테인먼트 매니지먼트사는 과학적인 스타 만들기라는 전략을 내세우면서 신인 연예인의 스타 만들기의 육성 과정을 보다 체계적으로 기획하고 연구개발(R&D)하여 성공을 거두고 있다. SM엔터테인먼트의 보아가 그 대표적인 예라고 할 수 있는데, 보아의 성공은 과학적인 스타 기획이 가져올 수 있는 무한한 성공의 가능성을 보여 주었다. 현재 거의 모든 매니지먼트사들은 스타가 될 만한 능력과 재능을 지닌 인재를 조기에 발굴하여 보다 체계적인 관리를 통해 기업의 이익을 창출하려는 기획을 하지 않으면 안 된다.

그러나 신인 연예인이 스타로 완성되기까지는 막대한 비용과 시간이 따르며, 무엇보다도 리스크가 높다고 볼 수 있다. 따라서 매니지먼트사는 적절한 비율로 스타급 연예인들을 자사에 소속시킴으로써 안정된 매출을 꾀한다.[16] 또한 스타급 연예인들은 계약 기간 종료 시 소속사를 다시 선택하게 되는데, 이는 스타 본인이 자신을 효율적으로 관리해 줄 매니지먼트사를 찾게 되고, 또 매니지먼트사 역시 상품의 장래성과 발전 가능성 등을 분석한 후 스타의 스카우트 여부를 결정하기 때문이다. 기업형 매니지먼트사의 출현으로 인하여 연예 매니지먼트 산업의 지형도가 빠르게 변화하고 있음을 가장 잘 나타내 주는 지표 중 하나가 바로 톱스타들의 매니지먼트사 이적이다. 이때 역시 매니지먼트사와의 분쟁이 심각한 사회현상으로 나타나고 있다.

16) 그 예로 에이스타스는 안정적인 연예인 공급을 위해 '톱스타 30%, 중간 스타 30%, 신인 40%의 비율을 유지한다'는 것을 사내 방침으로 하고 있다.(권태동, '누가 연예계를 움직이는가: 6개 매니지먼트사의 파워', 〈월간 중앙〉, 2001년 11월호.)

(4) 연예인의 노출 및 연예 상품의 홍보와 마케팅

연예인(실현자)이 대중에게 노출되는 것은 연예 상품을 통해서이다. 연예 상품은 음반, 광고, 영화, 드라마, 방송 프로그램, 캐릭터 상품, 사인회, 각종 행사 등 다양한 형태로 존재한다. 따라서 매니지먼트사들은 소속 연예인이 참여한 상품의 시장가치를 극대화하기 위하여 상품의 특성과 대중의 구매 욕구에 알맞은 각종 마케팅 전략과 홍보 전략을 구사한다. 연예 상품이 대중에게 노출되기 전에 주로 행해지는 홍보는 스타를 활용하는 방법이다. 광고나 각종 이벤트를 통한 홍보에 비하면, 스타를 이용한 홍보는 적은 비용으로 최대의 효과를 얻을 수 있는 방법이다.

가수의 음반 홍보로는 지상파 방송의 연예 프로그램과 가요 프로그램 출연, 케이블티브이의 뮤직비디오 방영 등 다양한 기법이 동원된다. 연기자의 경우도 인쇄 매체 홍보, TV 연예 정보 프로그램을 통한 홍보, 인터넷 홍보 등 여러 요소를 통하여 홍보 전략을 구사한다. 한편 스타는 자신이 개입된 문화상품의 성공을 위해 다양한 홍보 활동을 펼침으로써 대중에게 노출될 기회를 더 많이 갖게 된다. 이는 곧 주 수입원인 광고 계약으로 연결되기 때문에, 스타들에게도 홍보의 과정은 중요하다. 이와 같은 연예인의 인기 전략 수립에는 방송, 인쇄 매체, 광고 등 주변 환경 요소들과 유기적인 관계 설정이 중요한데, 매니지먼트사 입장에서는 이러한 매체들과 바람직한 관계를 설정하려는 노력이 뒤따라야 한다.

(5) 엔터테이너의 육성과 사후 관리

스타를 대중에게 끊임없이 노출시킴으로써 대중에게 각인된 스타 이미지를 더욱 공고히 하며 스타를 어떻게 육성하고 관리하여 활동하게 하는가에 따라 엔터테인먼트 사업의 범위와 규모가 무한정 확장될 수 있다. 따라서 매니지먼트는 엔터테인먼트 비즈니스의 가장 핵심이라 할 수 있다. 가령 정상의 가수를 매니지(manage)해서 그의 '본업'인 음반 분야는 물론이고 영상, 광고, 이벤트 등 다양한 분야에 활용할 수 있는 방법을 앞서 언급했다. 이러한 방법 역시 '원 소스 멀티유즈'라고 말할 수 있겠다.

물론 이러한 매니지먼트 방법은 예전에도 있었지만 지금처럼 활성화된 시스템은 아니었으며 이제는 체계화된 기업, 전문화된 매니지먼트 시스템이 그 '옛날 것'을 대체하고 있다. 각종 행사나 이벤트, 방송 등 각종 매체의 활동을 지속적으로 보장하는 업무와, 스타의 이미지가 손상되지 않도록 스타의 전반적인 상황을 통제하고 관리하는 업무를 함으로써 철저한 사후 관리로 인해 연예인의 생명력을 장기적으로 지속시킬 수 있도록 해야 한다.

제 3 장

엔터테인먼트 매니저의 업무

1. 엔터테인먼트 매니저의 개념 및 정의
2. 엔터테인먼트 매니저의 기본적 업무
3. 엔터테인먼트 매니저의 일반적 업무
4. 엔터테인먼트 매니저의 제작 관련 업무: Creative

1. 엔터테인먼트 매니저의 개념 및 정의

Entertainment Manager(연예매니저, 이하 매니저로 통일)란 직업은 한마디로 표현하면 '관리자' 라고 할 수 있으며, 연출자를 모든 스태프와과 출연진 등을 총괄하는 '감독' 이라고 부르는 것처럼 연예인의 모든 활동을 관리, 감독하는 사람, 즉 '매니저(Manager)' 라고 말할 수 있겠다.

몇 년 전부터 엔터테인먼트 기획사가 전문화된 거대한 기업으로 변화하고 있으며, 연예 매니지먼트 산업이 고부가가치 산업으로 인정받으면서 고급 인력의 지원과 거대한 자본이 유입되어 예전의 주먹구구식에서 탈피해 점차 체계화, 시스템화되고 있다.

규모가 큰 엔터테인먼트 기획사의 경우에는 업무 분담도 잘되어 있는데, 캐스팅, 트레이닝, 기획, 제작, 홍보, 마케팅 등 각 분야의 전문가들이 모여서 일을 진행한다. 그중에서 매니저는 주로 기획 단계에서부터 연예인의 활동에 관여하게 된다.

연예 매니저를 종류에 따라 분류하면 대략 연기자 매니저, 가수 매니저, MC 및 개그맨 매니저, 모델 매니저가 있다. 그리고 역할에 따라 분류하면 로드매니저와 스케줄매니저(chief manager, main manager, PR manager라고도 함)로 나뉜다.

연예인(실연자) 매니저들의 단체인 한국연예제작자협회는 1992년에 사단법인으로 등록을 했다. 매니저의 역할이 그만큼 커지고 표면화되고 있는 것이다. 또한 우루과이 라운드(UR)로 연예 전문 다국적기업들이 국내에 진출함에 따라 그런 경향은 더욱 가속화되었다. 이에 매니저들도 그동안의 전근대적인 방법에서 탈피하여 점차 최첨단 시스템의 연예 매니지먼트 경영 기법을 도입하고 있는 현실이다.

이미 전국에 엔터테인먼트 매니지먼트와 관련되어 4년제 대학교와 2년제 대학에서 정규교육이 실시되고 있으며, 대학에서 엔터테인먼트 매니지먼트를 전공하고 졸업한 사람을 매니저로 공채하는 연예기획사들이 점점 늘고 있다. Y연예기획사의 매니저 공채 때에는 10명 모집에 몇 백 명의 대졸자가 몰려 높은 지원율을 보였다.

매니저는 보통 무슨 기획사라는 상호를 걸고 비즈니스를 하는데, 이러한 연예기획사는 전국에 200여 개를 상회한다. 그러면 매니저는 도대체 무슨 일을 하는가?

연예인을 상품이라고 할 때 그 상품을 만들어 소비자들에게 널리 마케팅 하는 일이 매니저의 몫이다. 매니저의 마케팅 활동은 다음과 같이 구별될 수 있다.

스타들의 전반적인 활동을 기획하고 연출하는 스케줄 매니저, 스타들과 일거수일투족을 함께하는 로드 매니저, 복장을 담당하는 코디네이터, 홍보 전담 매니저 등으로 전문화되어 있다. 예를 들면 연예인의 복장이 자유로운 것 같지만 거기에는 나름대로 매니저들의 치밀한 전략 마케팅이 있으며 스타일리스트가 고용되어 어떠한 모습으로 출연할지도 다 조언을 해 주고 있다.

공영방송인 KBS 2TV의 시사 다큐멘터리 '추적 60분'에서 연예 산업, 스타 만들기의 속내를 방송한 바 있는데, 이 프로그램에 따르면 탤런트 엄정화, 최진실, 최민수 등 국내 최고의 연예인들이 어떻게 발굴 육성되어 어떠한 마케팅 전략에 의해 스타가 되었는지 케이스별로 언급하였다. 또한 가수 김건모를 비롯하여 신승훈이 소속되었던 기획사가 얼마나 과학적이고 합리적인 투자로 스타를 양성하고 있는지 보여 주었는데, 가수 김건모의 경우에는 소속 기획사가 앨범 제작 시 1년여의 기간과 최고의 의상 코디네이터와 댄스 전문가를 고용해 투자한 결과 2집 앨범 때 160여만 장의 실적을 올리는 성과가 있었다고 한다. 이는 가수의 가창력도 중요하지만 매니저가 톱스타를 어떻게 이미지 메이킹하고 얼마나 잘 관리해야 하는지를 보여 주는 사례이다.

〈TV 저널〉 역시 톱스타인 최진실, 최민수의 매니저를 연예계를 움직이는 10인 중의 한 명으로 선정했는데, 이것은 매니저가 연예인의 인기 관리에 미치는 영향력이 일반인의 상상보다 훨씬 크다는 것을 보여 준다. 매니저의 역할이 중요하다는 사실은 수입 배분에서도 잘 나타난다. 보통 가수와 매니저 사이의 이익 배분율은 5대 5이다. 만약 가수가 1,000만 원을 벌면 그 가운데 500만 원은 매니저의 몫이다. 탤런트의 경우는 보통 6대 4의 비율인 경우가 많은데, 이는 가수의 경우에 매니저의 역할이 더 중요하다는 걸 의미한다고 볼 수 있을 것이다. 실제로 한때 인기 정상에 있던 가수들이 능력 있는 매니저와 결별한 후에는 히트곡도 내지 못하고 방송 및 여러 종류의 이벤트 행사에서 활동마저 부진한 경우가 적지 않다.

기획과 연출을 잘하는 스타 매니저는 연간 많은 수익을 창출한다. 연예인이이야 노래와 연기로 수익을 내는 것을 쉽게 수긍하면서도 매니저가 어떻게 그렇게 많은 수익을 올리는지 의아하게 생각할 사람이 적지 않을 것이다. 그것은 그만큼 매니저의 역할이 매우 중요하다는 것을 뜻하며 매니저의 아이디어와 기획과 연출이 스타를 양성하는 데 중요한 포지션을 차지한다는 증거로 볼 수 있을 것이다.

우리나라에서는 아직 매니저의 역할이 과학적인 사고와 치밀한 계산 못지않게 로비활동을 하거나 몸으로 때우는 식의 방법에 의존하는 경향이 있는 건 분명하다. 또 매니지먼트의 방법도 지나치게 전근대적인 인간관계에 의존하고 있어 최근에는 매니저와 연예인들 사이의 불화가 법정 문제로 야기되고 있다. 연예인과 소속사 간의 계약해지 또는 재계약, 수익 분배의 부당성 등으로 여러 가지 문제점을 안고 있는 것이 또한 현실이다.[17)]

그러나 최근에는 대기업들마저 연예 매니지먼트 사업에 활발히 진출함에 따라 그러한 문제는 차츰 해소될 것이며, 그에 따라 매니저의 역할이 더욱 증대될 것임이 틀림없다. 매니저의 업무 중 하나인 팬 관리 방법도 더욱 조직화되고 정교한 시스템으로 행해지고 있다. 예전에는 팬 서비스용 전화카드를 제작하는 방법도 있었지만, 최

17) 강준만, 『대중문화의 겉과 속』, 한샘, 1997.

근에는 인터넷을 통해 인기 연예인과 팬이 직접 대화를 나누는 인기 연예인 팬클럽 서비스까지 등장하고 있고 인기 연예인 쇼핑몰 코너가 운영되는 인터넷 사이트도 있다.

(1) 역할에 따른 매니저의 종류

1) 로드 매니저(road manager)

연예인(실연자)과 함께 스케줄을 동행하는 매니저. 매니저 일을 처음 시작하면 당연히 거치게 되는 현장 매니저 과정으로, 연예인의 부모나 형과 오빠 같은 존재이다. 요즈음에는 그룹 가수들의 경우 합숙이 많아서 함께 동거동락하며 관리해야 하는데, 운전과 식사, 건강, 학교, 집, 사생활까지 총괄하여 관리해야 하므로 뛰어난 운전 실력과 강인한 체력이 요구된다. 어떠한 경우라도 스케줄에 맞춰 정확한 시간에 정확한 장소까지 동행하며, 무엇보다 연예인과의 신뢰를 쌓는 것이 중요하다.

신입 매니저는 자동차 '밴' 사용법, 스케줄이 급할 때의 운전하는 요령과 연예인(실연자) 개개인의 특성을 제일 먼저 교육받는다. 로드 매니저로서의 발을 딛기 시작하는 첫 번째 단계에 들어서는 과정이라 할 수 있다.

2) 스케줄 매니저(schedule manager)

연예인(실연자)의 연예 활동을 총괄하며 스케줄을 관리하는 매니저. 가장 중요한 것은 홍보와 그에 따른 기획력이라 할 수 있다. 자기가 관리하는 연예인을 어떻게 포장하여 대중에게 어필하느냐가 관건으로, 무엇보다 연예인(실연자)의 이미지 구축에 중점을 두어야 할 것이다.

역시 시간 엄수는 필수적이고, 연예인(실연자)과 클라이언트 사이에서의 처세술이 매우 중요하다 할 수 있다. 신인 연예인(실연자)의 경우에는 홍보하는 것이 가장 중요할 수 있지만, 유명 연예인의 경우에는 예의 바르게 거절하는 것 또한 매우 중요하다 할 수 있다. 해박한 지식과 다양한 경험을 바탕으로 뛰어난 기획력과 추진력이 요구되는 매니저라 하겠다.

3) 제작 매니저

프로덕션 사장. 매니저는 연예인의 홍보를 위해 많은 사람들과 만나고 연예인의 활동에 같이 움직여야 하므로 연예인보다 더 바쁜 활동을 한다고 할 수 있다. 특히 신인을 관리할 경우에는 기존 연예인보다 많은 연습과 홍보가 필요하다. 최근에는 인터넷을 통한 동호회나 팬클럽 관리도 매니저의 새로운 업무로 등장하고 있다.

(2) 매니저의 기본적인 요건

① **운전 능력:** 자신뿐만이 아닌 여러 연예인(실연자)들을 태운 상태에서의 안전하고 신속한 운전 실력이 요구된다.

② **신뢰성:** 시간을 지키는 것은 기본이다. 참고로 매니저는 스케줄 펑크 시 그 책임을 져야 한다.

③ **성실성:** 남들보다 더 열심히 노력하려면 강인한 체력과 성실성은 필수적이다.

④ **처세술:** 사람을 만나는 직업이므로 원만한 대인관계가 아주 중요하다 할 수 있다.

⑤ **기획력:** 스타를 만들기 위해서는 커뮤니케이션, 광고, 홍보, 마케팅 등 다양한 지식과 아이디어가 요구된다.

⑥ **대중매체에 대한 이해:** 연예인은 대중매체에 노출되는 직업이다. 그러므로 매니저는 당연히 다양한 매체의 특성과 제작 시스템을 파악하고 있어야 한다.

⑦ **외국어:** 영어 회화 정도는 할 수 있어야 연예인의 해외에서의 활동에도 적극 동참하여 매니저로서의 업무를 할 수 있다.

2. 엔터테인먼트 매니저의 기본적 업무

(1) 에티켓

① 전화 예절

- 외부에서 전화가 걸려 왔을 때 다음과 같은 방법으로 전화를 받는 것이 좋다.
  - 수화기를 들면서 "감사합니다. 최고로 모시겠습니다. (주)○○○엔터테인먼트 ○○○입니다"라고 응대한다. 그리고 상대방이 자신의 신분을 밝혀 왔으나 모르는 사람일 경우라도 반갑게 "안녕하세요"라고 인사를 건네며 전화에 응한다.
- 회사 내 타부서의 사람을 찾을 때에는 "잠시만 기다려 주세요. 자리에 계신지 확인해 보겠습니다"라는 멘트와 함께 다음과 같은 방법으로 전화에 답한다.
  - 찾는 사람이 통화 중일 경우

    "통화 중인데 죄송하지만 기다려 주시겠습니까?"라고 말하거나, "통화가 길어질 것 같은데 메모 남겨 드릴까요?"(메모 용지 사용)라고 묻는다.
  - 찾는 사람이 자리에 없을 경우

    "죄송하지만 지금 자리에 안 계십니다. 메모 남겨 드릴까요?"라며 상대방의 의견을 물어본다.(메모에는 이름과 연락처를 꼭 적고 되도록 용건도 기록한다.)
- 찾는 사람이 자리에 없을 때에는 꼭 메모를 해서 해당하는 사람의 책상 위에 그것

을 남기고, 나중에 전달 받았는지를 확인한다.(회사 비즈니스의 아주 중요한 포인트 중의 하나이다.)

- 대표이사, 임원 등을 비롯한 소속 연예인의 일정이나 연락처, 음반 발매량은 공개하지 않는다.
  - 대표이사 또는 임원에게 걸려 온 전화는 연락처를 확인하여 메모한 다음 비서에게 전달한다.
  - 소속 가수의 일정에 대한 문의나 섭외 전화는 연락처를 확인하여 메모한 다음 해당 매니저에게 전달한다.
- 전화를 연결시키는 방법
  - 전화를 건 상대방의 이름을 묻고 보류(플래시) 버튼을 누른 후, 연결시키고자 하는 사람에게 누구에게서 전화가 왔다고 알려 주고 수화기를 내려놓는다.(전화 연결을 받는 사람은 연결자에게 고마움을 표시하고, 반갑게 "안녕하세요"라고 인사를 건네며 전화에 응한다.)
  - 연결시키고자 하는 사람이 통화 중일 경우, 상대방에게 통화 중이라고 전달하고 메모를 받아서 담당자에게 전달한다.
  - 전화 연결이 확실히 되었는지 확인하고 수화기를 내려놓는다.
- 전화 통화 후
  - 통화가 끝나고 전화를 끊을 때는 상대방이 먼저 끊는 것(수화기 내려놓는 소리)을 확인한 후 수화기를 내려놓는다.

② 호칭 예절

- 조직 사회에서는 나이보다 직급이 우선시된다. 존칭에 신경 쓰며 서로에게 예의를 갖추는 것이 좋다.
  - 연하의 상급자에게는 '님' 으로 호칭하여 예를 갖추며, 연상의 하급자에게는 호

[표 6] 호칭 예절

상급자가 부를 때		동급자를 부를 때		하급자를 부를 때	
연상의 상급자	연하의 상급자	연상의 동급자	연하의 동급자	연상의 하급자	연하의 하급자
이사님, 부장님, 팀장님		선배님, 선배님, ○○○ 씨/형	○○○ 씨/형/군/양	부장, 팀장, ○○○ 씨	

칭할 때 '님' 은 생략하고 해요체를 사용한다. 업무에서뿐만 아니라 평소에도 예를 갖추는 것이 관리자로서의 자질이라 할 수 있다.("○○○ 부장, 나 좀 봐요", "○○○ 팀장, 나 좀 봐요" 등 하급자에게도 가급적 해요체를 쓰는 것이 좋다.)

- 모든 경우에 기본적으로 공손한 말씨를 쓰는 것이 서로에게 호감을 주고 업무의 능률을 높일 수 있어 상당히 효율적이다.(상호 신뢰성과 신뢰감을 형성할 수 있다.)
- 고위 상급자에게 하위 상급자를 말할 때
  - 원칙: 직급과 행위를 모두 낮춘다.
    예 부장님, 과장은 잠깐 나갔습니다.
  - 합리적: 직급은 높이고 행위는 낮춘다.
    예 부장님, 과장님은 잠깐 나갔습니다.
    예 '부장님, 과장님은 잠깐 나가셨습니다' 라고 하면 실례이므로 신경을 쓴다.

③ 악수 예절

- 원칙
  예 연장자(상급자)가 먼저 청하고 연하자(하급자)가 이에 응한다.
  예 아랫사람은 몸을 약간 굽히거나 목례를 같이하는 식으로 예의를 표시한다.
  - 또래의 이성 간에는 여성이 먼저 청하고 남성이 이에 응하는 것이 좋다.

- 예절
  - 상대방과 눈을 부드럽게 마주하며 손은 가볍게 2, 3회 정도 흔들며 가벼운 대화부터 이어 간다.
  - 애사일 경우에는 악수를 청하지 않아도 무방하며 마음속 깊이 애도를 표한다.
  - 장갑을 끼고 있을 때는 장갑을 벗고 예의를 표시한다.(예복을 입었을 때는 예외.)

④ 소개 인사말

- 자기 자신을 상대방에게 직접 소개하는 경우
  - 두 사람이 만나서 처음으로 자기 자신을 소개할 경우
    예 처음 뵙겠습니다. 인사드리겠습니다, (저는) ○○○입니다.
  - 여러 사람 앞에서 자기 자신을 소개할 경우
    예 처음 뵙겠습니다. ○○○입니다 / 안녕하십니까? ○○○입니다.

- 중간에서 다른 사람을 상대방에게 소개하는 경우
  - 친분 관계를 살펴보고 자기와 가까운 사람을 먼저 소개하는 것이 좋다.
  - 손아랫사람을 손윗사람에게 먼저 소개하는 것이 예의이며 정중히 소개한다.
  - 남성을 여성에게 먼저 소개한다. 이때 중요한 것은 아주 매너 있게 소개한다.

⑤ 명함 교환 예절

- 교환 방법
  - 먼저 소개하는 사람이 자기의 명함을 두 손으로 명함의 위쪽을 잡고 정중하게 건네며 가벼운 목례와 함께 인사를 나눈다.
  - 명함이 없는 경우에는, "죄송합니다, 마침 명함이 없는데 다른 종이에 적어 드

려도 되겠습니까?"라고 미안한 마음의 표시를 겸해 의견을 물으며 적어 주는 것이 상대방에게 호감을 줄 수 있는 방법이다.

- 상대방에게서 받은 명함은 공손히 들고 잘 살핀 다음 정중하게 앉아 테이블 앞에 놓고 대화에 응한다.
- 상대방과 헤어진 다음에는 자신의 명함 파일에 잘 정리할 수 있도록 한다. 이때 명함의 한쪽에 상대방과 만난 날짜와 장소, 누구의 소개로 만났는지를 메모해 두면 상대방과 다음에 만날 때 아주 유익하게 활용할 수 있다.

● 주의할 점

- 한쪽 손으로는 자기의 명함을 주면서 한쪽 손으로는 상대의 명함을 받는 것은 실례이며 첫인상이 좋지 않을 수 있다.
- 상대가 보는 앞에서 명함꽂이에 꽂는다든가 아무 곳에나 방치하면 실례이며, 상대방의 인격을 무시하는 분위기를 연출하여 비즈니스에 악영향을 미칠 수 있다.

⑥ 손님을 접견하는 방법

● 면담자가 누구인지 확인한 뒤 접견실로 정중히 안내한다.

● 음료나 차를 대접하며 가벼운 책을 권하는 것이 좋다.

● 면담자가 회의 중이거나 다른 사람과 면담 중일 때에는 방문자에게 이유를 설명하고 양해를 구한다.

● 면담자가 자리를 비웠을 경우에는 면담자에게 연락을 취하여 면담 유무를 확인하고, 방문자에게 그 내용을 전달한다.

(2) 업무 처리 수완

① 업무 시간

- 불가피한 상황으로 지각이 예상될 경우에는 유 · 무선 전화로 사무실(관리부)에 보고한다.
    - 업무상 사무실 출근이 늦어질 경우에도 최소한 하루 전날 관리부에 사정을 통보하는 것이 좋다.
    - 점심시간에도 사무실에서 전화를 받을 수 있는 인원을 확보하여 사무실 내에 적어도 1인 이상을 배치한다. 점심시간 중에 전화 및 기타 업무 진행 전달이 확실히 되도록 한다.
    - 외부에서 업무가 늦어져 바로 퇴근할 경우에는 외출하기 전 또는 후에라도 관리부서나 담당 팀장에게 연락한다. 업무 종료 후에는 약식으로 전화(연락이 안 될 경우 메시지를 남긴다)나 문자를 이용해서 임원과 담당부서에 반드시 보고하도록 한다.

② 동료나 상사의 부탁 또는 지시 사항은 그 결과(또는 중간 결과)에 대해서 반드시 통보 또는 보고하는 습관을 갖는 것이 좋다.

- 보고 방식
    - 무엇 무엇을 했습니다. 그래서 ○○○합니다.
    - 무엇 무엇을 했습니다. 그리고 ○○○합니다.
    - 무엇 무엇을 했습니다. 그러나 ○○○합니다.

③ 업무 지시 사항의 완전 종료는 일의 부탁, 지시에서 일의 결과에 대한 보고 또는 통보까지로 한다.

④ 업무상의 과실은 시말서를 작성하여 제출하는 경우도 있다. 업무의 중요도에 따라 업무 능력이 평가된다.(연봉 조정 시에 참고되는 경우가 많다.)

⑤ 업무를 지시받을 때는 언제까지 해야 하는 일인지, 그리고 다른 사람에게 일을 지시해서 처리해도 될지를 반드시 확인하는 것이 좋다.

⑥ 업무 지시를 받은 것에 대해서 본인이 동의한 경우에는 확실하게 종료한다. 이러한 업무 내용이 지켜지지 않을 경우 문책을 받을 수도 있다.

⑦ 콘서트 등과 같은 각종 행사의 진행 사항들은 모두 문서화하여 게시판에 올리고 지침서를 만들어 다음 콘서트와 행사에 도움이 되게 하는 것이 좋다.

⑧ 데모 곡이나 가수 소개, 포스터, 디자인 등을 올릴 때에는 점수도 첨부한다. 예를 들면 A, B, C, D등급이나 90, 80, 60……점 등으로.

⑨ 어떤 일이든 단순 보고 이외에는 자신의 의견이나 의사를 꼭 쓰거나 표명하도록 한다. 업무의 진행에 좋은 아이디어가 될 수 있으며 그 아이디어가 향후 회사의 노하우를 축적하는 방법 중의 하나가 된다.

⑩ 회사에서 업무용 6mm카메라 및 MD, 그리고 비디오테이프를 출고할 때는 관련 부서의 확인을 받고 출고 및 대출 일지에 기록하고 출고하는 것을 명시화한다. 반납 시에도 확인받는 것을 원칙으로 한다.

⑪ 회의 또는 업무 진행상 타부서의 업무에 대한 평가를 하거나 본인의 의견을 제시할 때에는 그 내용에 대한 대안이나 해결 방안을 제시하도록 한다. 상대 부서의 업무에 너무 깊이 관여하지 않는 것이 좋다.

(3) 회의

① 업무 회의

- 한 주의 특정 요일을 정하여 정기적으로 실시하는 것이 좋다.
- 사내 모든 부서의 임원 및 팀장 또는 대리인의 참석을 원칙으로 한다.

- 부서별 업무 협조, 타부서에 대한 협조 사항, 자기 부서의 광고 또는 알림 사항, 사옥 청결, 인사, 총무, 구매, 교육, 사규, 제도 등 사내 공통의 여러 일반 업무에 대한 사항을 개선하기 위한 회의로, 회의 기록지에 꼭 남긴다.
- 가능한 짧은 시간(30분 이내에서 길게는 1시간)에 끝내도록 하는 것이 좋다.
- 한 번 제기된 안건은 그 다음 주 회의 시 반드시 진행 상황을 확인하도록 하며, 만일 해결되지 않은 경우에는 그 안건의 해당자가 반드시 책임을 완수하도록 하여 추후 보고케 한다.
- 기록은 별도로 전 직원용 업무 지침서에 첨가하여 업그레이드하며 회의의 중요성을 잊지 않도록 직원들에게 알려 주는 것이 좋다.

② 부서 회의

- 각 부서 단위로 갖는 전문 회의.(수시로 업무 진행에 대해서 약식 회의.)
- 시간과 장소의 구분 없이 각자 부서의 고유 업무에 대해 부서원들끼리 회의를 가질 수 있다.
- 결과를 기록으로 남기고 반드시 각 부서의 업무 지침서에 첨가하여 업무에 대한 노하우를 계속 업그레이드한다.

③ 기획 회의

- 프로젝트에 따라 수시로 실행되는 회의.
- 어느 부서의 누구나 회의 소집, 주최, 진행을 할 수 있다. 이 회의를 통해 자신 또는 자기 부서의 업무적인 역량을 발표한다.
- 예를 들면 소속사 연예인의 뮤직비디오에 아이디어가 있는 사람 A가 회의를 원할 경우에는 자신이 회의 스태프를 코디네이션하여 0월 0일 0시에 회의가 있으니 참석을 희망한다는 내용의 회의 소집 문구를 게시판에 띄우면 된다.

- 그 게시판에 지정된 부서의 대표는 꼭 참석해야 하며, 그렇지 못할 경우에는 대리인을 참석시켜 회의가 일정대로 진행되게 해야 한다.(부서별 참여 인원은 제한 없이 한다.)
- 모든 회의 내용은 반드시 기록으로 남겨야 한다. 기획 회의의 내용도 마찬가지로 기록 후 각 부서의 업무 지침서에 첨가하며 참여하지 않은 다른 직원도 알 수 있도록 한다.
- 기획 회의(해외 업무 회의 별도)와 업무 중간의 약식 회의는 필요에 의해 수시로 실시한다.

④ 회의 시 준수 사항

- 모든 회의 내용은 이메일 게시판에 올리는 것을 원칙으로 하여 모든 사원이 공유할 수 있도록 한다.
- 회의 시간은 되도록 엄수하도록 한다.
- 회의 또는 손님과 면담 중에는 핸드폰이나 호출기를 진동으로 설정하거나 전원을 꺼 두는 것이 예의이다. 그렇게 하면 회의 및 면담에서 집중도를 높일 수 있다.
- 메모하는 습관은 절대적으로 필요하며 본인 스스로 습관을 들인다.(메모는 차후 엄청난 기록과 자산이 된다.)
- 회의 시 다른 사람의 의견이나 기타 업무 진행에 대한 비평을 할 때에는 반드시 더 좋은 대안이나 실질적인 해결 방안을 제시하도록 한다.

(4) 양식

① 휴가원

- 일요일 또는 휴일 근무를 할 경우, 평일 중 업무에 지장이 없는 경우에 한해 대체 휴무를 할 수 있다.
- 대체 휴무의 경우에는 휴가원을 제출한다.
- 휴가원은 최소 3일 전에 제출한다.

② 아이디어 제안서

- 업무와 관련된 아이디어 또는 건의 사항이 있을 때에는 아이디어 제안서에 내용을 필히 메모한다.
- 아이디어 제안서는 임원 또는 해당 부서 팀장에게 제출하거나 회의 석상에서 제시한다.
- 이메일을 통해서 제출할 수도 있다.

③ 지출결의서

- 소액의 업무비 지출은 사비로 사용한 후 지출결의서에 영수증을 첨부하여 자금을 신청한다.
- 지출결의서는 매주 수요일과 토요일에 마감한다. 수요일 마감분은 그 주 목요일에, 토요일 마감분은 그 다음 주 월요일에 업무비가 개인의 계좌로 입금되도록 시스템화하는 것이 좋다.
- 지출결의서를 작성할 때에는 세부 사항을 상세하게 기록한다.
- 지출결의서를 작성할 때에는 부가세와 원천징수를 구별하여 기재한다.(포함인지 별도인지.)
- 아르바이트를 쓸 경우에는 주민등록등본 및 주민등록증(사본)을 받으며 통장 계좌번호 역시 빠짐없이 기입한다.
- 금액이 큰 지출(뮤직비디오 앨범 제작 및 광고, 고가 비품 구입 등)은 지출 계획

을 세워 담당 부서에 사전 보고한 후 지출 예정일의 일주일 전 담당 부서에 자금을 신청한다.(영수증을 나중에 제출할 때에는 빠른 시일 안에 처리한다.)

- 자본주의 경제원칙에 따라 최소의 비용으로 최대의 효과를 창출할 수 있도록 하는 것이 좋다.(비교 견적 제시.)
- 업무에 관련되어 결제를 받은 지출결의서는 담당 부서(경리, 관리부장)에서 이상 유무를 체크한 뒤 최종적으로 임원 및 대표이사의 결제를 받고 집행한다. 이때, 영수증 또는 세금계산서는 꼭 확인하여 받는다.
- 매니저 팀의 차량과 관련한 지출결의서는 다음과 같은 형식으로 작성한다.

[표 7] **차량 사고 및 교통법규 위반 경위서**

차량 사고 및 교통법규 위반 경위서

작 성 자 :
차량 번호 :
일 시 : 0000년 00월 00일 00시
내 용 : 예) 00의 방송으로 00에서 00으로 이동 중 상대편 차량의 차선 변경 중 접촉 사고가 발생하여 차량의 왼쪽 앞부분이 파손되어 보험 회사에 연락한 후 처리하였습니다.
예) A.B.C 행사로 00에서 00으로 이동 중 00시까지 도착해야 되는 사정으로 급히 이동 중 과속감지카메라에 찍혀 회사로 발부되었습니다.
예) D.E.F 방송 이동으로 00에서 00으로 00시까지 도착해야 하는 사정으로 이동 중 중앙선을 넘어 운행하다 교통경찰에게 적발되어 스티커를 발부받았습니다.

견적 금액 : 차량 수리 견적 금액 또는 스티커 발부 금액

00년 00월 00일
작성자 서명

- 지방에서 교통비를 사용할 경우에는 영수증 첨부가 불가능함에 따라 교통비에 대

한 증빙으로 내부 결제에 의한 교통비 사용 내역서를 첨부한다. 교통비 사용 내역은 팀장의 전결 사항으로 하며 팀장이 없는 부서는 임원이 결제한다.

(5) 기타

① 업무 진행에 따라 분류한 사원의 5가지 유형

a. 지시 대기형: 일방적 지시에 따르는 수동적 형태라 할 수 있다.

b. 지시 요구형: 지시를 요구한다는 차원에서 지시 대기형에 비해 적극적이지만 지시라는 측면에서는 여전히 수동적 형태라 할 수 있다.

c. 선제안 → 토론 → 보고+집행형: 일의 창출이라는 측면에서 지시를 벗어나는 적극적인 형태이며, 일을 창출해 토론을 통해 공론화함으로써 위험성을 제거하고 일을 집행.

d. 집행+보고형: 일을 창출하고 동시에 집행하면서 사이사이 일의 경과를 계속해서 보고하는 형태이며, 사이사이 계속적으로 위험 부분을 제거하며 일을 진행.

e. 집행→보고형: 일을 창출해 최종 결과물이 나오기까지 일을 단독으로 집행한 후, 나중에 최종 결과만을 보고. 일의 시작에서 끝까지 모든 과정에 대해 책임을 지게 되며 일정 부분 위험성을 포함한다.

* 일반 사원은 c번 유형을 지향한다.

* 대표이사 및 임원은 d번 내지 e번 유형을 지향한다.

② 회사 내에서 반드시 지켜야 할 사항

- 전화 예절: 대외적인 회사의 이미지를 만드는 업무이고, 업무의 상당 부분을 차지한다.

- 업무상 대외적 보안: 회사의 존폐 부분을 차지하며 무척 중요하다.
- 지시 및 부탁에 따른 피드백: 정확한 지시와 그에 대한 피드백은 회사의 생명이라 할 수 있다.
- 일을 서로 미루지 말 것: 회사와 개인에게 막대한 손실이 온다.

③ 자료 관리

- 이미 판매, 활용되고 있는 자료 이외는 모든 자료가 대외비이므로 보안에 철저히 유의한다.
- 특히 외부(방송국, 잡지사 등)로 전달되는 자료(영상 자료, 문서 자료 등)는 반드시 담당 부서를 통해 임원 회의에서 검토를 받은 후 전달하도록 한다.
- 미발표된 곡은 어떠한 일이 있어도 외부로 유출되어서는 안 된다. 따라서 관련자(녹음 기사, 매니저, 작곡 섭외자) 이외에는 절대로 취급하지 못하도록 한다.

④ 청소

- 출근 후 업무 시작 전에 각 부서별 방, 각 사무실, 손님 접견실을 정리 정돈한다.
- 청소 및 위생에 관련된 청결 관리를 각자 철저히 한다.
- 쓰레기봉투는 매주 정해진 요일에 회사 앞 정해진 장소에 내놓는다.
- 매주 하루를 전 직원 대청소의 날로 정하여 회사의 이미지를 깨끗하게 할 필요가 있다.

⑤ 연습실 사용

- 최소 하루 전 캐스팅 부서와 사용 가능 여부를 협의하여 사용할 수 있어야 하며, 시간을 엄수하도록 한다.
- 사용하고 난 후에는 다음 팀을 위하여 반드시 뒷정리는 철저히 한다.

⑥ 회사 제물 및 비품 사용

- 비디오카메라 등 회사의 물품을 사용할 때에는 담당 부서에 사용청구서를 제출하고 반드시 허락을 받아 사용하며 시간과 반납 일정을 확실히 통보한다.
- 사용한 후에는 담당자 또는 지정된 자리에 정확하게 반납하며 물품의 이상 유무 역시 확인할 수 있도록 한다.

⑦ e-mail 사용 및 인터넷

- e-mail을 보낼 때 본인의 이름을 글 끝 또는 시작하는 부분의 오른쪽에 명시하여 보낸다.
- 문서로 작성한 내용을 보고할 때에는 되도록이면 별도의 파일을 첨부하지 말고 편지 내용에 모든 내용을 다 넣는 것이 좋다.(시간을 절약할 수 있으며 첨부 파일에 대한 별도의 확인 없이 읽고 내용을 알 수 있다.)
- 파일을 첨부해야 할 경우에는 문서를 한글(hwp) 파일로 첨부하지 말고, 엠에스워드(MS-word) 파일로 첨부하는 것이 좋다. 해외에서 e-mail을 확인할 때에는 한글 파일 프로그램이 없으면 열리지 않는 단점이 있다.
- 게시판이나 e-mail 문서 작성 시 '가로열의 문장 길이'를 한 화면에 다 보이게 하고, 정확한 표현으로 글의 구성에 신경을 써 쉽게 이해할 수 있도록 배려한다.
- 게시판은 하루에 한두 번씩 확인하고 e-mail을 전달받았을 때에는 항상 답변을 보내며, 프로젝트의 진행 사항이 어떤지를 신속하게 알린다.
- 회사의 업무 지시는 받는 즉시 바로 시행할 수 있도록 한다. 인터넷을 활용하여 e-mail로 정확한 업무 지시 및 보고가 이루어지도록 한다.
- 인터넷 활용을 철저히 함과 동시에 모든 내용의 최초 공개는 인터넷을 통하여 하도록 시스템을 구축할 필요가 있다. 이에 전 사원이 동참할 수 있는 툴을 만들어야 한다.

업무의 효율적인 진행을 위한 3가지 전략

1. Speed: 업무의 효율성
   - ▶ 체계화된 DB 구축으로 단시간 내에 자료를 찾고 활용하는 시스템 서버를 구축하여 적극 활용한다.
   - ▶ 국내/외 간 자료 이동 시 인터넷과 e-mail 활용으로 시간을 단축하여 효율적인 업무 진행이 되도록 하며 정보 보안 유지에 각별히 신경을 써야 한다.
2. Interactive: 상호 작용
   - ▶ 업무 지시와 실행에 따른 상호 작용의 활성화, 정확한 업무 전달과 피드백.
   - ▶ 리서치를 통한 정확한 데이터를 바탕으로 소비자(고객)가 원하는 것이 무엇인지를 파악하는 소비자와의 상호 작용.
3. Preference: 업무의 우선순위
   - ▶ 모든 업무에 있어서 진행상의 우선순위를 결정한 후에 중요도에 따라 집행할 수 있도록 체계화한다.
   - ▶ 업무의 우선순위를 알 수 있도록 업무의 종류와 일정 등을 세분한다.

3. 엔터테인먼트 매니저의 일반적 업무

(1) 업무 개요

우선 크게 4가지 업무를 다룬다.

첫째, 음반 기획과 제작에 관련한 제반 업무로, 녹음 진행, 앨범별 컨셉트 구상, 앨범의 완제품까지의 자켓 제작 및 포스터와 뮤직비디오, 홍보물 제작 등의 업무를 행한다.

둘째, 앨범 출시를 전후해서 해당 음악의 방송과 연예인의 방송 출연, 언론사 인터뷰 등을 섭외하며 음반과 가수의 홍보 활동을 행한다.

셋째, 음반의 홍보를 위한 TV나 CF 제작과 라디오 CM 제작 그리고 해당 연예인의 대외적인 상업 활동을 위한 섭외(CF 출연, 행사)와 연예인의 가치를 높이기 위한 이미지 관리를 한다.

넷째, 방송 활동 외의 연예인 개인 신상과 관련된 업무를 이행한다.(학적, 건강, 병무, 신변 보호.)

(2) 용어의 정리

① Management: 연예인 개인 신상 관리와 활동 스케줄 관리(매니저)

② Promotion: 방송 홍보. 방송에 음악이 나가고 뮤지션이 출연하도록 섭외하는 일(매니저)

③ Public Relations: 언론 홍보, 보도자료 제작, 배포(언론 홍보)

④ Excusive Personal Representation: 대변인 역할. 기자 면담(언론 홍보)

⑤ Records Production: 음반 제작(매니저, A&R 부서와 협조)

⑥ Marketing: 마케팅(소속 연예인의 각 개성에 따른 마케팅)

⑦ Artist Development: 가수의 여건 개선을 위한 일들. 마케팅 관련(CF 섭외, 행사 추진, 콘서트, 스폰서 계약 등)

(3) 매니저 기본 수칙

① 음성 보고 철저히

오전: 이름, 현재 시간, 스케줄

오후: 이름, 현재 시간, 결과 보고, 정보나 아이디어 꼭 남길 것

② 정확한 의사 전달

정확한 발음으로 모호하지 않게 상대방에게 전달한다.

③ 매니저는 기획자이다

- 일의 목적을 정확히 파악하라.
- 항상 생각하는 자세를 가져라.
- 가수의 컨셉트에 대한 아이디어를 스스로 연구 및 개발하라.
- 백마병에 빠지지 마라.(철저한 서비스 정신.)
- 타인의 험담과 음해에 현혹되지 않아야 하며, 듣고 보는 모든 것에 관심을 갖지 않는 습관을 몸에 익히도록 한다.

④ 항상 예의를 갖춰 행동한다

- 인사를 예의 바르게 한다.
- 용모는 단정히 한다.(두발, 복장 등.)
- 바른말과 고운 말을 사용한다.
- 전화 예절을 바르게 한다.

⑤ 기록하는 습관을 가져라

- 필기도구, 6mm 카메라는 항시 휴대하라.

• 모니터링도 확실히 할 것.

⑥ 어느 곳에 있든지 연락망을 확보하라

• 휴대폰과 호출기를 항시 휴대하라.

⑦ 방송국(행사장)에서의 수칙

• 방송국(행사장)에서는 항상 멤버들과 함께한다.
• 대기실을 신속히 확보한다.(대기실은 관계자 외 출입을 철저히 통제시킬 것.)
• 큐시트(cue sheet: 라디오나 텔레비전 프로그램의 제작에서 연기자, 카메라맨, 기술자들이 행해야 할 동작이나 진행 순서를 기입한 일람표)를 신속히 확보한다.
• 소품 준비를 철저히 한다.(wireless, 6mm camera 등등.)
• 음료 및 식사 준비는 늦지 않도록 한다.
• 팬들의 방청석 좌석 확보도 협조를 받도록 한다.
• 리허설 후 모니터링을 철저히 하는 습관을 갖도록 한다.
• 팬들로부터 멤버들을 확실히 보호한다.(무척 중요한 사항임.)
• 시간 엄수는 생명과도 같으므로 확실하고 철저히 지킨다.
• 방송국 관계자들(PD, AD, FD, 작가)과의 관계를 돈독히 한다.

⑧ 항상 확인하는 습관을 가져라

기자를 사칭하는 사람, 본사 상부의 허락을 받았다는 말에 현혹되지 말 것.

⑨ 스케줄을 정확히 파악하라

멤버들이나 사무실 스케줄 담당자에게 정확히 알려 줄 것. 예를 들면 생방송인지 녹화인지 그리고 시간 및 장소, 목적 등을 정확히 파악해야 한다.

⑩ 각 방송사의 PD, AD, 작가의 이름까지 모두 메모하여 암기할 것

⑪ 자신이 담당하고 있는 연예인을 명확히 파악하고 있을 것

가수의 특성, 앨범의 특성, 곡에 대한 설명을 확실하게 할 수 있어야 한다.

⑫ 기자와 하는 대화는 기사화될 수 있다는 것을 명심하고 항상 긴장하라

담당 연예인이 언론과 대화할 때에는 세심한 주의를 하지 않으면 안 된다.(언론과의 대화 시 그 목적이 무엇인지 생각하며 대화하게 하라.)

(4) 홍보 팀원 필수 교육 사항

① 의사소통

사내 및 외부의 모든 사람과 의사소통 시 상대방이 전달하고자 하는 내용을 정확히 인지하도록 하며, 인지 여부를 복창을 통해 상대방에게 전달하고, 정확히 인지하지 못하였을 경우 재차 확인하도록 한다.

② 피드백

상사 및 동료로부터 지시 및 전달을 받을 때에는 업무 기한을 미리 제시하고 내용에 대한 결과 여부를 기한 내에 정확히 보고하도록 한다. 기한 내에 이행하지 못했을 경우 추후 보고 예정임을 보고토록 한다.

③ 경제성

회사의 모든 업무는 회사의 수익 창출 극대화와 업무비 지출 최소화를 위해 노력

하여 집행한다. 또한 모든 일을 진행함에 있어서 수입과 지출의 경제성을 따져 업무를 진행하도록 한다.

④ 타이밍

'문화 콘텐츠는 타이밍이다' 라는 말을 꼭 명심한다. 업무 진행 시 최적의 타이밍 포착을 위하여 역순으로 타임테이블을 만들어 업무를 세분화하고, 계획된 타이밍에 어긋나지 않도록 자주 체크하도록 한다.

⑤ 사전 컨펌제

어떤 업무를 계획하고 추진할 때에는 항시 상사로부터 사전 컨펌을 받은 후 일을 진행하도록 한다. 이렇게 함으로써 업무의 누수와 시행착오를 막고 개인의 독단적 취향으로 업무의 흐름이 흐르지 않도록 예방할 수 있다.

⑥ 기획자로서의 자세

업무를 수행할 때에는 항상 자기 자신이 기획자라는 생각을 갖고 아이디어를 연구, 개발한다. 회사의 발전과 이익에 도움이 되며, 결국 개인의 성공에도 절대적인 도움이 될 것이다.

⑦ 방송국에서의 행동 교육

방송국과의 업무에서는 회사의 정책과 지시를 정확히 숙지하여 회사의 정책에 위반하지 않도록 하며, 매니저는 서포터임을 항시 인지하고, 대인 관계에 소홀함이 없도록 노력한다. 또한, 인기 가수의 매니저라는 매너리즘에 사로잡혀 실수를 범하는 일이 없도록 지속적으로 교육받도록 한다.

⑧ 회사 및 부서의 기본 업무 지침 주지

'(주)00 Entertainment 맨' 이라는 긍지와 자부심을 가질 수 있도록 애사심을 고취시키고 회사 및 부서에서 행하는 기본 업무 지침(예를 들면 근태, 복장, 사무실 청결, 호칭, 선후배 간의 질서, 대인 관계 및 업무일지 작성 등)을 정확히 숙지하도록 교육한다.

⑨ 부서의 특성에 맞는 실무 교육

부서의 특성에 맞는 실무 교육 프로그램(소속 연예인과의 관계, 방송/음악 용어, 앨범 제작 과정, 체계적 스케줄 진행 요령 및 홍보 방법 등)을 체계화하여 교육하고, 업무의 질을 더욱 향상시킬 수 있도록 한다.

⑩ 창조적 아이디어를 위한 교육

회사의 전반적인 사항에 관심을 가지고 진취적으로 일할 수 있도록 교육하며, 소속 연예인의 작품 및 앨범 제작, 기획/홍보에 이르기까지 전반에 걸쳐 창조적인 아이디어를 배출할 수 있도록 교육하고 의욕을 고취한다.

(5) 매니저로서의 자세

① 목적

a. 자신이 담당한 가수, 연기자, 모델, 개그맨 등을 신인에서 정상으로 도약할 수 있게 최선의 노력을 다한다.

b. 정상을 유지할 수 있게 관리, 감독을 철저히 한다.

② 정신

a. Assist Man(서비스) 정신을 바탕으로 모든 업무에 임한다.

b. 상대방을 대할 때에는 항상 예의를 갖춰 좋은 이미지 쌓도록 한다.

c. 사랑과 믿음을 기본 바탕으로 멤버들을 관리한다.

③ 세부 사항

a. 출 · 퇴근 시 보고 철저와 사고 시 선보고 후조치 한다.

b. 주 단위로 업무 내용을 파악, 보고한다.(주간 업무 매트릭스.)

c. 동료나 상사의 부탁 또는 지시 사항은 반드시 그 결과(중간 결과)를 통보 또는 보고하는 것을 몸에 철저히 익힌다.

d. 담당한 연예인의 신상을 철저히 파악한다.

e. 방송 진행 요령을 숙지한다.(콘서트, 쇼, TV, 라디오, ENG, 잡지 등.)

f. 상대를 알고 나를 알아야 한다. 방송 PD, AD, 작가 등 스태프들의 명단과 신상에 대하여 기본적으로 파악해 두는 것이 좋다.

g. 방송 용어들을 항상 숙지하고, 새로운 용어와 방송 장비의 변화에도 신경을 써야 한다.

h. 소액의 업무비 지출을 사비로 사용한 후 지출결의서에 영수증을 첨부하여 자금을 신청한다.

i. 회사의 경비 절감에 최선을 다한다.

j. 업무일지를 통해 업무 내용, 진행 상황을 파악한다.

k. 업무상의 성과는 그 업무의 중요도에 따라 업무 능력이 평가된다.

l. 기획자, 제작자로서 자신의 능력을 업그레이드한다.

(6) 매니지먼트의 단계

① 기획, 구성

- 자신이 담당한 연기자, 가수, 모델, 개그맨 등을 정상으로 도약시키고 관리하기 위해서는 철저한 분석과 연구가 따라야 한다.
- PR 방법과 내용: 팬 카페, 메일 발송, 인터넷 방송, 국외 PR 등.
- 기획 시기: 앨범 구성의 첫 단계와 곡이 바뀔 때.(신중히 기획한다.)
- 소속 연예인의 전체적인 컨셉트와 이미지를 연구 및 분석해야 한다.
    - 가수: 음악성(발성, 발음, 곡의 이해도), 댄스, 개인기 등
    - 연기자: 대본 해석, 표정 연기, 액팅, 발음, 발성, 개인기 등

② 예산

- 예산을 계획할 때에는 현재의 자금 수행 능력과 지출, 수입의 체계적인 분석 후에 이뤄져야 한다.
    - 수입: 앨범 판매 수입, 출연료, 행사비, CF 등
    - 지출: PR비, 의상비, 앨범 제작(곡, 자켓 등)비, 진행비 등

③ 실행

- PR은 철저한 분석과 계획 아래 이뤄져야 하며, 활동은 기획된 틀 내에서 계획적으로 진행되어야 한다.
- 가수 스케줄: 기본 활동 4개월, 공백 기간 3개월 이내(단, 공백 기간에는 외국 활동이 1, 2개월 포함되어 있어야 한다.)
    - 전제적인 방송의 흐름에 앞서 나가야 한다. 그러기 위해서는 연구 및 개발을 지속적으로 해야 한다.

- 적극적이면서도 계획적인 활동을 진행한다.

④ 분석, 리서치

- 가장 중요한 단계라 할 수 있다.

두 번의 실수가 있어서는 안 되며 성공한 예는 계속 이어질 수 있게 업그레이드 한다.

- 앨범 판매: 전체 호응도 및 연령대별 판매량 분석.
- 방송: TV, 라디도 출연 횟수 및 시청률과 청취율 분석.
- CF: 전체적인 컨셉트 및 호응도를 분석하여야 한다.

⑤ 최종 평가

- 최종 단계로서 명확한 데이터를 바탕으로 다음 기획 단계의 밑받침이 될 수 있게 객관적이고 정확한 평가가 이루어져야 한다.

4. 엔터테인먼트 매니저의 제작 관련 업무: Creative

(1) 제작 관련 업무

M/V, 사진 촬영, 댄스 안무, 디자인 작업, 의상 시안 제작 등 타기업이나 타인에게 어떠한 사무를 의뢰하고 제작할 경우에는 다음 사항을 꼭 명심하고 업무에 임하도록 한다.

① 본인이 기획 의도나 컨셉트를 정확히 인지하여야 하며 상대방에게 내용을 정확히 전달하고 꼭 재차 확인하여야 한다.

② 본인의 해당 업무에 대해 미숙할 경우에는 해당 전문가의 조언을 듣고 미팅 시 되도록이면 전문가와 동행하도록 한다.

③ 어떤 회사의 제품에 대해 조사하고 접촉할 때에는 항상 최소 두세 군데 이상의 견적서와 기획서를 받도록 한다.

④ 견적서를 받을 때에는 해당 날짜나 제품이 처음 의도와 맞아 '우리가 활용할 경우에는 얼마, 안 쓸 경우에는 얼마'의 두 가지 형태로 나누어 받도록 하는 것이 아주 효율적이라 할 수 있다.

⑤ 제작 의뢰한 일이 의도대로 될 때까지 수정을 의뢰할 수 있도록 일의 시작 전에 확인토록 해야 한다.

⑥ 접촉한 회사나 개인과 조건이 맞아 일을 개시할 경우에는 꼭 계약서를 작성하도록 한다. 이때 쌍방의 합의점과 업무 중 발생하는 추가 또는 그 반대인 경우도 꼭 명시하여야 한다.

⑦ 결재는 최종적으로 일의 마무리가 된 후 해 주어야 한다.

⑧ 일의 마무리 후에는 꼭 감사 전화를 하고, 직접 방문하는 것도 좋다. 또한 일이 성공적으로 진행되지 않아 중도 하차할 경우에도 상대방에게 오해가 없도록 충분히 해명을 하고 더욱 두터운 친분을 쌓도록 한다.

(2) 앨범 제작

① 음반 기획

a. 컨셉트 회의: 전체적인 흐름을 잡는 작업이므로 관련자 모두가 참석한다.

b. 곡 수집(A&R 부서 담당) 및 녹음
c. 코디 섭외: 헤어/의상 컨펌/스타일 픽스
d. 사진작가 섭외: 스타일이 결정되면 재킷용 사진 촬영을 한다. 사진과 필름을 풍부하게 받도록 하고 사진작가에게 베스트 컷을 선정하여 받으며, 보드지에 정렬하여 작가와 회사의 대표이사 또는 임원의 사전 결재를 받는다. 이때 반드시 단체와 개인의 베스트 컷을 각각 선정받는다.
e. 디자이너 섭외: 3, 4명의 디자이너에게 앨범의 컨셉트와 카피를 건네주고 사진이 나오기 전에 시안을 미리 받고 컨펌을 한 후 디자이너를 결정한다. 사진 컨펌 후 필름을 인쇄소에서 드럼스켄을 하여 디자이너에게 넘겨 디자인을 시작한다.(섭외시 MC CD 재킷, 포스터, 브로슈어, 엽서, 스티커 디자인을 포함한다.)
f. 라디오 CM 제작: 가수의 앨범 타이틀 곡이 완성되는 시점에서 카피를 구성한 다음 성우를 선정하여 녹음/컨펌 후 심의를 거쳐 방송한다.
g. 안무가 섭외: 앨범 타이틀 곡과 스타일 픽스가 완성되면 안무가를 섭외/안무 구성/컨펌을 거쳐 안무를 완성한다.
h. 주문 가능 발주: 앨범 출시 시기가 결정되면 음반 유통 팀에 연락해서 각 도매상에서 주문을 받도록 하고 주문량이 결정되면 마케팅/음반 유통점과 회의를 통해서 의견 수렴한 뒤 초도 물량을 회사에 보고해서 결정한다.
i. 심의용 CD: 첫 방송 날짜를 감안하여 심의용 CD를 미리 만든다. PR-CD를 제작하여 심의가 통과된 뒤 첫 방송까지 무리가 없으면 PR-CD로 진행하지만, 날짜가 촉박한 경우에는 심의용으로 간편한 CD를 특별 제작해야 한다.
j. PR-CD: 음반 제작 중간에 비매품으로 표시된 홍보용 CD를 각 부서에 필요량만큼 신청/인계하여 음반 심의가 통과된 후 방송국에 배포/DM 발송 등에 사용한다.
k. 보도자료/DM 제작/발송: A&R 부서에서 앨범에 대하여 작곡가로부터 곡 설명을 받아 보도자료와 DM을 제작한다. PR-CD가 나온 시점에서 담당자는 각 관계

처로 DM을 발송한다.

(3) 음반 제작

① 자켓

- 담당 웹디자이너에게 사전에 컨펌된 삽지의 최종본을 받아 초도 물량이 나온 후 미리 인쇄한다.(시간 단축에 유리하다.)
- 프로그래머에게 CD-KEY를 받아 인쇄소로 인계/삽지에 부착한다.
- A&R 부서에서 최종 곡 순서와 가사를 받고 매니저에게 앨범 크레딧과 THANKS TO를 받아 디자이너에게 넘긴다.(맥용 텍스트 파일.)
- A&R 부서로부터 인터넷용 가사와 곡 순서를 받아 인터넷 부서의 담당자에게 인계한다.
- 완성된 디자인을 1, 2차 컨펌을 거쳐 결정한 후 인쇄소로 넘겨, 교정 후 최종 컨펌, 인쇄한다.
- 홀로그램을 사전에 인계받아 인쇄소로 넘겨, 자켓에 부착 후, 레코드사로 넘긴다.
- 포스터 디자인 역시 컨펌/인쇄하여 사전에 유통으로 인계/배포한다.

② 음원

- A&R 부서에서 최종 MASTER를 받아 MC MASTER는 미리 레코드사에 넘겨 제조, 시간을 단축한다.
- CD MASS는 인터넷 팀의 CD-PLUS 부분과 함께 담당 회사로 넘겨서 CD-PLUS가 포함된 최종 음원을 받아서 레코드사로 넘긴다.

- 이때 자켓이 넘어가는 시점을 조절해야 하며, 레코드사에서의 처음 음원을 최종 컨펌한다.

③ CD-PLUS

담당 웹 PD, 디자이너, 매니저 등의 참석 하에 CD-PLUS 회의를 거쳐 담당 웹 PD와 디자이너는 디자인된 동영상을 완성/컨펌 후 CD-PLUS 담당 업체로 인계하여 오류를 수정한다.

(4) M/V 촬영 지침

① M/V의 기본 개념

M/V는 기본적으로 영상을 위한 노래의 삽입이 아닌 노래를 돋보이게 하기 위한 영상의 표현이다. 그러므로 M/V를 찍을 때 반드시 있어야 하는 cut은 다음과 같다.

② M/V 의 필수 cut

- Tight-full-shot: 거의 몸 전체를 보여 주되, 사람이 화면 전체에 full로 들어가는 장면.(주로 춤 동작에 중요한 shot.)
- Close-one-shot: 얼굴 위주의 가깝게 찍은 장면.(주로 립싱크에 중요한 shot.)

그 외에 Full-shot(배경까지)과 One-shot(버스트 또는 몸 가까이 찍은 shot)이 있다. 위의 두 종류의 cut(Tight-full-shot과 Close-one-shot)은 멤버가 지치기 전에 미리 찍어 최상의 상태를 보여 주는 것이 중요하므로 촬영 시작 시점에 찍어 둔다.

- Tight-full-shot는 가수가 힘 있게 춤을 춰 동작이 가장 좋은 상태로 보여질 수 있

도록 멤버가 지치기 전에 찍어야 한다. 그러므로 촬영 시작 시점에 가장 먼저 찍는 것이 좋다.

- Close-one-shot는 너무 이른 아침에 촬영이 시작될 경우 멤버들의 얼굴이 부어 있거나 하여 최상의 모습을 보여 줄 수 없으므로 오후 촬영의 시작 시점에 찍는 것이 좋다. 그러나 지치기 전에 얼굴과 헤어의 상태가 좋을 때 찍는다.

③ M/V 촬영 시 노래의 구성

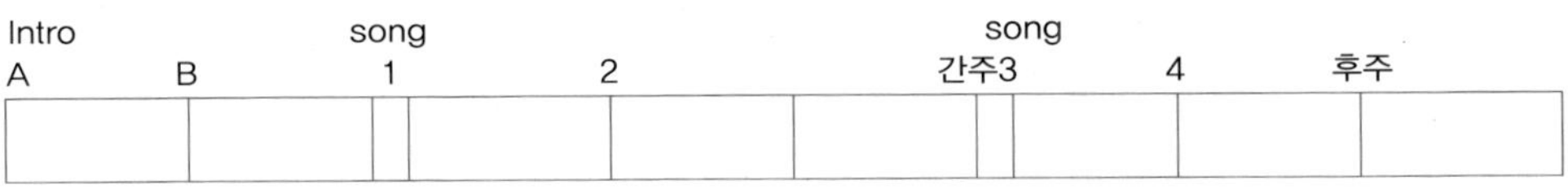

- Intro에서 A는 전주 중에서의 또 다른 도입 부분의 Intro이고, B에서 전체 리듬이 시작될 경우 B의 첫 cut은 Tight-full-shot→안무가 되어야 한다.
- Song이 시작되는 부분의 해당 멤버의 첫 cut은 Close-one-shot→립싱크가 되어야 한다. 이는 Song 1, Song 2, Song 3, …… Song n의 첫 박자를 모두 말한다. 특히, 가장 중요한 부분은 위의 노래 구조 중 Song 1과 Song 3 부분이므로 이 부분에 해당하는 cut은 best cut이 되도록 해야 한다.
- 간주 부분의 첫 cut은 Tight-full-shot → 안무가 되어야 한다.

위의 (1), (2), (3)에 해당하는 부분을 놓칠 경우 M/V에서 노래의 거의 모든 부분을 놓치는 것과 같다. M/V를 통한 효과를 최대로 하기 위하여 (1), (2), (3) 부분은 반드시 위의 의도를 충분히 보여 줄 수 있는 cut으로 진행하고 뒤에 붙는 장면은 영상의 아름다움을 가미한 cut으로 대체할 수 있다.

매니저(감독)는 M/V 촬영 시 가수의 얼굴을 모니터로 체크하여야 한다. Song 1의 첫 박자 얼굴은 전체 체크할 부분의 립싱크 얼굴 중 가장 중요하므로 반드시 체크하여야 한다. 그 한 cut이 전체 M/V의 장면 중 노래를 위해서는 가장 중요하다고 할 수 있다.

④ M/V 촬영

- 미리 뮤직비디오 감독을 선정하며 사전 견적을 받는다. 감독, 대표이사, 임원, 멤버 등의 참석하에 M/V 회의를 한다.
- M/V 이외에도 30분의 CF와 BEST 동영상 컷을 포함할 것을 부탁한다.
- 감독이 선정되면 계약서를 작성하고 진행한다.(각각의 CABLE CF용/첫 방송 CG용.)
- 안무가 완성되면 스케줄을 조절하여 촬영한다.(촬영 시 담당 웹 PD와 사진작가를 동행하여 동영상과 보드용 사진 촬영을 한다.)
- DRAMATIZE인 경우에는 미리 시놉시스를 받아 전달/컨펌한다.
- 완성 후에는 B-TAPE CF/MV를 각각 5/15개 정도씩 받아서 심의를 거쳐 방송한다.(M/V 제작비는 촬영 시작과 MASTER-TAPE을 받는 시점에서 1/2씩 나누어 입금한다.)

* 제3장은 (주)에스엠엔터테인먼트의 업무 지침서를 요약하여 대학에서의 강의 경험을 바탕으로 재구성하였음.

제 4 장

엔터테인먼트 매니저의 실무

1. 음반 기획 및 제작 관련
2. 방송 스케줄 관련
3. 행사 스케줄 관련
4. 특별 스케줄 관련

1. 음반 기획 및 제작 관련

1. 녹음 스케줄 제작 관련 실무

(1) 녹음 전

① 타임 테이블에 의해 앨범 출시일을 정하고 정한 일시에 맞추기 위한 녹음 계획을 수립하여야 한다.

② 녹음 계획을 수립할 때는 앨범에 수록될 수 있는 충분한 곡 수와 곡을 녹음할 날짜(솔로인 경우 1곡당 1, 2일 정도, 그룹일 경우 2, 3일 정도로 한다. 곡의 난이가와 가수의 컨디션에 따라 변동의 소지가 있음), 녹음한 앨범을 믹싱할 수 있는 기간과 마스터링을 할 수 있는 기간(2, 3곡당 1일 정도로 한다. 녹음실 상황과 엔지니어에 따라 차이가 있음), 출시 전 심의를 접수하여 통과하는 기간(약 1주일), 첫 방송 일자에 따른 노래와 안무를 숙련시킬 수 있는 기간을 고려하여 수립한다.

③ 녹음 계획이 수립되면 A&R 부서에서 담당 가수를 위해 수집한 곡을 확인하고 녹음을 시작하기 최소한 3, 4일 전에 데모 테이프와 가사를 가수에게 전달하여 노래에 대한 충분한 이해와 연습을 할 수 있게 한다.

④ 녹음을 시작하면 세부 계획은 A&R 부서, 녹음실과 충분한 협조를 구하여 진행해야 하는데, 세션(밴드나 코러스 등 기타)의 일정도 체크하도록 한다.

⑤ 세션비 지급과 작곡가에 대한 곡비 지급은 A&R 부서에서 담당하고 있으나, 세션비 같은 경우는 세션 경비지출서를 담당 매니저가 작성을 하여야 하기 때문에 A&R 부서와 사전에 충분한 상의가 요구된다.

(2) 녹음 진행

① 가수들에게 녹음 스케줄을 충분히 고지한 후 연습을 체크하고, 녹음실 출발 전에 가수가 녹음 시 녹음만 할 수 있게 세심하게 신경을 쓸 필요가 있다. 필요할 경우 식사나 음료 등을 준비하여 출발하도록 한다.

② 녹음실에는 예정된 시간보다 늦지 않게 도착하는 것이 무엇보다도 중요하다.

③ 녹음실에 도착하면 작곡가와 엔지니어에게 가수를 인사 시키고 녹음이 시작된다.

④ 녹음 진행은 대부분 작곡가가 진행하지만, 필요한 사항이 발생할 경우가 생길 수도 있고 가수가 녹음을 하는 모습을 매니저가 지켜본다는 것을 보임으로써 믿음을 줄 수도 있으므로(특히 신인 가수의 경우) 작곡가 옆에 매니저가 1명은 꼭 있는 것이 좋다.

⑤ 녹음이 진행되면서 노래 가사가 일부 수정되는 경우가 많은데, 이때 수정 부분을 체크하여 A&R 부서에 알려 주는 것이 필요하다. 이유는 녹음 완료 후 심의를 신청할 때 가사가 틀리면 안 되기 때문이고 두 번 일하지 않고자 함이다.

⑥ 녹음이 진행될 때는 특히 건강 관리가 중요하므로 가수가 감기나 몸살에 걸리지 않도록 세심한 주의가 필요하다.

⑦ 녹음 스케줄 진행 시 새벽 늦게 끝나는 것이 일반화되어 있으니 매니저 건강 문제도 스스로 챙겨야 한다.(특히 졸음 운전 예방이 중요하다.)

(3) 녹음 후

① 녹음실에서 녹음 스케줄이 종료되면 자신의 팀이 사용했던 장소는 깨끗이 정리한 다음 작곡가와 엔지니어에게 인사 후 녹음실에서 철수한다.

② 그날 녹음한 녹음 부분을 MD 테이프에 담아 다음 날 녹음실 출발 전 A&R 부서에 전달하여 결재받을 수 있게 준비해 둔다.

③ 다음 일정을 체크하여 가수들에게 충분히 고지한 후 노래 연습을 시킨다.

2. 자켓 촬영 제작 관련 실무

① 장소 이동 전

- 촬영 전날 촬영 장소를 정확히 파악하고 야외일 경우 날씨가 어떤지도 확인한다.
- 가수, 스태프, 코디에게 장소와 시간을 정확히 알려 준다.
- 출발 전 시간을 숙지하고 의상, 소품, 인원을 체크한다.
- 출반 전 세트 준비 상태와 준비가 완료되는 시점을 체크해 출발한다.

② 장소 도착 후 촬영

- 장소 도착과 동시에 대기실과 세트 준비 상태를 체크한다.
- 촬영 전 사진작가와 연예인의 스태프 회의를 통해 촬영을 진행 숙지하여 스케줄 진행에 차질이 발생하지 않도록 한다.
- 촬영 장소에서는 스태프 외에는 출입을 통제하고 방송 또는 잡지 기자는 사전에 허가된 자만 출입시켜 촬영 시간과 장소를 엄격히 통제하여 진행한다.
- 촬영 시 폴라로이드 사진을 확인하여 정해진 컨셉트대로 진행되는지 체크하고 소속연예인의 표정이나 포즈를 지적해 준다.
- 촬영 시 컨디션을 최상으로 유지하고 스트레스를 받지 않도록 세심하게 체크한다.
- 촬영 시 모든 장면을 영상 자료로 만들어 인터넷 팬 미팅, 콘서트 영상으로 사용한다.

③ 촬영 후

- 촬영이 끝난 후 사진작가와 마무리 미팅을 가지고 촬영이 잘 진행됐는지 체크한 다음 서로 인사 후 이동을 실시한다.

- 연예인이 미팅을 가질 때 스태프가 소품, 의상 등을 분실하지 않게 세세히 체크한 후 이동시킨다.
- 사진이 나온 후 촬영본에 대해 미팅을 갖고 Best cut을 분리한 후 그렇지 않은 cut에 대해 분석한다.

3. 뮤직비디오 촬영 제작 관련 실무

① 장소 이동 전

- 촬영 전날 촬영 장소가 어디인지 정확히 파악하고 날씨가 어떤지도 염두해 두어야 한다. 같이 동행할 가수, 스태프나 코디에게 장소와 시간을 정확히 알려 준다.
- 시간을 숙지하고 의상, 소품, 인원을 체크한다.
- 촬영 장소에 도착해 의상이나 소품을 빠뜨리고 와 다시 가지고 오는 실수를 방지하기 위해 출발 전 매니저가 직접 다시 체크해 주는 것이 좋다.

② 장소 도착 후 촬영

- 장소 도착과 함께 세트 준비 상태와 언제쯤 촬영이 가능한지를 체크한다.
- 가수와 감독의 회의를 통해 마찰 없이 진행될 수 있도록 한다.
- 촬영 장소에는 스태프 외에는 출입을 통제하고 사무실의 허가가 있는 방송 또는 잡지 기자라 해도 보통 뮤직비디오를 촬영하는 카메라가 돌아가고 있을 때에만 촬영 가능하다.
- 촬영 시 모니터를 주시하고 가수가 어떤 모습으로 나오는지 정확히 관찰하고 가수에게 더 좋은 아이디어가 있으면 제시해 준다.
- 뮤직비디오 촬영은 거의 밤새도록 긴 시간을 촬영하는 일이기 때문에 가수의 건

강을 해치지 않게 매니저가 챙겨 줘야 한다.

- 촬영 때에는 시간적으로 여유가 있으면 여러 각도에서 촬영해 나중에 후반 편집 작업 시 용이하도록 한다.

③ 촬영 후

- 촬영이 끝난 후 피곤한 가수를 빨리 이동시킨다. 소품, 의상 등 놓고 오는 물건이 없도록 유의한다.
- 촬영도 중요하지만 장시간 촬영한 많은 분량의 내용을 조화롭게 편집하는 것도 중요하므로 편집 시 함께 모니터링하는 것도 잊지 말아야 한다.

2. 방송 스케줄 관련

1. 쇼 프로그램(show program)

(1) 드라이 리허설(음악 리허설)

드라이 리허설은 대부분 오는 순서대로 진행되므로 리허설 시작 최소 10분 전에 도착하여 댄서 도착 여부를 확인하고, 연출자 혹은 작가에게 도착 여부를 알린 후 객석 혹은 대기실을 확보하여 대기하도록 한다.

작가(혹은 무대감독)에게 큐시트를 받은 후 순서를 확인하고 방청권을 확보한 다음 순서에 따라 리허설을 진행한다. 부족하다거나 실수가 있었을 경우, 라이브 무대이거나 첫 방송일 경우에는 가능하면 음악 리허설을 2회 이상하도록 요청한다.

(2) 카메라 리허설

카메라 리허설은 본 방송과 똑같이 진행되는 리허설이다. 따라서 카메라 리허설을 시작하기 전에 의상, 헤어 등 모든 준비를 완벽하게 해야 한다.

드라이 리허설 후 매니저는 멤버들의 의상, 헤어 등의 준비 상태를 점검하고 카메라 리허설에 들어가야 한다. 매니저가 2인 이상일 경우, 한 명은 스튜디오에서 대기해 카메라 리허설 시작 여부를 확인하고 다른 한 명은 대기실에서 가수들의 준비 상태를 점검하고 외부인의 출입을 통제한다.

큐시트 순서에 따라 항상 두 팀 전에 스튜디오에서 대기하여 리허설 때 무대에 늦게 올라가는 일이 없도록 한다. 카메라 리허설 때 TV 화면을 6mm 카메라로 녹화한다. 리허설 후 쇼가 있는 날 무대에서 사용할 마이크는 어떤 타입(마이크 On/off 또는 head set)을 사용할 것인지 명확히 하고 미리 준비하여 카메라 리허설에 지장이 없도록 한다. 그리고 가수의 식사 및 음료를 빠짐없이 준비하여 공연에 지장이 없도록 한다.

카메라 리허설 후 방청객이 입장하므로 드라이 리허설 때 확보한 방청권을 카메라 리허설 전에 팬클럽 임원에게 전달하도록 한다.

카메라 리허설

본 방송과 똑같이 진행(총연습)되므로 의상, 헤어 등 모든 준비를 완료한다.
① 드라이 리허설 후 매니저는 멤버들의 의상, 헤어 등의 준비 상태 점검.
② 카메라 리허설 시작 여부 수시 파악.

매니저 2인 이상일 경우: 1명은 녹화 스튜디오에서 대기하며 카메라 리허설 시작 여부를 확인, 1명은 대기실에서 가수들의 준비 상태를 점검하고 외부인의 출입을 통제한다.

사전 녹화: 대부분의 사전 녹화는 카메라 리허설 전에 진행되므로 사전 녹화가 잡혀 있을 경우 모든 준비를 완료하고 녹화 10분 전에 대기하여야 한다.

---

2. 라디오

① 멤버들과 출발할 시간을 체크한 후 시간에 맞추어 방송국으로 출발한다.(출발 전에 작가에게 어느(몇 번) 스튜디오에서 방송을 하는지 확인한다.)

② 방송 시간 최소 20~30분 전에 도착하여 도착 여부를 작가에게 통보한다. 작가에게 통보 후 그날 방송분의 대본을 받아 멤버들에게 보여 주며 리딩을 하게 한다.

③ 방송 시작 5~10분 전에 라디오 스튜디오에 멤버들과 함께 들어가서 PD와 인사를 한다.

④ 방송이 시작되면 멤버들의 방송을 모니터링한다.

⑤ 방송 시작 전에 멤버들이 음료수를 필요로 하면 탄산음료를 제외하고 갖다준다.(방송 중에 음료수를 전달할 때에는 각별히 신경을 써야 한다. 필히 PD에게 양해를 구할 것.)

⑥ 방송 후에는 PD와 작가에게 인사를 한 후 스튜디오 밖으로 나온다. 모니터링을 하던 중에 발견한 실수한 부분을 이야기하여 다음 방송분부터는 실수하지 않도록 충고하고 잘했던 부분들은 다음에도 더욱 잘할 수 있도록 칭찬한다.

⑦ 방송국(생방송)에는 각각 경비가 있어 출입을 통제하고 있다. 출입 여부는 경비와 잘 타협하여 출입에 아무런 지장이 없도록 친분을 쌓아 두는 것도 매니저로서의 요령이다.

3. ENG(Electronic News Gathering) Program

① 스케줄 확정 후 작가와 협의하여 멤버들이 끼를 표출할 수 있도록 대본 요청을 한다.(대본상 멤버가 원하지 않는 질문이나 행동 등의 문제가 있을 시 수정을 요구해야

한다.)

② 대본을 멤버들에게 전달하여 숙지하도록 한다.

③ 촬영 일정과 촬영 장소를 확인하여 스케줄에 차질이 없도록 해야 한다.(주변 대기실이나 식사 장소를 항상 체크한다.)

④ 촬영이 시작되면 멤버들과 모니터 옆에 붙어서 모니터링을 철저히 하여야 한다.(멤버들의 이상한 모습이 촬영되는지 확인하여야 한다.) 모니터링을 못할 경우에는 최종 편집 시 같이 참여한다.

⑤ 오락프로나 게임 프로그램 또는 퀴즈 프로그램일 경우에는 작가에게 상의하거나 부탁하여 멤버들에게 사전에 알려야 한다. 그 프로그램을 멤버들이 이끌어 나갈 수 있도록 분위기를 재조성한다.

⑥ ENG 촬영은 길어지기 일쑤여서 다음 스케줄에 차질이 없게 작가와 ENG 감독에게 최대한 양해를 구한 후 다음 스케줄을 진행한다. 항상 전날에 촬영 시간을 정한 후 ENG 촬영에 들어간다.

⑦ 촬영이 끝나면 감독과 작가에게 인사하고 (멤버와 함께) 현장을 정리한다.

⑧ 현장 촬영에 대한 편집 일자 및 방송 일자를 확인하여 야식 및 음료를 준비하여 편집실로 방문한다.(편집실 방문은 PD와의 관계를 돈독히 하고 멤버들에게 해가 되는 그림을 삭제하기 위함이다.)

⑨ 절대 지각을 해서는 안 된다. 지각을 했을 때 항상 멤버에게 감독을 찾아가서 사죄하게 하고 잘못을 깨우쳐 주어 다시는 그러지 않도록 한다.

⑩ 매니저가 알아야 할 ENG 촬영에서의 주의 점(매니저 필독)

현재 소속 가수가 방송국의 각종 프로그램에 축하 메시지 등을 간편하게 6mm 테이프로 촬영하여 전달하는 경우가 많다. 이때 ENG 촬영은 방송 활동 중에는 방송용 메이크업과 의상이 준비되는 스케줄 중에 진행된다. 전체적으로 충분한 계획이 없이 진행되고 있으니 가급적이면 아래의 주의점에 유의하여 보다 가수들을 위한 ENG

촬영이 되도록 한다.

a. 배경이 ENG 촬영의 의미와 부합되는지 여부를 확인한다. 가수 멤버들이 배경으로 인하여 전체적으로 이미지에 손해를 입을 수 있는지를 확인하여 신중하게 고려하고 결정하여야 한다.

b. 조명 문제도 충분히 고려하여야 한다. 촬영에 앞서 사무실에서 찍을 경우 전등을, 야외에서 찍을 경우 태양의 각을 살펴보고 화면이나 멤버들의 얼굴 등에 음영이 두드러지게 나타나 망치는 경우를 살펴서 촬영을 한다. 2인이 참여하여 한 사람은 촬영하고 그동안 다른 매니저는 방사판 등의 기구를 이용하여 화면에 음영을 없애 음영으로 인하여 전체 화면을 망치는 일이 없도록 주의를 한다.

c. 축하 멘트 촬영 시 대본 없이 촬영하는 것보다는 간단한 대본을 준비하는 것이 멤버들이 말을 하는 데 보다 자연스럽게 나올 수 있도록 유도할 수 있다.

d. 촬영 진행 후 편집실에 필히 맡겨 화면의 색상과 화질을 조정한 후 방송국에 보내야 하며, 용도에 따라 화면을 조정하여 환상적이나 멋있게 하고자 할 때는 미리 종합 편집실에서 섭외 편집을 하여야 한다. 이것도 바탕 화면이 상태가 밝고 깨끗한 화질을 유지하고 있을 때 가능한 것으로, 화면 상태가 좋지 않으면 한계가 있어 마음에 드는 화면을 가질 수가 없다고 한다.

e. 크로마키 촬영장이 따로 있어 특수한 배경을 원할 때 촬영할 수 있다면, ENG 촬영 마감이 시간적 여유가 있고 특수한 배경을 원할 때는 미리 웹 PD에게 사전 도움을 청해 촬영한다. 배경이 파랗다고 그냥 촬영하면 크로마키 효과를 얻을 수 없다는 것을 명심한다. 필름상에 크로마키 처리를 따로 하여야 그 효과를 얻을 수 있으니 모르면 웹 PD에게 도움을 청한다.

f. 매니저에 의한 ENG 촬영을 쉽게 생각할 수도 있는데, 한 장면 한 장면이 전국적으로 방송이 나가는 장면임을 생각할 때 그 중요성을 명심하여 하나하나에 최선을 다 해야 한다.

3. 행사 스케줄 관련

1. 행사 스케줄의 중요성

방송 스케줄도 중요하지만 행사 스케줄 또한 많은 중요성을 띤다. 행사 스케줄은 거액의 출연료를 받고 하는 것이기 때문에 스케줄을 펑크 내는 경우에는 행사비를 환불해야 하는 등의 문제가 있다.(계약서 확인.)

2. 행사 출발 전

- 계약상 금액의 입금 여부를 확인한다.
- 행사 담당자와 연락해서 곡목 수, 곡명 등에 대해서 얘기하고, 행사 성격에 대해서 파악한다.
- 행사 당일 집결 상황을 고려해서 팬 동원 등을 적극 검토한다.
- 행사지로의 소요 시간과 경로, 이동 수단을 파악한다.
- 차량 점검 및 주유 등을 소홀히 하지 않는다.
- 행사에 필요한 CD 또는 DAT를 준비하고 헤드마이크 등의 소품들을 빠짐없이 준비한다.
- 보조 출연자(댄서, 연주자)들에게도 스케줄 강조와 시간에 대해서 정확히 알려준다.

3. 행사 이동 시

- 행사 시간에 늦지 않도록 여유롭게 출발하는 것이 좋다.
- 안전이 제일 중요하므로 안전 운전에 더욱 신경 써야 한다. 특히, 졸음 운전에 주의해야 한다.
  - 졸음 예방법

  1. 전날 충분히 숙면을 취한다.
  2. 운전은 한 시간씩 하며 휴게소에 들러 간단한 스트레칭과 휴식을 취한다.
  3. 운전 중 연락은 핸드폰에 연결된 이어폰을 이용한다.
- 도착 전 행사장의 경호원과 연락하여 출입구는 최대한 안전한 경로로 이동할 수 있도록 한다.

4. 행사장 도착 시

- 우선, 큐시트를 확인한다. 출연 순서, 곡 수, 곡 순서 등을 확인하고 CD를 음향팀에 넘겨준다.
- 대기실을 확보하고 불필요한 인원을 통제한다.
- 인원을 점검하고 가수와 스태프(댄서, 연주자 등)가 올라갈 순서와 시간을 숙지한다.
- 무대로 오르내리는 입구와 동선을 파악한다.
- 출연 순서가 바뀔 수도 있으므로 매니저 한 명은 항상 무대 옆에서 체크한다.

5. 행사 후

- CD를 회수하고 소품 및 인원을 체크한다.
- 행사가 끝나고 출발 전처럼 경호팀과 협조해 행사장을 안전하고 신속하게 빠져나온다.
- 행사의 진행 사항들과 문제점, 개선 방안 등을 숙지하여 회사에 보고함으로써 행사 진행의 개선 방안 모색을 도모한다.
- 차량 이동 시 안전에 최선을 다한다.

4. 특별 스케줄 진행 지침

1. 해외 공연

(1) 공연 전

- 해외 공연의 경우 공연 장비 등 준비 상황에 대한 사전 확인이 불가능하므로 계약서 작성 시 '공연 준비가 불충분할 경우 공연을 할 수 없다' 는 조항을 반드시 삽입하여 만일의 사태에 대비한다.
- 금전적인 문제에 대해서는 각각의 경우(비행기 표나 숙박비 등)에 따라 비용 부담을 사전에 명확히 합의한다.
- 계약서에 포함되지 않는 공연 참가자(세션, 댄서 등)의 출연료 문제는 사전에 미리 합의한다.

① 여권 및 비자

- 여권: 군필자의 경우는 여권 사진 2매와 신청서, 미필자의 경우는 국외여행허가서를 추가로 첨부하여 강남구청에 문의한다. 보통은 3박 4일, 사정상 협조를 구하면 1박 2일로도 여권을 발급받을 수 있다.
- 비자: 해당 국가별로 다르지만 가수와 댄서는 반드시 공연비자를 받으며, 가능하면 참가자 전원이 공연비자를 받도록 한다. 공연비자의 경우 공연 주최 측의 초청장이 필요하므로 공연 계획이 확정됨과 동시에 참가 인원을 파악하여 주최 측에 초청장을 요구한다.

※ 준비물: 관광비자-여권, 사진, 신청서(공연비자는 초청장 추가)

② 일정 관리

- 출발 1주일 전에 반드시 회의를 갖도록 한다.(참석 인원: 해외 출장을 가는 모든 스태프+해외 공연 경험자+해당 업무 관련자)
- 현지 가이드를 섭외하여 스태프들은 공연 및 오디션에 충실할 수 있도록 한다. 가이드는 공연이 있을 경우 공연 주최 측과 합의하여, 공연이 없을 경우 현지 스태프 등을 동원한다.
- 선발대가 먼저 현지에 도착하여 가이드 역할을 수행한다.(차량 렌트, 숙소 예약, 공항 마중 등.)
- 비상연락망: 이동전화기를 미리 신청하고 번호를 사전에 알려 주어 보고 체계에 문제점이 없도록 한다. 휴대전화 이외에 호텔 전화번호와 방 번호를 알려 주어 긴급 상황 시 연락토록 한다.
- 해외에서의 모든 연락처를 게시판에 명기한다.
- 출국 시 가수에 대한 공항에서의 안전에 대비하여 공항 경비대에 사전 협조를 구한다.

- 한국에서 국제전화, 인터넷 등을 이용하여 숙소, 차량 문제를 해결한다.
- 여행사 및 렌트카 회사를 이용하여 차량을 렌트하도록 한다.
- 비행기 표: 비용은 누구의 부담인지, 출입국 시간은 언제인지, 또한 좌석은 직위에 맞게 배정되어 있는지를 반드시 확인한다.
- 숙박: 호텔의 예약 상황 및 비용과 급수를 확인하고, 체류 기간 동안의 국제전화와 호텔 내 음식료에 대한 비용은 누구 부담인지를 확인한다.
  전기(전압) 및 인터넷 접속이 가능한지 항시 체크한다.
  호텔 내 비즈니스센터의 유무 및 사용 가능 시간대, 가격대 등을 체크한다.
  비즈니스센터를 이용할 수 있도록 케이블 및 연결 장비를 준비한다.
- 해외에 나갈 때에는 항상 노트북을 지참한다.
- 현지 PC방 등의 위치를 파악하여 비상 시 활용할 수 있도록 한다.
- 해외 출장 시 e-mail로 매일 업무 보고를 실시한다. 연락이 안 될 경우에는 전화, 또는 음성으로 업무를 처리한다.
- 만약의 경우를 대비해 단기 해외여행자보험에 가입한다.
- 행사 기록: 출국에서부터 공연, 입국까지 담당 연예인들의 모든 일정은 카메라에 담아 자료로 보관한다. 소속 연예인 및 상급자의 동의를 받도록 한다.
  공연 시 사진 촬영을 담당할 인원을 미리 준비한다.
- 인터넷에 필요한 6mm 촬영을 위한 준비를 항상 체크한다.(스케줄 체크 후 계획을 짜서 촬영한다.)
- 사전 답사: 국내 연출자와 음향 및 조명 기사는 가능하면 공연 3일 전 현장에 도착하여 미리 준비할 수 있도록 한다.
- 공연 일정 중에 사용될 여비는 미리 파악하여 차질이 없도록 한다.
- 체류 기간 중에는 수시로 회의를 통하여 의사소통을 원활히 하고 일정 관리자는 음주를 자제하고 다음 날의 일정을 미리 파악하여 차질이 없도록 한다.

- 귀국 시 마중 나올 인원을 파악하고, 특히 공항에서 담당 연예인의 안전에 대비하여 공항 경비대에 사전 협조를 구한다.
- 해외 출장용 수첩을 미리 준비하여 해외 출장 때마다 가지고 가도록 간다.(지도책, 비상연락망, 콜택시/렌트카 전화번호 등.)

③ 공연 준비

- 큐시트: 주최 측의 연출자와 국내 연출자, 멤버, 코디네이터 간의 회의를 통해 작성하며 공연 Running Time을 확인하여 주최 측에 통보한다.
- MR 준비: 가수와 녹음실 간에 직접 연락하도록 하여 Play가 가능한 소재와 그에 대한 Back up CD를 반드시 준비한다.(연출가 모니터용 CD 준비.)
- 영상 자료: 소재가 VHS Tape인지 Beta-Tape인지 또는 Digi Beta-Tape인지와 또한 NTSC 방식인지 PAL 방식인지 미리 파악하여 준비한다.
- 기타: 공연장 내의 가수 및 댄서의 대기실 내 전기 사용 여부와 공연 참가 인원이 공연을 관람할 수 있는 좌석이 확보되어 있는지 확인한다.

국내에서 준비해야 하는 준비물(현수막 등)도 파악하고 공연이 끝난 후의 처리 문제도 미리 협의한다.

④ PRESS

- 기자회견: 공연 준비에 방해가 되지 않는 한 기자회견을 하는 것은 바람직하나 의사소통은 어떻게 할 것인지, 보도자료는 준비할 것인지를 파악한다.
- 취재진: 국내 취재진의 동행 여부와 숙박은 어떻게 할 것인지, 취재에 어려움은 없는지(공연장 입장 등)를 확인하여 조치한다.
- 공연 종료 후에도 취재진의 일정을 파악하여 우호적인 관계를 유지한다.

⑤ 업무 분담

- 자금 관리: 비용 지출 시 영수증을 확보하고 귀국 후에는 해당 날짜의 매매 환율을 기준으로 출장보고서를 작성한다.
- 스태프 외 별도 인원의 체제 비용은 반드시 개인 부담으로 한다.
- 계약 시 체류비를 지원받는 스태프의 인원 수를 반드시 명시한다. 주위에 부담을 주는 행위를 피하여 이미지가 흐려지지 않도록 한다.
- 물품 관리: 출발 시와 귀국 시 물품의 분실 여부와 일정 진행을 위해 준비해 간 물품이 목적에 맞게 사용되는지를 관리한다.
- 자료 기록: 카메라를 휴대하고 가수들과 항상 동행하며 촬영하여 기록으로 남길 수 있도록 한다.
- 일정 관리: 출국부터 귀국 때까지 일정을 관리하여 참여자들에게 항상 다음 일정을 사전에 파악, 미리 통보하여 대비할 수 있도록 한다.

(2) 출발 전

① 기획부(일반 스태프)

- 해외 공연의 장소, 날짜가 정해지면 참가 인원을 결정한다.(연출자, 가수, 백댄서, 코디네이터, 일반 스태프 등등.)
- 해외여행에 부적절한 인원이 있는지 파악하고 신속히 해결한다.(군 미필자, 해외여행에 결격 사유가 있는지 확인 후 여권 및 비자를 발급받도록 한다.)
- 인원이 확정되면 참가자 전원의 리스트를 작성한다.(한글 및 영문 성명, 주민등록번호, 여권 번호 등등.)
- 현지 관계자와 협의, 도착지 교통편 확인, 숙식 문제, 통역 인원을 확인한다.(방 배정 및 현지 이동 수단 파악.)
- 공연 장소 및 규모, 동원 가능한 관중, 관람권 판매 상황을 확인한다.(관중은 무조

건 '만원' 이어야 한다.)

- 공연과 관련하여 시스템 확인을 철저히 한다.
  a. 조명과 음향 담당자는 국내 전문가이거나 현지인이라면 의사소통이 확실히 되는 사람이어야 한다.
  b. 현지 비디오 출력 방식을 확인하고 그 방식에 맞는 테이프를 준비한다.
  c. 공연 시 필요한 현지인은 미리 섭외해 둔다.
- 현지에서의 스케줄은 시간, 장소, 목적을 정확히 해 두고 출국 전 미리 모든 스태프에게 통보한다.(변동 사항이 있을 경우 즉시 재통보할 것.)
- 공연의 비디오 제작 여부, 방송 여부, 방송될 경우 어느 방송사가 참여하는지 확인한다.(위 사항에 따라 공연 내용이 달라질 수 있음.)
- 공연장에 출입할 국내외 기자들의 소속과 명단을 입수한다.
- 기록으로 남길 6mm 비디오 촬영과 관련하여 전문가 1인을 섭외하거나 스태프 중 전담할 인원을 협의 후 결정한다.(테이프는 충분히 준비한다. 약 20시간 분량으로.)

② PR부

- 기획부에서 준비한 모든 자료와 스케줄을 숙지하고 준비에 차질이 없도록 지원한다.(가수 및 백댄서, 코디네이터와 관련한 문제들.)
- 공연에 지장이 없도록 완벽한 무대 연출을 위해 충분한 연습 및 훈련을 지시한다.
- 공연에 참가하는 인원을 수시로 파악하고 변동 사항이 있을 경우 적절한 조치를 취한다.
- 가수가 필요로 하는 준비물이 있으면 빠짐없이 준비한다.
- 6mm 비디오 촬영은 PR부에서 1인이 항상 관리한다.
- 좀더 나은 모습을 관중에게 보이기 위한 방법이 있으면 즉시 의견을 제시한다.

- 현지 스케줄을 확인한 후 그 상황에 대비하여 인원 배치를 생각해 둔다.
- 공항 경비대와 연락을 취해 출국에 차질이 없도록 한다.
- 현지에서 사용할 무전기는 반드시 준비한다.(충전기 포함.)

③ 코디네이터

- 완벽한 모습을 위해 필요한 의상, 장비, 분장 재료를 철저히 확인한다.
- 가수 1인당 1인의 코디네이터를 배정한다.
- 현지 스케줄을 확인하고 거기에 맞는 의상을 준비하고 인원을 배치한다.
- 현지에서 사용할 세면도구 등을 준비한다.

④ CASTING

- 현지 오디션 참가 인원을 체크한다.
- 오디션을 시행할 장소 및 통역 인원을 파악한다.
- 오디션 참가자를 담을 6mm 비디오 촬영을 준비한다.
- 다양한 장르의 음악을 준비한다.

(3) 공항에서

① 기획부(일반 스태프)

- 출국 전 팬들의 모습과 가수의 모습을 담는다.(협의 후 적절한 인원을 적절한 장소에 배치한다.)
- 출발 2시간 전에 공항에 와서 공연에 참가하지 않는 매니저들과 함께 출국하는 전원의 발권(ticketing) 및 출국 수속을 밟는다.
- 비행기에 실릴 짐의 총 개수를 파악하고, 이를 출국할 매니저에게 통보한다.

② PR부

- 소속 연예인과 함께 공항에 도착하면 공항 경비대와 연락을 취해 입구를 결정한 뒤 공항에 진입한다.
- 출국하지 않는 PR부 직원은 공항까지의 교통수단을 책임지고, 출국 후 모든 차량을 귀사시킨다.
- 출국 수속 후 비행기 이륙 시간까지 담당 연예인이 대기할 공간을 파악한다.
- 다른 승객들로부터 피해를 입지 않도록 담당 연예인을 보호한다.

(4) 현지 공항에서

① 기획부(일반 스태프)

- 비행기에서 내린 짐의 총 개수를 파악하고 짐을 옮긴다.(코디네이터와 백댄서의 도움 필요.)
- 입국 수속을 마친다.
- 현지 공항에서의 반응을 6mm 카메라에 담는다.

② PR부

- 현지 관계자와 만난 후 공항을 빠져나갈 동선을 확인한다.
- 준비된 교통수단에 가수를 무사히 태운 후 현지 숙소로 출발시킨다.(매니저 1인 동승.)
- 현지 공항에서의 팬들의 반응을 6mm 비디오에 담는다.
- 도착한 후 총인원 수를 체크한다.
- 도착한 짐의 총 개수를 체크한다.

③ 코디네이터

- 국내에서 준비한 의상이 무사히 도착했는지 확인한다.
- 인원을 확인한다.

(5) 현지 숙소에서

① 기획부

- 방 배정이 올바르게 되었는지 확인하고 문제가 있으면 즉시 조치한다.
- 통역이 제시간이 도착했는지, 통역할 인원 수가 맞게 왔는지 확인한다.
- 변동된 스케줄이 있는지 현지 관계자 및 PR부와 논의한다.
- 짐이 제대로 도착했는지 확인한다.

② PR부

- 스케줄 관리를 철저히 한다.
- 현지 숙소 내에서 담당 연예인들의 동선을 정확히 파악해 둔다.
- 방 배정표, 현지 연락처, 현지 사용 가능한 휴대폰을 입수한다.
- 담당 연예인과 가장 가까운 곳에서 위치해 항상 보호한다.
- 연출자는 물론 전 스태프와 항시 연락이 취해지도록 한다.
- 현지에 온 국내 기자들을 파악하고 그들과 항시 연락을 취한다.
- 현지 경비에게 담당 연예인들의 안전에 관련하여 긴밀한 협조를 요청한다.
- 담당 연예인 및 현지 팬들의 모습을 수시로 6mm 비디오에 담는다.
- 담당 연예인들이 안전하게 숙소로 들어간 후 모든 업무를 종료하고 업무 보고를 한다.
- 다음 날 스케줄은 미리 확인 후 정리한다.
- 현지 이동 수단을 미리 파악해 둔다.

③ 코디네이터

- 현지 팬들에게 완벽한 모습을 보이기 위해 그 상황에 맞는 준비를 한다.
- PR부로부터 정확한 스케줄을 통보받는다.
- 항시 의상 및 준비물을 체크한다.

(6) 공연장에서

① 기획부

- 공연에 관련된 시스템을 확인한다.
- 준비한 자료를 빠짐없이 챙기고 팬들에게 바로 분배한다.
- 공연장 안팎의 팬들과 공연 실황을 6mm 비디오에 담는다.

② PR부

- 담당 연예인들에게 필요한 것들을 빠짐없이 챙긴다.(식사, 물, 음료 등등.)
- 원활한 공연 전개를 위해 항시 대기한다.
- 준비된 자료를 팬들에게 분배한다.
- 공연장 안팎의 팬들과 공연 실황을 6mm 비디오에 담는다.
- 국내 기자들을 빠짐없이 입장시킨다.
- 공연장 출입증을 확보한다.
- 큐시트를 확보한다.

③ 코디네이터

- 원활한 공연 전개를 위해 항시 대기한다.
- 큐시트를 확보한다.
- 준비해 온 의상을 공연 전날 빠짐없이 세팅해 놓는다.

(7) 귀국 시

① 기획부

- 공연 팀 전원의 체크아웃을 한다.
- 공연 기간 동안 촬영한 6mm 테이프를 편집한다.
- 현지 신문에 난 기사를 스크랩한다.
- 귀국 시 발생할 문제점이 있는지 파악하고 이를 조속히 해결한다.

② PR부

- 공연 팀 전체 인원을 빠짐없이 챙긴다.
- 사용했던 휴대폰 등을 회수, 반납한다.
- 빠진 물품이 있는지 체크한다.
- 귀국 시 가지고 갈 짐의 총 개수를 파악한다.
- 국내 PR부 직원과 연락을 취해 귀국 시간과 비행기를 통보하고 차량과 공항 경비 인원을 대기시킨다.
- 귀국과 동시에 있을 인터뷰 또는 기자회견을 상황에 따라 결정하고 미리 대처 한다.

2. CF 촬영

(1) 촬영 전

- CF 섭외에 대한 요청이 들어오면 제품과 소속 연예인의 특성이 맞는지를 판단하고, 소속 연예인과 회사의 의견 조율 후 계약금 등을 확인하고 계약을 체결한다. 함께 촬영하는 모델이 있으면 확인해서 보고하고 소속 연예인(신인/연기자)을 활

용할 수 있는 부분에 대해서 조정한다.

- 계약이 체결되면 광고 대행사와 CF 촬영 팀 등 담당자의 연락처를 확보하고 기본 스케줄에 피해가 가지 않도록 촬영 일자를 잡는다.
- 촬영 콘티를 반드시 체크하여 담당 연예인의 컨셉트와 이미지에 피해를 줄 수 있는 사항이 있을 경우에는 사전에 협의토록 한다. 수차례에 걸친 회의를 통해 가수의 이미지와 제품을 동시에 부각시킬 수 있는 최적의 콘티를 만들어 내도록 한다.(코디에 대해서는 대표이사, 임원, 아티스트에게 미리 보여 줘서 수정/보완 사항에 대해서 사전 조율을 해서 촬영일에 혼선이 없도록 한다.)
- 광고물의 특성상 광고주나 촬영 팀에서 모델의 컨셉트(헤어, 의상, 메이크업 등)에 대해 특별히 요구하는 경우가 많으므로 담당 코디네이터와 연락이 가능하도록 하여 상호 협조를 통해 완성도를 높인다.
- 촬영 장소와 시간을 담당 연예인에게 하루나 이틀 전에 다시 한번 숙지시키고 건강 상태 등을 관리하도록 하는 것도 중요하다.

(2) 촬영일

- 촬영장에 도착하면 스태프들에게 정중히 인사를 한 후 당일 촬영분과 콘티(촬영 내용)에 대해 감독에게 다시 한번 설명을 듣도록 한다.
- 소속 연예인의 준비가 완벽히 끝나면 촬영에 들어간다. 일반적으로 촬영 시간이 길기 때문에 피로도가 높다. 따라서 항상 최적의 컨디션을 유지할 수 있도록 신경 쓴다.(촬영 시간을 단축시킬 수 있음.)
- 방송사 스케치 또는 인터뷰 요청이 현장에서 들어오면 사전에 협의된 사항인지 다시 한번 확인하고 인터뷰의 질문 내용과 촬영 범위를 정한 후 촬영을 허가하도록 한다. 방송 촬영이 끝나면 기자들을 신속히 철수시키고 본 촬영에 몰두하도록 신경을 써야 한다.

- 인터뷰를 할 경우 본 촬영에 지장을 주지 않는 범위 내에서 한다. 예를 들어 조명의 위치를 바꾼다거나 세트를 변경하는 경우에는 사전에 스태프의 양해를 구하는 것도 잊지 말아야 한다.
  - 대기실은 다른 스케줄의 경우와 마찬가지로 외부인의 출입을 통제하도록 한다.
  - 본사 소속 PD가 촬영장을 항상 스케치하도록 하여 자료로 보관한다.

(3) 촬영 후

- 방영일 또는 지면 광고 게재일 등을 확인하고 사전에 완성본을 받아 본 후 수정 사항이나 추가 사항이 발견되면 협의하여 재편집하도록 한다.
- 본사 소속 PD가 촬영한 촬영분 또한 편집이 끝나면 모니터링한 후 홈페이지에 올리도록 한다.

3. 콘서트 스케줄

(1) 콘서트 전 계획 및 준비 사항

- 콘서트를 공연할 최소 1, 2달 전부터 계획 및 연출을 준비한다.
- 연출과 콘서트 기획을 설정 및 결정한다.
- 언제, 어디서(수용 인원, 교통, 편의 시설, 주차 시설 확인), 어떻게, 무엇을 할 것인지를 결정한다.(멤버와 스태프 → 결정 뒤에는 각종 계약 건에 대해서 확인.)
- 멤버들과 곡명(곡을 선정하는 것은 매우 중요한 작업이다. 콘서트가 지루하지 않도록 결정을 해야 함), 곡 수, 개인기를 결정하고 어떠한 영상물을 촬영하고 편집할 것인지를 결정한다.
- 곡 수와 곡명이 정해지는 대로 곡을 수집 후 편집과 편곡하여 멤버들과 댄서들에

게 음원을 전달하여 연습할 수 있도록 한다.(편곡 작업에 시간이 걸리는 곡은 미리 편집만 하여 들려줄 수 있도록 한다.) → 의상 변환, 무대 변환 등을 고려해서 순서 결정.

- 편집과 편곡이 완료되는 즉시 무대 연출과 조명 팀에게 곡을 전달한다.(빠를수록 좋으나 최소 10일 전에는 전달해야 한다.)

편집 또는 편곡에 시간이 걸리는 곡은 원곡이나 편집자의 곡이라도 전달해야 한다.

- 감독들에 대한 무대 동선을 알 수 있는 영상(방송 또는 연습)을 모아서 무대/조명 연출 팀에게 전달한다.
- 멤버들이 편곡과 편집을 원할 경우에는 편집자 또는 편곡자와 만나 원하는 곡을 만들도록 한다.
- 편곡이나 편집이 완성되는 대로 멤버들과 연출 그리고 조명 팀에게 곡을 전달해야 한다.
- 처음부터 체크리스트를 만들어 무엇이 어떻게 진행되고 있는지를 확인하여 신속히 일이 진행될 수 있도록 해야 한다.
- 콘서트 때 멤버들이 부를 외국곡과 국내곡 그리고 자작곡은 꼭 저작권 신청도 아울러 해야 한다. 공연 기획이나 연출 팀에서 할 수도 있으므로 확인해 두어야 한다. 공연의 분위기와 내용을 좀더 알차게 하기 위해서 외국곡을 공연 중에 부를 수 있는데, 사전에 저작권협의회에 동의를 구하고 차후 음반과 영상에 곡이 들어갈 수 있도록 저작권 담당자와 확인을 해야 한다.
- 신곡 발표 여부에 대해서 확인한다. 공연 중에 신곡을 포함시키게 되면 앨범 출시에 많은 영향을 줄 수 있고 콘서트를 좀더 신비롭고 다채롭게 할 수 있다.
- 콘서트가 다가올수록 멤버들의 컨디션과 부상에 관심을 가져야 하며, 안무 및 구성을 원활하게 하고 있는지도 확인해서 체크하도록 한다.(중간 평가.)

- 콘서트 연습 중에도 콘서트 관련 회의가 있을 경우 멤버들이 꼭 참석시켜 어떠한 것을 요구하는지 그리고 무엇을 하고 싶은지를 매니저뿐만 아니라 연출 팀도 알게 하여 보다 좋은 연출이 나올 수 있도록 해야 한다.
- 콘서트는 라이브로 해야 하는데, 만약 당일 멤버들의 컨디션을 고려하여 콘서트용으로 사전에 녹음해 둔다.(녹음 시 A&R 부서를 통해 녹음실 스케줄을 확인한다.)
- 멤버들이 춤을 연습할 수 있도록 안무 연습실을 섭외해야 한다.
- 콘서트 전 세션과 게스트를 결정해야 한다. 멤버들과 친분 관계에 있는 게스트와 안무 및 연출가를 구성하여 공연을 최대한 극대화될 수 있도록 해야 한다. 콘서트 최소 2주 전에 연습을 실시하고 실제 공연 중에 문제가 발생하지 않도록 주의해야 한다. 비용에 대해서는 최소 비용으로 하고 사전에 회사의 컨펌을 받아 놓아야 한다.
- 콘서트 최소 일주일 전에 의상을 완성하고 그에 대한 수정과 의견을 고려하여 재작업한다.(멤버와 백댄서 및 보조 출연자의 의상 컬러는 다르게 해야 한다.)
- 콘서트 시작 후 언제까지 오픈할지의 여부를 결정하여 기자들에게 전달한다. 오픈을 할 경우 몇 곡과 어디까지(시간) 할 것인지, 결정 후에 곡이 끝나면 경호원들이 기자들을 퇴장시킬 수 있도록 해야 한다.
- 콘서트용 홍보물(포스터, 브로슈어 등) 제작 여부를 결정해야 하며 홍보물을 제작할 경우 입장 관객용과 음반 매장용을 만들지에 대해서도 면밀히 검토해야 한다.
- 리허설은 몇 번 어떻게 진행을 할 것인지를 꼭 확인하도록 하며, 리허설은 본 콘서트 행사와 똑같은 자세로 임한다.
- 콘서트 후 기자회견이 있는지 확인한 다음, 있을 때에는 기자회견장도 만들 수 있어야 한다.(준비물: 포스터, 테이블, 의자, 음료 등.)
- 무대 뒤에 준비 대기실을 만들어 보다 효율적으로 진행될 수 있도록 하며, 대기실

은 관계자 외에 출입을 자제한다.(멤버 대기, 세션 및 댄서 대기실.)

- VIP, 대표이사 및 임원, 타 연예인이 공연장에 도착했을 때 경호원이 자리를 안내할 수 있도록 해야 한다.

(2) 콘서트 리허설 당일

- 멤버들을 리허설 시간에 맞춰 공연 장소에 도착하도록 한다.
- 리허설 시작 전 음향과 조명 그리고 무대를 확인한다.
- 멤버들이 공연장 출구의 동선을 미리 파악하게 하여 보다 안전하게 해야 한다.
- 멤버 대기실 확인 및 세팅에 신경을 써야 한다.
- VIP/대표이사 및 임원의 관람 좌석 및 동선을 체크해야 한다.
- 콘서트 당일 기자와 공연 관계자들의 PRESS(비표)를 만들고 기자와 관련자의 표를 구분한다.(비표에도 차등을 주어서 스티커를 붙여 두면 현장 촬영 시 혼돈을 피할 수 있다. 스티커 한 장-기자, 두 장-멤버의 친인척, 석 장-인터넷 사업 팀 및 매니저를 비롯한 직원 모든 관객. 기자들과의 마찰을 피하기 위해서 모든 통제는 경호원이 진행할 수 있도록 해야 한다.)
- 업무 분담을 하여 보다 효율적으로 진행될 수 있게 해야 한다.(이때 멤버, 세션, 댄서를 확인할 수 있는 담당자가 필히 있어야 한다.)
- 세션과 행사 관련자(댄서 등)의 대기실도 미리 확보해 둔다.
- 리허설 시작 30분 전 세션들의 도착 여부를 확인한다.
- 리허설 중에 필요한 멤버들과 세션들의 음료와 식사, 구급약을 준비해 둔다.
- 리허설 중이라도 연출자가 원하는 것에 대하여 멤버들에게 확실하게 숙지시키고, 멤버들이 무엇을 원하는지도 확실하게 숙지할 수 있도록 연출자에게 현장에서 전달할 수 있어야 한다.
- 콘서트와 똑같이 큐시트 상태로 진행하여 발생하는 모든 문제점을 체크한다.

- 멤버들과 세션, 댄서들의 의상을 확인한다.
- 무대 점검을 하여 멤버들의 안전 여부를 확인한다.
- 리허설은 본 행사 전 2번 정도 실시하는데, 대개 조명과 음향 리허설을 먼저 행한 후 최종 리허설을 실시한다.(최종 리허설은 의상, 곡 영상, 세션 및 댄서 동선 등 모든 상황이 본 행사와 같이 이루어져야 한다.)
- 리허설 시 공연 당일 사용될 거울, 전기(헤어드라이어), 행거 등의 위치 및 수량을 체크한다.

(3) 콘서트 공연 후

- 콘서트 직후 기자회견이 있을 때에는 멤버들이 준비할 수 있도록 해야 한다.
- 인터뷰는 멤버들이 피로하지 않게 시간을 적절하게 결정하여 진행할 수 있도록 한다.
- 콘서트 후 팬들이 공연장 주위에 많으므로 사고를 우려 사전에 경호원들과 상의 후 동선을 만들어 놓는다.
- 의상과 소품 등을 정리하고 확인한다.
- 공연 후 연출자 및 관계자들에게 인사한 다음 이동할 수 있도록 해야 한다.
- 멤버들의 연습실 사용비, 곡의 편집 및 편곡비, 작곡비, 댄서비, 안무비, 세션비 등을 체크하여 콘서트 후 결제가 가능하도록 해야 한다.
- 마지막으로 콘서트에 관련되었던 것들을 피드백하는 등 자기만의 정리가 필요할 것이다.

(4) 콘서트, 매니저 숙지 사항

① 공연 준비 사항

- 장소 헌팅: 수용 인원, 교통, 편의 시설, 주차 시설을 확인하여 선택한다.

- 노래 선택: 노래를 선택하는 것은 콘서트의 성공을 좌우할 수 있는 매우 중요한 작업이다.
  댄스곡, 랩, 힙합, 발라드 등을 고루 선택하여 콘서트가 지루함이 없도록 하여야 한다.
- 저작권: 공연을 활기차고 내용을 좀더 알차게 하기 위해 외국곡이나 기타 가요를 공연 중에 부르게 되는데, 이때 중요시되는 문제가 저작권이다. 꼭 저작권협회에 사전 동의를 구하고 차후 음반과 영상에 곡이 들어갈 수 있도록 확인하여야 한다.
- 1차 회의: 멤버들과 연출 회사의 회의를 거쳐 멤버들이 원하는 방향과 팬들이 원하는 방향을 고려하여 연출을 구성하여야 한다.
- 신곡: 신곡을 발표함으로써 콘서트 앨범 출시에 많은 영향을 줄 수 있고, 콘서트를 좀더 신비롭고 다채롭게 할 수 있다.
- 안무: 리믹스된 곡과 편집된 곡에 안무를 반영하여 새롭게 구성하고 개인기 안무를 새로 창작하여 구성한다.
- 안무 연습실: 안무 연습실은 댄서와 멤버들의 교통 편의를 고려하고, 주변 주민들에게 피해가 없도록 하며, 팬들에게 알려지지 않은 곳으로 정한다.
- 개인기: 콘서트는 방송과 달리 팬들과 같이 호흡하는 무대이기 때문에 멤버 개인의 색다른 모습으로 신선함을 보여 주어야 한다.
- 음원: 곡 선택이 끝나고 신곡 및 리믹스곡, 편집곡이 완성되면 콘서트에서 부를 전 곡을 MR 작업 하여 콘서트용 AR을 만든다. 라이브로 노래해야 하지만 콘서트 당일 신체 변화를 예측하지 못함으로 사용을 안 하더라도 대처 방안을 미리 모색해 두어야 한다.
- 경호: 콘서트 한 달 전부터 섭외를 하고 멤버들의 동선과 대기실에 배치하여 안전사고에 문제가 발생하지 않도록 한다.

- 의상: 리허설 일주일 전에 의상이 완성되어야 한다. 멤버들의 의견을 고려하여 수정 및 재작업을 하여 최종 의상은 리허설 3일 전에 완성되어야 한다.
- 게스트: 멤버들과 친분 관계에 있는 게스트와 안무 및 연출을 구성하여 공연을 최대한 극대화될 수 있도록 노력한다.
- 출연료: 출연료는 친분 관계 및 최소한의 입장을 고려하여 지급한다. 단, 기존의 출연료를 초과하여서는 안 된다.
- 세션: 콘서트 한 달 전에 섭외하여 연습을 실시하고, 실제 공연 중에 문제가 발생하지 않도록 각별히 주의하며, 공연에 만전을 기하도록 한다.

② 리허설

- 1차 리허설: 콘서트와 똑같이 큐시트 상태로 진행하며 모든 문제점들을 체크한다.
  - 안무 상태는 문제가 없는가
  - 게스트들은 콘서트 때 스케줄이 없는가
  - 음향은 문제가 없는가
  - 조명은 정상인가
  - 멤버들이 춤을 추었을 때 무대는 안전한가
  - 경호팀은 안전 배치되어 있는가
  - 의상은 모두 완성되어 있는가
  - 대기실은 확보되어 있는가(출연진 포함)
- 2차 리허설: 최종 리허설로, 옷 갈아입는 시간, 노래 시간, 영상 시간, 세션들 대기 시간, 멤버들 동선, 세션들 동선, 매니저들 간의 통신 등을 모두 체크하여 일말의 오차가 없도록 한다.

③ 공연 중 진행 사항

- 팬 입장: 안전사고 없이 팬들이 입장할 수 있도록 질서를 확립하고, 부모님과 친지 또는 친구들의 좌석을 확보하여 원활한 공연이 진행될 수 있도록 한다.
- 간식, 물, 식사: 공연 전에 미리 준비한다.
- 구급약: 만일의 사태를 대비하여 응급 구호품을 비치한다.

④ 공연 후 마무리 사항

- 안전한 퇴장: 공연 후 멤버들이 안전하게 공연장을 빠져나갈 수 있도록 미리 차량을 대기한다.
- 팬 퇴장: 안전사고 없이 퇴장할 수 있도록 질서를 유지한다.

4. 내, 외부 귀빈 스케줄

외부 및 내부 주요 인사 출입국 시 공항 스케줄 요령

- 주요 인사를 담당하는 담당자는 사전에 일자, 시간, 장소, 편명, 인원, 연락처 등을 정확히 파악하여 인원 배치, 차량 배치 등의 계획을 세운다.
- 주요 인사를 담당하는 담당자는 미리 배정된 자의 신상과 연락처를 주요 인사에게 사전에 전달하도록 한다.
- 해당 일자에 미리 배치된 인원과 차량을 점검/교육하도록 한다.
- 스케줄 진행자는 주요 인사의 입국 후 스케줄 담당자와 사전에 조율하여, 공항에서 목적지까지의 이동 경로, 소요 시간, 스케줄 예정지, 연락처 등을 사전에 파악하고 숙지하도록 한다.
- 스케줄 진행자는 주요 인사 출국 시 공항에서 동행하여 출국 수속 업무를 대행하

고 주요 인사를 출국장까지 안내토록 한다.

- 스케줄 진행자는 주요 인사 도착 예정 시간 30분 전에 공항에 도착하여 비행기 편명에 따른 출구를 확인하고 차량까지의 동선을 파악하도록 한다.(인천공항의 경우 입국 게이트가 많으므로.)
- 주요 인사 도착 시간에 주요 인사에게 전화를 걸어 예정 게이트를 사전에 확인토록 한다.
- 사전에 연락이 안 되어 게이트 지정을 못 받았을 경우에는 예정된 게이트 이외에 다른 게이트도 예의 주시토록 한다.
- 공항의 혼잡이 예상될 경우라면 사전에 공항 경비대에 연락하여 협조를 구하도록 한다.
- 스케줄 진행자는 주요 인사를 가장 신속하고 안전하게 모실 수 있도록 차량 운전 시에 각별히 유의하도록 한다.
- 스케줄 진행자는 스케줄 진행 시 문제가 발생하였을 경우에 선임자에게 즉시 보고하고 담당자와 통화하여 사후 대처를 논의하도록 한다.
- 스케줄 담당자는 이상 없이 스케줄을 마쳤을 경우 선임자에게 스케줄 결과와 문제점 등을 상세히 보고토록 한다.
- 선임자는 스케줄이 차질 없이 진행되었는지의 여부를 담당자와 다시 한번 체크하도록 하며, 발생되었던 문제점을 업무 지침서에 추가하여 보완토록 한다.

---

*제4장은 (주)에스엠엔터테인먼트의 업무 지침서를 요약하여 대학에서의 강의 경험을 바탕으로 재구성하였음.

제 5 장

코디네이션 관련

1. 패션 이미지에 따른 코디네이션
2. 인체에 따른 코디네이션

1. 패션 이미지에 따른 코디네이션

(1) 이미지 분류

이미지를 계절 감각에 응용해 분류하면 봄, 여름, 가을, 겨울로 표현되는 4가지 존(zone)으로 분류된다.

- B(bubbling)존: 씨에서 싹이 나서 분출해 나가는 생명력을 포함. 겨울에서 봄으로 가면서 꽃이 개화하는 이미지.
  예 로맨틱, 엘레강스, 내추럴 등.
- G(growth)존: 싹튼 식물이 성장하여 개화하기까지의 시간 의미. 젊음, 행동적인 이미지, 만개한 꽃 이미지.
  예 캐주얼, 아방가르드 등.
- R(ripen)존: 멋지게 핀 꽃이 열매를 맺고 숙성해 가는 시기. 잘 익은 과일의 이미지.
  예 고저스, 에스닉 등.
- W(withering)존: 아름다운 나뭇잎이 물들어 마침내 말라 가는 시기. 가을에서 겨울로 옮겨 가는, 완성된 것의 차가움이나 말라가는 것의 애환이 느껴지는 이미지.
  예 모던, 매니시, 클래식 등.

(2) 이미지와 코디네이션

1) 로맨틱(Romantic)

꿈꾸는 듯한, 감미롭고 귀엽고 사랑스러운 이미지.

기능성보다는 장식적 요소가 강한 것이 특징.

- **색상:** 가볍고 온화하고 부드러운 느낌을 주는 은은한 색상. 핑크, 피치, 옐로우, 퍼플 계열의 페일 톤 라이트, 브라이트 등.
- **패션 디자인:** 귀엽고 사랑스러운 소녀적인 스타일이 기본.
  - 프릴, 레이스, 리본 등 부드러운 감각으로 표현된 장식적인 디테일 사용.
  - 액세서리는 코르사주와 리본, 꽃 장식, 스팽글, 구슬 장식 등.
  - 무늬: 꽃무늬, 체크무늬, 물방울무늬 등.
- **메이크업:** 꾸미지 않은 순수함과 화사하면서도 생기발랄한 소녀적인 분위기 강조.
  - 핑크 빛이 도는 파운데이션, 핑크와 보라 계열의 아이섀도, 펄 파우더, 핑크 계열의 립글로스로 글로시한 느낌, 피치 빛 핑크 계열이나 오렌지 계열로 볼에 포인트를 주어 귀여운 이미지.
- **헤어 디자인:** 긴 머리 형태, 덩굴 같은 컬, 머리핀, 모자 헤어밴드나 리본 등을 사용하여 귀엽고 낭만적인 분위기 연출. 약한 대비색의 염색 등.

2) 엘레강스(Elegance)

우아하고 고상하며 세련된 이미지.

신고전주의 양식의 질서미를 추구. 간결하고 온화한 느낌.

- **색상:** 채도가 낮은 부드러운 색조와 약간 어두운 톤의 보조 색의 조화.
  - 인디언핑크, 레드퍼플, 퍼플 등. 톤은 부드러운 라이트 그레이시가 적합.

- 세련된 색, 커리어우먼을 상징하는 원숙한 감각의 색, 절제된 느낌의 색으로 차분한 기품이 돋보이게 연출.

- **패션 디자인:** 여성적인 아름다움을 지향하는 대표적인 스타일.
  - 실루엣은 절제되면서도 여성스러우며 드레시한 분위기. 세련미와 성숙미 표현.
  - 둥근 어깨선, 부풀린 가슴선, 잘록한 허리선, 깊게 파인 목둘레선, 스커트의 깊은 트임 등.
  - 소재: 매끄럽고 광택 있는 소재, 부드럽고 반투명한 소재.
  - 액세서리: 실크 스카프, 백, 진주 등.
- **메이크업:** 우아하면서 고상하고 흐트러짐이 없는 깔끔한 것이 특징.
  - 밝은 핑크나 베이지 색의 파운데이션, 아치형의 눈썹, 파스텔 조의 아이섀도, 자주, 브라운, 보라 등의 포인트 컬러 사용. 산호색, 인디언핑크, 와인 색 등의 입술.
- **헤어 디자인:** 우아한 여성미를 강조한 헤어스타일, 어깨선 정도의 길이가 적당. 굵은 웨이브, 브라운 색상으로 염색, 은은한 그러데이션 기법을 사용한 부분 염색.

3) 내추럴(Natural)

자연의, 천연의, 가공하지 않은 등의 의미.

인간 본래의 체형을 거스리지 않고 변형이나 과장을 피한 실루엣.

가공되지 않은 천연의 소재(면, 마, 울, 니트).

- **색상:** 베이지, 아이보리, 옐로우, 올리브그린, 브라운, 카키 계열.
  - 톤은 가라앉은 느낌, 라이트 그레이시, 덜톤.
- **패션 디자인:** 헐렁하고 편안하며 심플한 디자인.
  - 핸드백은 부드러운 소재가 적합. 모자는 작고 중간 정도의 챙이 있는 것.
- **메이크업:** 피부 표현은 톤을 낮추고 베이지 컬러나 엷은 브라운 컬러.

- 아이섀도는 베이지나 브라운 계열로 자연스럽고 은은하게.
- 입술은 오렌지나 피치 계열.
- 아이섀도와 립스틱, 볼터치 등의 색상은 톤을 맞추는 것이 효과적.

● **헤어 디자인:** 가볍고 부드러운 질감과 약간 헝클어진 듯한 자연스러운 머리 형태.

- 히피 스타일의 스트레이트, 자연스러운 웨이브 등.
- 색상은 브라운, 오렌지 계열.

4) 캐주얼(Casual)

자유분방하고 활동적이며 편안하고 생동감 있는 이미지.

유쾌하고 명랑한 분위기에 속도감 있는 감각 표출.

● **색상:** 화려한 색상, 따뜻한 색상. 컬러풀한 2, 3가지의 고채도의 색상을 함께 사용.

- 비비드, 스트롱, 브라이트 톤이 주류. 배색은 강하게(쾌활하고 스포티한 느낌).

● **패션 디자인**

- 간결한 실루엣, 셔츠와 진 팬츠, 스웨터, 트레이닝 웨어를 선호.
- 소재: 촉감이 부드러운 소재(면, 울), 기능성 소재, 데님 등.
- 양말이나 가방 등에 색상 대비의 효과를 살린 코디네이션이 포인트.
- 가방은 천, 합성수지 제품이 어울린다.

● **메이크업:** 피부 표현은 밝은 느낌으로 경쾌하고 즐거우며 생기 있게 한다.

- 아이섀도는 오렌지, 핑크, 그린, 블루 등.
- 입술은 오렌지 계열 사용. 글로시한 느낌.
- 입술, 눈, 볼 등 어느 한곳에만 포인트 줌.

● **헤어 디자인:** 형태가 아래로 처지는 것보다 위로 향하게 연출. 짧은 머리일 경우 모발 끝이 바깥쪽으로 향하게, 긴 머리는 포니테일 스타일이 적합. 위로 높이 묶

으면 젊고 발랄한 이미지.

• 전체적인 염색보다 컬러풀한 배색을 중심으로 색의 대비를 강하게.

5) 아방가르드(Avantgarde)

프랑스 군대 용어 '정예부대' → 전위적인.

기성의 개념을 무시하고 새로운 것에 대한 혁신적인 유행을 창조한다.

대중성이 무시된 실험적인 성격이 강한 디자인.

일반의 유행을 앞선 독창적이고 기묘한 디자인.

- **색상:** 독창적인 배색. 강한 색상. 무채색과 반사, 대조의 효과로 표현.
- **패션 디자인**
  - 기능에 관계되는 트임이 아니라 파괴의 목적으로 트임 장식(의복의 구조 변경).
  - 패치워크 활용.
  - 코디의 법칙과 wearing을 무시하는 파괴의 이미지.
  - 사각형, 원, 삼각형 등 기하학적인 cut-out으로 파괴에 초점을 맞춤.
- 대표 디자이너: 장 폴 고르티에.
- **메이크업:** 도전적이고 실험적인 이미지를 개성 있게 표현하며 전위적이고 예술적인 느낌을 주도록.
  - 피부 표현은 창백할 정도로 희게 하거나 일정한 스타일보다는 새롭고 독창적으로 표현.
  - 눈은 다양한 기법으로 강한 라인 또는 오브제를 활용.
  - 인조 속눈썹, 다크톤의 아이섀도, 강렬한 레드 또는 블랙 입술, 사이버 느낌의 실버색과 창백한 느낌으로 표현.
- **헤어 디자인:** 일정한 형태는 없으며 각자의 개성에 맞게 연출한다.
  - 기존의 개념을 깨뜨린 다양한 소재를 사용하여 새로움을 창조.

6) 고저스(Gorgeous)

사치스러우며 호화롭고 찬란한 이미지.

상류층의 고급스러우면서도 눈에 띄는 화려한 분위기 연출.

- **색상:** 화려한 색상. 골드, 베이지, 카멜, 레드, 딥퍼플, 오렌지, 옐로우 등.
  - 스트롱, 딥 톤이 주류.
- **패션 디자인**
  - 화려한 이미지를 지닌 스타일로 깊이감이 있으며, 원숙함을 표현.
  - 인체의 곡선을 살리는 실루엣.
  - 소재는 광택 있는 옷감(벨벳, 실크 등), 모피, 장식적인 트리밍.
  - 골드 계열이나 선명하고 깊이 있는 중후한 색의 액세서리 활용.
  - 구두와 핸드백의 색이나 소재에서 세트로 연출하면 고저스 느낌을 배가시킬 수 있다.
- **메이크업:** 짙은 계열 색상을 사용하거나 포인트를 주어 뚜렷하게 표현.
  - 피부 표현은 적당히 두껍게 표현하는 것이 효과적.
  - 색채는 단계적 그러데이션을 이용하여 그윽하고 분위기 있는 패턴으로 표현하고 라이트 톤은 피하는 것이 좋다.
  - 적절한 강약을 주어 깊이감 있게 표현.
- **헤어 디자인:** 보석류의 헤어핀을 사용하면 효과적.
  - 컬을 풍성하게 볼륨감을 살려 준다.
  - 골드나 와인 색의 염색이 적당.

7) 에스닉(Ethnic)

유럽을 제외한 세계 여러 나라의 민속 의상과 민족 고유의 염색, 직물 패턴, 자수, 액세서리 등에서 영감을 얻어 디자인한 패션.

종교적 의미가 가미된 토속적이며 소박함을 나타내는 패션.

- **색상:** 강렬한 색상의 카키, 올리브그린, 브라운 계열.
  - 비비드 톤이 주류, 강한 색상 대비.
- **패션 디자인**
  - 20세기 초 동양에 대한 호기심과 동방 예술로 인해 푸아레의 동양풍이 복식에 도입.
  - 20세기 중기 히피 집단으로부터 상향 전파된 아프리카풍, 히피풍 등이 복식에 적용.
  - 1980년대 중반 중국풍의 오리엔탈룩이 유행, 자카드 효과가 나는 사치스런 직물, 붓글씨, 핸드 스티치, 드레이프를 강조한 모자, 두건, 허리의 랩 등이 유행.
  - 20세기 후반 아프리카가 관심의 초점 → 사파리룩 등장. 라틴아메리카풍의 에스닉 의상 등장.
  - 인디언의 토속적인 문화에서 영감(술 장식, 줄무늬, 전통적 소재인 수직물 등).
  - 소재: 면, 마, 모시, 삼베 등 민속적인 전통 소재가 효과적.
  - 오리엔탈리즘(Orientalism).
  - 이그조틱(Exotic).
  - 트로피컬(tropical).
  - 포크로어(folklore).
- **메이크업:** 다양한 인종의 개성이 부각되면서 유행에 따라 표현됨.
  - 동양의 경우 피부 표현은 희게, 이집트, 인도, 라틴아메리카의 경우 검게 표현 → 피부색보다 두 단계 어두운 색, 다갈색의 파운데이션 사용.
  - 입술은 핑크와 붉은 입술이 대표적.
- **헤어 디자인:** 특정 지역의 색채나 헤어 형태를 모티브로 디자인.
  - 그대로 사용하거나 약간의 변형을 추구하면서 독특한 스타일 표현.

- 레게 스타일의 길게 땋은 머리, 직모를 이용한 포니테일 스타일, 동양풍의 업스타일, 이집트풍의 헤어스타일 등.
- 가발, 터번, 모자 등의 머리 장신구 이용.

8) 모던(Modern)

도회적 감성을 표현하고, 기능적이면서 심플하고 기하학적이며 장식을 배제한 이미지.

하이테크한 분위기, 진취적인 분위기.

- **색상:** 현대적 감각으로 딱딱하고 차가운 느낌.
  - 화이트, 블랙 등의 무채색, 블루 계열의 차가운 색, 기계적인 색 → 차가운 분위기와 명확한 느낌 강조.
  - 딥, 다크 톤. 라이트 톤과 함께 사용하면 효과적.
- **패션 디자인**
  - 세련되고 절제된 느낌과 지적인 이미지 추구.
  - 직선미를 살린 날카로운 형태, 절개선의 묘미를 살려 이지적이며 냉철한 인상 강조, 장식성 배제.
  - 액세서리는 실버 계통의 차가운 분위기의 대담하고 기하학적인 것.
- **메이크업:** '아름답다' 라는 개념보다 개성을 중요시.
  - 피부 표현은 베이지 색의 파운데이션과 투명 파우더로 깨끗함 강조.
  - 은색이나 청색, 회색 계열의 아이섀도로 차가움 강조.
  - 와인, 자주 등의 다크 계열의 입술 화장으로 이지적인 분위기.
- **헤어 디자인:** 짧은 단발머리나 커트, 뱅 스타일, 직선의 롱 헤어, 일정치 않게 커팅된 헤어스타일 등.
  - 부분 염색이나 왁스, 무스 등으로 윤기 있고 빛나는 머릿결 표현.

9) 매니쉬(Manish)

자립성이 강한 여성의 이미지.

역할 상승과 활동성의 상징으로 선호.

- **색상:** 늠름한, 씩씩한, 용감한, 단호한 느낌.
  - 블랙, 무채색, 네이비 계열.
  - 그레이시와 딥 톤이 주류.
- **패션 디자인**
  - 남성복의 아이템을 여성복으로 하거나 여성스러우면서 남성적 특징이 가미된 디자인.
  - 정장 슈트, 캐주얼 스타일.
  - 문양: 스트라이프, 헤링본, 솔리드 선호.
  - 액세서리는 거의 사용하지 않고 남성적인 이미지를 살린 넥타이, 모자, 구두 등 활용.
  - 댄디, 보이시, 밀리터리, 마린 룩을 포함.
- **메이크업:** 세련되고 깔끔한 메이크업.
  - 피부 표현은 얇고 가볍게, 직선의 눈썹.
  - 회색 톤을 지닌 카키나 브라운 계열의 아이섀도, 누드 컬러나 와인브라운 계열의 입술 화장.
- **헤어 디자인:** 짧고 깔끔한 헤어스타일, 짧은 롤 스트레이트, 깔끔하고 심플하게 빗어 올린 업스타일.
  - 짙은 헤어 컬러 → 강한 이미지.

10) 클래식(Classic)

전통적, 보수적, 중후한 이미지.

깊이감과 격조감이 내재. 트래디셔널 포함.

- **색상:** 짙고 따뜻한 색.
  - 갈색 계열, 베이지, 다크브라운, 골드, 와인, 네이비.
  - 딥, 그레이시 톤.
- **패션 디자인**
  - 시대를 초월하고 유행에 관계없이 지속되는 스타일.
  - 비교적 단순하고 스트레이트 실루엣이 기본.
  - 베이직 테일러드 슈트, 샤넬 슈트, 가디건, 진 등.
  - 소재: 광택 있는 벨벳, 따스한 느낌의 트위드, 울 등이 적합.
  - 무늬: 체크무늬 선호.
- **메이크업:** 차분하면서 자연스럽게 표현.
  - 와인, 브라운 색상으로 깨끗하고 안정된 피부톤에 포인트 메이크업이 튀지 않게 하여 귀족적이고 이지적인 이미지 연출.
- **헤어 디자인:** 굵은 웨이브의 단발머리, 품위 있고 중후한 느낌의 업스타일, 짧은 스타일은 스트레이트 형태와 보브 스타일.

2. 인체에 따른 코디네이션

(1) 체형과 코디네이션

체형의 장점을 잘 이끌어 내고 단점을 적절히 감추는 코디네이션 기법을 연출하기 위하여 체형의 유형을 분류하고 각 유형별 코디 실습을 한다.

1) 삼각형

- **특징**
  - 한국인의 전통적인 체형.
  - 어깨 폭이 엉덩이 폭보다 좁은 체형.
- **코디네이션**
  - 어깨와 상반신 부분에 볼륨감을 더해 주고, 허리 아래는 부드럽고 느슨하게.
  - 액세서리는 시선이 위로 집중되게.
- **추천 아이템**
  - 넓게 강조된 네크라인, 상반신이나 어깨에 장식이 들어간 스타일.
  - A라인이나 플레어스커트.
- **피해야 할 아이템:** 타이트한 스커트, 팔과 어깨를 노출시킨 블라우스나 탱크톱, 밝은 색 하의, 길이가 힙까지 오는 타이트한 상의 등.

2) 역삼각형

- **특징**
  - 어깨 폭이 넓은 반면 허리와 엉덩이는 좁다.
  - 등이 튼튼하고 넓으며 다리는 보통 가늘다.
  - 상반신이 무거워 보임.
- **코디네이션**
  - 상반신을 작게 연출하고 아랫부분에 볼륨을 주어 엉덩이를 강조.
  - 상반신을 최소화하면서 목선의 앞 중심이나 허리 아래 부분을 강조.
- **추천 아이템:** 플리츠, 플레어, 개더스커트 등의 폭이 넓은 스커트, 디자인이 심플

한 블라우스, V네크라인.

- **피해야 할 아이템:** 어깨 장식, 폭이 넓은 깃 등 어깨 주위를 장식한 의상, 상반신이 수평인 선, 크고 넓은 소매의 디자인, 짧은 재킷과 상의.

3) 모래시계형

- **특징**
  - 볼륨 있는 상반신, 가는 허리, 넓고 튀어나온 엉덩이.
  - 전체적으로 균형 잡힌 스타일이나 상반신과 어깨가 강조되어 보임.
- **코디네이션:** 얼굴 쪽으로 시선을 끌게. 허리 부분에 볼륨감을 더해 줌.
- **추천 아이템:** 폭이 넓은 벨트, 스카프나 부드러운 소재로 허리선과 엉덩이 부분을 감싸 주는 디자인, 플레어스커트.
- **피해야 할 아이템:** 겹쳐 입는 재킷과 두툼한 스웨터, 피트되며 가슴을 강조하는 스타일, 가슴 부분의 리본 장식이나 패치 포켓.

4) 다이아몬드형

- **특징**
  - 어깨와 엉덩이, 대퇴부는 좁고 가늘며 허리가 굵은 스타일.
- **코디네이션**
  - 어깨와 다리 부분은 볼륨을 더해 주고 중간 부분은 자연스럽게 피트되게.
  - 허리 쪽에서부터 얼굴 쪽으로 시선이 끌리게.
- **추천 아이템:** 러플과 패치 포켓 등의 주름 장식이나 볼륨을 느끼게 해 주는 상의와 하의 디자인, 스트레이트 실루엣의 긴 셔츠나 오버 블라우스.
- **피해야 할 아이템:** 박스 스타일의 옷은 피한다.(어느 정도 허리선이 있는 옷을 입거나, 하이 웨이스트 스커트에 블라우스를 조금 여유 있게 내어 보이는 식으로 스

커트에 넣어 입는다.) 너무 굵은 체크나 스트라이프 무늬는 피한다.

5) 관형

- **특징**
  - 어깨와 허리, 엉덩이의 너비가 거의 비슷하며 일반적으로 몸매가 균형 잡혀 있다.
  - 인체 라인이 곧고 각이 졌으며, 전체적으로 왜소하게 보이고 두드러지는 곡선은 없다.
- **코디네이션**
  - 전체적으로 볼륨감을 더해 줌.
  - 가늘고 각진 부분을 최소화.
  - 어느 부위든지 강조해도 무방.
- **추천 아이템:** 드레이프가 들어간 옷, 느슨한 상의와 하의, 어깨 위에 장식이 있는 디자인, 인체의 곡선을 살린 디자인.
- **피해야 할 아이템:** 몸에 피트되는 스타일, 부피가 너무 큰 소재와 큰 무늬의 패턴, 소매선이 없는 원피스와 깃이 넓은 드레스, 비치는 소재.

6) 직사각형

- **특징:** 전체적으로 부드러움이 적고 각 진 느낌을 주는 체형.
- **코디네이션**

  전체적으로 부드럽고 호리호리한 체형으로 연출.

  허리를 가늘어 보이게, 허리 위의 앞 중심을 강조하여 허리 쪽에서부터 얼굴 쪽으로 시선이 끌리게.
- **추천 아이템:** 허리선이 잘록해 보이는 상의, 로우웨이스트 원피스, 바지, 플레어

스커트나 플리츠스커트.

- **피해야 할 아이템:** 수평 라인의 무늬, 허리에 큰 주머니가 있는 디자인, 어깨 폭이 넓은 재킷 등.

7) 둥근형

- **특징:** 살찌고 둥근형으로 허리, 가슴, 엉덩이 등의 사이즈가 크고 배도 나온 편. 전체적으로 부드러운 느낌을 주는 체형.
- **코디네이션:** 체형을 세로로 길고 가늘어 보이도록, 허리 쪽에서부터 얼굴 쪽으로 시선을 끌게.
- **추천 아이템:** 허리선이 없는 심플한 스타일의 원피스, 길이가 긴 헐렁한 스타일의 재킷.
- **피해야 할 아이템:** 폭이 넓은 벨트와 눈에 띄는 색의 디자인, 수평의 선과 패턴, 두툼한 소재와 볼륨감 있는 질감의 소재, 몸에 딱 맞는 스타일.

(2) 부분 체형과 코디네이션

1) 키

① 키가 작고 뚱뚱한 체형

- 짙고 어두운 색상으로 입는다.
  - 건강하고 귀여운 이미지, 부드럽고 편안한 인상 → 사랑스러운 로맨틱룩이 잘 어울림.
  - 개성 없어 보이고 세련된 이미지가 약해서 색상, 아이템, 액세서리 선택에 신중.
- 어울리는 스타일: 몸매가 약간 드러날 정도의 가벼운 소재, 플라워 프린트나 도트

프린트, V넥, U넥, 상의는 밝게 하의는 어둡게 연출, 슬림한 롱 팬츠와 다트가 들어간 재킷.

- 피해야 할 스타일: 몸에 피트되는 스타일(니트류), 어깨 부위에 화려한 큰 무늬의 스카프.

② 키가 작고 마른 체형

- 왜소하고 빈약한 인상을 커버하고 다리가 길어 보이게 코디.
- 어울리는 스타일: 빳빳한 질감의 부피가 느껴지는 소재, 약간 여유가 있는 실루엣, 허리에 다트가 들어간 심플한 재킷과 같은 색의 미니스커트.
- 피해야 할 스타일: 복잡한 장식의 스카프나 크라운이 높은 모자, 큰 단추나 벨트, 높은 하이힐, 지나친 프릴 장식이나 레이스.

③ 키가 크고 뚱뚱한 체형

- 위아래를 대조적인 색상으로 코디한다.
- 서구적인 타입으로 살찐 체형은 둔해 보일 수 있지만 키가 커서 시원스럽고 당당한 느낌.
- 어울리는 스타일: 스트라이프를 살린 샤프한 이미지의 슈트, 직선적인 느낌의 셔츠, 스트레이트 팬츠, 깊은 V넥, 크고 대담한 디자인의 액세서리, 너무 낮은 구두는 큰 키를 강조하므로 4~5센티미터가 적당.
- 피해야 할 스타일: 빳빳하거나 두꺼운 소재, 지나치게 피트되는 스타일, 프릴이나 레이스를 사용한 리틀걸룩이나 페미닌룩.

④ 키가 크고 마른 체형

- 밝고 환한 정장 스타일, 상의는 짙게 하의는 밝게.

- 액세서리는 확실하고 각진 디자인, 서류 가방같이 딱딱한 느낌의 핸드백, 옷보다 짙은 색상의 구두, 단발이나 웨이브의 긴 헤어스타일.
- 어울리는 스타일: 정장 스타일이 가장 잘 어울림(테일러드 자켓, 슬림한 팬츠, 통 넓은 팬츠, 샤넬라인 스커트, 롱 플레어스커트 등), 매니쉬한 이미지의 팬츠나 셔츠, 레이어드 스타일.
- 피해야 할 스타일: 지나치게 몸에 피트되는 스타일, 소매 없는 스타일.

2) 가슴

① 가슴이 큰 체형

- 한국인에 그리 많지 않은 체형으로 자칫하면 둔해 보일 수 있는 체형이지만 장점을 살려 섹시한 이미지로 연출.
- 어울리는 스타일:

심플한 디자인의 수트나 원피스, V네크라인, 일직선 또는 곡선 처리 앞트임의 옷으로 연출, 와인 색이나 카키 또는 짙은 회색 등 어두운 상의.

- 피해야 할 스타일: 너무 직선적이거나 모던한 디자인, 가슴 부분에 아웃 포켓이 있거나 볼륨감이 느껴지는 디테일이 있는 셔츠나 블라우스, 반소매(가슴 부분에서 끝나는 소매).

② 가슴이 작은 체형

- 여성스러운 아름다움이 덜해 보일수 있으나 기능성 속옷으로 커버 가능.
- 어울리는 스타일: 러플, 개더, 플리츠 등의 디테일이 가슴 부분에 장식된 상의, 가슴 선에 커팅선이 있고 잔잔한 주름이 들어간 원피스, 엠파이어 라인의 원피스, 빳빳한 느낌의 개버딘이나 데님 같은 소재, 부피가 크고 표면이 울퉁불퉁한 니트 등.
- 피해야 할 스타일: 여성미가 돋보이는 원피스나 블라우스, 스판 소재나 얇고 부드

러운 소재.

3) 허리

① 허리가 굵고 아랫배가 나온 체형

- 나온 배로 인하여 스커트 단이 들릴 경우 2~3센티미터 정도 앞단을 길게 하여 커버한다.
- 어울리는 스타일: 우아한 스타일의 원피스, 허리선이 없는 재킷이나 원피스, 길이가 긴 스웨터나 재킷 등 전체적으로 A라인 실루엣.
- 피해야 할 스타일: 허리선에 잔잔한 주름이 들어가 있는 팬츠나 스커트, 넓은 벨트나 짧은 조끼, 허리 주위의 두꺼운 직물, 할렘 스타일 바지 등.

② 상반신이 길고 하체가 짧은 체형

- 상의를 밝게 또는 액세서리로 위쪽에 포인트를 주어 시선을 위쪽으로 유도. 구두는 심플한 디자인.
- 어울리는 스타일: 상의는 짧게, 하의는 길게. 원피스보다는 상하의가 따로 떨어진 슈트, 상의는 짧은 볼레로 재킷이나 가디건. 엠파이어 스타일, 슬림하고 타이트한 팬츠, 아코디언 주름 스커트나 개더스커트, 짧은 재킷과 미니스커트.
- 피해야 할 스타일: 선이 가려지는 긴 자켓, 허리선이 짧은 팬츠.

4) 다리

① 다리가 굵은 체형

- 어울리는 스타일: 일자형의 헐렁한 스커트, 플레어스커트나 고어스커트, 폭이 넓은 스트레이트 바지, 작은 무늬와 세로줄 무늬의 스커트와 바지.
- 피해야 할 스타일: 통이 좁은 팬츠, 종아리 길이의 팬츠나 스커트, 밝은 색이나 눈

에 띄는 무늬의 하이삭스.

② 다리가 짧은 체형

- 상체가 긴 체형으로 대부분 엉덩이가 처진 경우가 많다.
- 단색의 옷이 효과적, 구두와 비슷한 색상의 스타킹, 중간 정도의 굽이나 높은 굽의 심플한 디자인의 구두.
- 어울리는 스타일: 하이 웨이스트 원피스, 약간 여유 있는 스트레이트 롱 팬츠, 상하 같은 컬러, 스탠드업 칼라, 어깨 장식이 있는 옷.
- 피해야 할 스타일: 로우 웨이스트, 짧은 부츠, 종아리 길이의 코트나 스커트.

제 6 장

일반 관리 실무

1. 학사 관리 2. 외국인 멤버 관리(해외영주권자, 시민권자)
3. 여권 상식 4. 비자 상식 5. 해외여행 비자 정보
6. 해외여행 시 주의 사항 7. 사생활 관리
8. 숙소 관리 9. 병역 관리 10. 신인들 관리
11. 녹음 관련 기본 상식

1. 학사 관리

담당 조교 및 담임선생과 자주 연락을 취해 친분을 쌓는다.

대학생일 경우에는 최소 한 학기에 최대한으로 멤버들이 수업을 들을 수 있도록 하고, 담당 조교나 교수에게 멤버들의 인사를 잊지 않는다.

(1) 멤버가 대학생일 경우

① 수강 신청

- 1년에 각각 2번 학기 시작 전에 신청.
  (1학기: 1월 말~2월 초, 2학기: 7월 말~8월 초)
- 시간표 관리
  - 학기 시작 전에 학과 사무실로 조교와 연락을 취한다.
  - 먼저 학과 조교에게 전화로 정중히 수강 신청을 부탁해 수강 신청 하는 방법을 알아본 뒤, 만약 안 될 경우 실연자와 함께 수강 신청을 한다.
  - 대리 신청 시 멤버의 주민등록번호와 학번, 필요한 서류를 알아보고 대리인의 신분증과 회사 소속을 확인할 수 있는 신분증을 지참한다.

② 등록금

학기 시작 한 달 전쯤 고지서가 오면 기안서를 작성하여 회사에 통보하고 등록금 기간 안에 납부가 늦지 않도록 신경 쓴다.

단, 기간 내에 등록금을 내지 못했을 때 담당 조교와 면담하여 계좌번호 확인 후 입금할 수 있도록 한다.

③ 성적 관리

조교와 자주 연락을 취해 중간고사 및 기말고사 리포트 제출 등 시험과 과제물을 제출하는 데 관리를 한다.

학기 말쯤 멤버들의 성적을 미리 알아본 뒤 담당 조교와 연락을 취해 사정을 설명한 후 정정할 부분이 있으면 정중히 부탁한다.

담당 교수와 연락을 취하지 말고 반드시 조교와 상의할 것.

④ 문서 관리

수강 신청 등으로 학교에 가게 될 일이 생기면 성적표, 재학증명서를 여러 부 발급받아 온다.(여행 및 업무 등에 서류로 쓰이므로 매 학기 새로 받아 놓아야 함.)

(2) 멤버가 중 · 고등학생일 경우

① 새 학기 때 담임선생에게 인사하고 회사 PR-CD 등을 드린다

교장 및 담임선생과 면담 후 멤버가 특기생 혜택을 받을 수 있게 하면 보다 수월하게 생활할 수 있다.

데뷔 전 또는 녹음 시 미리 결석, 조퇴 공문서를 작성하여 담임선생에게 협조를 부탁하며 제출한다.(단, 기타 결석으로 처리될 때에는 법정일이 넘지 않게 해야 하며 반드시 사전에 제출하여 협조를 얻는다.)

② 고등학교 3학년인 경우에는 성적을 자주 확인한다. 멤버가 원하는 전공을 선택할 수 있는지에 대해서 확인하고 수시로 담임선생과 면담을 하는 것이 좋다.

③ 영주권자의 대학 입학 전형

가고자 하는 대학 입학처에 의논하여 입학을 정한다.

2. 외국인 멤버 관리(해외영주권자, 시민권자)

(1) 여권 만들기 및 비자 업무/여행사

- 영주권자: 여자에 한하고, 남자는 신검을 받기 전에 한한다.
  영주권자는 미국 비자가 필요 없다.
- 한국 국적을 가진 사람
  남자/군 미필자인 경우: 1회용 단수여권 만들기

(2) 필요 서류

- 귀국보증서(나갈 때마다 만들기)
- 부모, 대표이사의 인감(도장) & 종이와 비닐에 찍은 대표이사 도장 종이 첨부(총 4장)
- 대표이사 인감(도장) 필요 없이 부모님의 인감으로 귀국보증보험으로 귀국 보증을 대처할 수 있다.
- 인감증명서(동사무소에서 만들기)

부모, 대표이사(보증보험으로 할 경우 부모만)

- 과세 완납 증명서(대표이사의 주소를 유의)
- 대표이사 위임장 각각 1부씩 멤버 인원별
- 국외 여행 허가 신청서
- 위임자의 신분증 지참
- 위의 준비물을 가지고 동사무소로
- 동사무소에서 확인받은 위의 서류들과 구여권, 주민등록증과 도장 등등 준비물을 들고 병무청의 국외 여행 창구에서 국외여행허가서를 쓰고 제출하면 된다.
- 병무청에서 국외여행허가서와 국외여행허가증명서를 받으면 후자는 나중에 여권에 접어서 넣는다.
- 국외여행허가서, 여권용 사진 3매, 주민등록등본 주민등록증이나 복사본을 준비해 여행사에 낸다.
- 여행사에서 허가 증명서(여행허가서는 병무청 발행으로 여행사에 보낼 필요가 없다)가 오면 여권 뒤에 넣고 매니저에게 건넨다.
- 임원(이사급)의 사전 컨펌을 받은 후 대표이사의 결재를 받는다.
- 여행을 갔다 오면 매니저에게 여권을 회수하여 회사에 보관한다.

※ 만약 멤버들이 여행이나 관광 목적이 아닌 CF나 TV 프로모션일 경우

- CF-관광 목적으로 여권을 만들 수 없을 경우(행사로 주관된 경우)
  - 만드는 방법: 계약서 사본 또는 초청장 사본, 이력서 + 사진, 여행 개요서, 출장 증명서, 추천서 등 문화관광부에서 추천서를 받아 멀티 여권을 받는다.

(3) 시민권자 멤버의 체류 기간 연장 신청

- 필요한 서류
  - 계약서(전속계약서: 회사와의 계약서)
  - 신원보증서
  - 00합동법률 사무소:
    전화) 02-123-4567
    장소) 서울시 강남구 00동 123번지 엔터테인먼트 B/D
    수수료) 각 00.000원
    필요 서류) 본인 신분증, 도장, 회사 법인인감증명서 1통(6개월 이내)
    위임장 법인인감도장
    신원보증서(법인 도장 찍어서)
  - 공연허가서(영상물등급위원회)
  - 외국인 등록증
  - 수수료
  - 본인의 신분증, 재직증명서

① 영상물등급위원회

- 필요한 서류
  - 신청서(변경 추천)
  - 공연 프로그램(일정 기간 동안의 스케줄을 작성)
  - 공연계약서(회사와의 계약서)
  - 공연단 프로필(보도자료, 음반, 노래 가사)
  - 외국인 명단 4부

• 변경 사유서
• 기추천증사본(신원보증서, 법인등기부등본)

② 비자

- 관광비자(단수) → 상용비자(비즈니스) 2번 이상 → 복수비자 발급 가능
  • 관광비자 신청 시 명함(주민증, 운전면허증) 사본이 반드시 있어야 함.(없을 때에는 주민등록등본)
  • 상용비자 신청 시 반드시 명함이 있어야 함.(반드시 원본으로)
  • 신청서 작성 시 회사 이름, 회사 주소, 회사 전화번호, 집 주소, 집 전화번호를 정확히 기재.(번지, 호까지)
  • 외국인비자 신청 시 명함이나 외국인등록증 사본이 있어야 함.
  • 불량 글씨로 알아보기 힘들거나 여권 번호, 생년월일, 영문 이름이 틀린 경우에는 비자 거절됨.
- 미국비자: 미성년일 경우
  • 아버지 소득금액증명원(최근 1년치)
  • 재직증명서
  • 갑근세증명서
  • 급여명세표(최근 1년치)
  • 재산세납세증명원
  • 호적등본(주민등록등본)
  • 재학증명서, 성적증명서
  • 소속증명원
  • 미국 가는 사유서
  • 초청장(가능하면)

- 여권, 사진 1장

③ 이중국적을 지니고 있는 멤버들

여권에 항상: 외국인등록증, 재학증명서(반드시 원본이어야 함), 출입국허가서를 반드시 넣어 준다.

④ 한국 국적 멤버들

여권에 항상: 병무청허가서, 출입국허가서를 반드시 넣어 준다.

⑤ 비자가 이미 있으면 구여권과 새 여권을 같이 붙여 준다

⑥ 여행보험

- 기간, 금액 등을 알아봐서 관리 부서의 임원과 상의, 결재를 받아야 한다.
- 출국 팀들에게 상기시킴:
  분실 시 해당 국가, 시의 경찰서에서 분실증명서 발급받아야 함.
  병원에서는 원비 지급서 발급받아야 함.
- 여권 기본 서류(3박 4일)
  - 여권 사진 2장
  - 주민등록증
  - 구여권(비자가 이미 있는 경우)
  - 도장
- 만 18세 미만인 미성년자
  - 여권발급동의서(부모님 인감)
  - 부모님 인감증명서

• 주민등록등본

⑦ 문화관광부(추천서) → 병무청(허가서) → 여행사(여권), 비자 → 매니저(공항 병무과)

- 문화관광부추천서 받기 위한 서류(1박 2일)
  - 여행 개요서(계획서): 일정, 장소, 국명, 내용, 참가자 등
  - 초청장이나 계약서 사본
  - 병적증명서 1통
  - 졸업, 재학증명서 1통
  - 공문
  - 추천 원서
  - 이력서(사진 첨부)
- 병무청에 제출할 서류 → 국외여행허가서(1박 2일)
  - 귀국보증서: 부모의 인감, 부모의 인감증명서, 선생의 인감, 과제증명서, 임원 인감, 과세증명서
  - 추천서(문화관광부에서 발급, 소요 시간 1박 2일)

⑧ 시민권자 재입국 허가 문제

공항에서 단수 or 출입국관리소에서 복수로 받음.(여권, 외국인등록증.)

- 학생 미국비자 발급
  - 재학, 성적증명서(영문)
  - 학교보증서(학생과) URP제도: 학교마다 URP제도의 유무 확인해야 함.
  - 미국비자 신청서에 학교 URP도장, 사인 받아야 함.
  - 첨부 서류(부모의 관련 서류): 위 사항을 확인.
- 직원 미국비자(공동)

- 재직증명서
- 갑근세증명서
- 원천징수영수증(세무서 발행)
- 주민등록증 사본
- 의료보험증 사본
- 급여 통장 사본
- 주민등록증

- 관광비자: 전회사경력증명서, 갑근세증명서를 첨부(연봉 1,600이상일 경우에는 인터뷰 없이 가능함)
- 출장비자: 출장증명서 첨부(인터뷰 받아야 함)
- 미국비자 분실 시 재발급
  - 신 여권(6개월 유효 여권)
  - 재직증명서
  - 갑근세 최근 1년치(관할 세무서 확인)
  - 사진 1장

  ※ 인터뷰 전, 미 대사관에서 출입국사실증명원(본인이 직접 가야 함)을 받아야 함.
- 미국 공연비자
  - 미국 현지에서 1달 소요, 총 2개월가량 소요됨.
  - 초청, 주최, 목적, 날짜 등을 정확히 알아야 함.
  - 자세한 내용은 여행사와 상의해야 함.
- 일본비자
  - 미성년 또는 학생: 재학증명서, 여권용 사진 1매
  - 사원: 재직증명서, 여권용 사진 1매, 주민등록증 사본

⑨ 여권사증 추가

- 새 여권 발급 → 이주공사(일주일 소요, 대리인 가능)
  여권용 사진 6매, 영주권, 주민등록등본(말소자등본), 호적등본, 여권
- 사증만 추가 → 본인이 가야 함(영주권, 여권)

3. 여권 상식

(1) 여권

외국을 여행하고자 하는 국민들에게 정부가 여행자의 국적과 신분 등을 증명하고 상대국에게 자국민의 편리의 도모와 보호를 의뢰하는 증명서이다. 외국을 여행하고자 하는 사람은 정부가 규정하는 여권법에 의하여 소정의 절차를 걸쳐 여권을 발급받아야 한다.

해외여행 결격 사유가 없는 대한민국 국민은 누구나 외교통상부장관으로부터 여권을 발급받을 수 있으나, 대한민국출입국관리법에 의해 발급을 거절당할 수도 있다. 여권 발급은 외무부 여권과, 각 시/도청, 구청 또는 여행사에 신청을 하면 특별한 경우(개인적으로 법적인 문제에 연루되어 있거나, 출입국관리법에 의해 출국이 금지된 자)를 제외하고는 7~15일 정도의 기간이 지난 후 발급된다.

(2) 여권의 용도 및 종류

1) 여권의 용도

- 달러 환전 시
- VISA 신청 및 발급시
- 출국 수속 및 항공기 탑승 시
- 현지 입국 수속 시
- 귀국 시
- 면세점에서 면세 상품 구입 시
- 국제 운전 면허증 만들 때
- 국제청소년여행연맹카드(FIYTO카드)만들 때
- 여행자수표(T/C)로 대금 지급이나 현지 화폐로 환전할 때
- T/C를 도난이나 분실당한 후 재발급 신청할 때
- 출국 시 병역의무자가 병무 신고를 할 때와 귀국 신고할 때
- 해외여행 중 한국으로부터 송금된 돈을 찾을 때
- 렌터카 임대할 때
- 호텔 투숙할 때

2) 여권의 종류

여권은 일반여권과 외교관여권, 관용여권으로 나뉘며, 일반여권은 다시 복수여권, 단수여권으로 나뉜다. 일반 복수여권은 유효 기간이 5년이며, 유효 기간이 만료될 때까지 횟수에 제한 없이 외국 여행을 할 수 있으며, 관광객은 특별한 사유가 없는 한 대부분 복수여권을 발급받는다.

● 일반여권

- 10년 유효
  - 만 18세 이상 희망자
- 5년 유효
  - 만 18세 이상 희망자
  - 만 8세 이상~만18세 미만
- 5년 미만
  - 만 8세 미만
  - 기간 연장 재발급 해당자
  - 잔여 유효 기간 부여 재발급
  - 국외 여행 허가 대상자
  - 원정보 제공자
- 단수여권
  - 1회 여행 가능
  - 여행증명서(TC 여권)
  - 기재 사항 변경
  - 동반 자녀 분리
  - 사증란 추가(1회)
  - 거주 여권의 국내 체재 기간 연장
  - 여권 사실 증명
  - 여권무효확인서
  - 여권발급신청서 사본 등(여행사를 통해서 대행할 경우 인지대 외에 별도의 대행 수수료)
- 관용여권

여행 목적과 신분에 비추어 외무부장관이 특히, 관용여권의 발급에 필요하다고 인

정되는 자에게 발급하는 여권이다.〔관용여권, 거주여권(이민)은 외교통상부 여권과에 신청해야 한다.〕

- 외교관여권

여행 목적과 신분에 비추어 외무부장관이 특히, 관용여권의 발급에 필요하다고 인정되는 자에게 발급하는 여권이다.〔관용여권, 거주여권(이민)은 외교통상부 여권과에 신청해야 한다.〕

- 가족동거여권

해외주재증명서, 주민등록등본 또는 호적등본, 관광여권 공통 구비 서류

- 문화여권
  - 단체에 소속된 사람의 경우
    소속 단체장의 추천서, 단체등록금 사본, 재직 및 출장증명서
  - 단체에 소속되지 않은 경우
    자격을 증빙하는 서류, 귀국 서약서 등
  - 발급 대상자
    국제회의 참석 또는 국제기구에 근무하는 자, 국제 경기 참석 또는 스포츠 교류, 국외에서의 취재, 공연 또는 영화 촬영, 문화 목적의 연수, 선교 사업, 국내 치료가 불가능한 질병 치료, 단기 학술
  - 연구, 학생의 단기 국외 연수 및 시찰
- 유학여권

유학생기록카드, 입학허가서를 가지고 있는 사람에 대해서만 발급한다.

- 취업여권

해외취업초청장, 구인신고필증, 일반 구비 서류, 노동부허가서.

- 해외이주여권

해외이주허가서 또는 영주허가서 및 이민 사증, 이에 갈음하는 최장기체류허가증

명서 중 택 1, 국세 혹은 지방세 납세필증이 있는 사람만이 발급받을 수 있다.

(3) 여권 발급 기관

일반여권의 발급은 1995년 10월 1일에 외무부 여권과에서 서울 시내 일선 구청으로 이관되었다. 일반적으로 출신 지역에 관계없이 현재 본인이 거주하고 있는 곳에서 가장 가까운 발행 관청으로 가면 발급이 가능하다. 그러나 관용여권이나 외교관여권, 거주여권, 쿠바 등 특수 국가 여행 허가에 관한 여권 발급은 예전과 같이 외무부 여권과에서 발급받을 수 있다.

여권은 서울의 각 구청 여권과와 19개 광역 시청 및 도청 여권계에서 발급하며, 관용여권과 거주여권은 외무부 여권과에서 발급한다. 신청에서 발급까지는 개인은 1주일이 걸리며, 6~8월과 12~2월의 여행 성수기에는 여행사 등의 대리인이 신청할 수도 있다. 여권 발급에 관한 진행 사항은 여권 접수 번호로 민원 홀의 전산 단말기와 외무부 자동응답 안내 번호로 알 수 있다. 여권이 발급되면 접수증과 주민등록증을 가지고 가서 여권을 받는다.

(4) 여권 발급 절차 신청 서류

신청서 작성(민원인) → 접수(민원실) → 신원조회 확인 → 경찰청(정보과 신원반)→ 결과 회보 → 여권 서류 심사 → 여권 제작 → 여권 교부

- 여권 발급 구비 서류
  - 신청자의 서명이 된 여권발급신청서(반드시 컬러프린트로 인쇄하여 작성)

- 여권용 사진 2매(3.5×4.5 사진의 뒷배경은 반드시 하얀색이어야 함)
- 신분증 원본(주민등록증/운전면허증/공무원증)

(5) 여권 발급 추가 사항

- 연장 가능한 여권을 연장 신청할 경우 5년 유효 기간의 신 여권으로 발급된다.
- 미성년 신청자일 경우는 5년 유효 기간의 여권이 발급된다.
- 미성년자는 위의 구비 서류와 여권발급동의서, 주민등록등본, 부 또는 모의 인감증명서를 첨부해야 한다.
- 미성년 신청자는 여권발급신청서 앞면에는 신청자의 서명을, 뒷면에는 반드시 보호자 서명을 해야 한다.
- 어린이 신청자일 경우는 보호자가 신청서의 앞면에는 어린이 신청자의 이름을 적어 주고 뒷면에는 보호자의 서명을 하면 된다.
- 동반자녀추가제도는 폐지되었다.(1인 1여권.)
- 동반 자녀 분리 또는 사증 추가를 할 경우에는 기재사항변경신청서 작성.
- 수속 기간: 사진 전자식 여권 변경으로 인하여 5~7일 소요된다.(단, 여권 분실 시 자신이 직접 외교통상부, 경찰서민원실, 여권발급기관 등에 방문하여 분실신고서를 작성 후 직접 신고해야 재발급이 가능하다.)

(6) 기타 상세 사항

공무원, 군인 일반여권 및 거주여권, 재외공관여권 발급 관련 구비 서류는 외교통상부 홈페이지를 통해서 상세한 내용을 확인할 수 있다.

여권 발급과 대행 관련 문의는 전국의 여행사를 통해서 가능하다.

(7) 병무 관련자 서류

병역 관련자의 여권 신청 서류

① 공통 구비 서류

여권발급신청서(소정 양식)

여권용 사진 2매

주민등록등본 1통(동거인으로 기재된 경우에는 호적등본 첨부)

주민등록증(또는 운전면허증, 군인신분증, 공무원증)

② 병역 미필자의 추가 서류

총학장추천서 1통

초청장 또는 입학허가서

귀국보증서 1통(병무청 소정 양식)

부모 중 1인과 연대보증인 인감 도장 날인

인감증명서- 부모 중 1인 , 연대보증인

귀국 보증용 재산세과세증명서-부모 중 1인, 연대보증인

③ 발급 절차

상기 추가 서류를 관할 병무청에 제출 → 국외여행허가서와 신고필증 발급 → 공통

구비 서류 구비 후 여권 발급 신청

자세한 사항 및 구비 서류 출력은 외교통상부 홈페이지 내 '병역' 항목에서 확인할 수 있다.

(8) 여권 기재 사항 변경 여권 유효기간 연장

여권의 유효 기간은 일반 복수여권의 경우 5년이며, 여권의 잔여 유효 기간이 6개월 미만 남았을 때 1회에 한하여 5년 연장이 가능하다. 단 6개월 이상 남았을 경우와 단수여권은 연장이 불가하며, 구비 서류는 다음과 같다.

- 기재사항변경신청서(소정 양식)
- 신원진술서 3부
- 여권 및 여권 사본 1부(여권 사진이 있는 면, 유효 기간 연장한 면)
- 여권용 사진 3매
- 주민등록등본 2통
- 도장
- 병역 의무자인 경우 병역 관계 서류 1통
- 18세 미만인 경우 부모의 여권발급동의서 및 인감증명서
- 발급 수수료

(9) 여권 재발급

여권을 분실한 경우에 여권 분실 지역 관할 경찰서에 분실 신고를 한 후 경찰서장

이 발행하는 여권분실신고확인서를 가지고 외무부 여권과나 지방 시도의 여권과에 여권발급신청서와 사진 2장, 주민등록등본 1통을 제출하면 재발급받을 수 있으며, 대리 신고는 불가한다.

(10) 여권 관련 주의 사항

해외여행 중 여권을 분실하였을 때에는 현지의 한국대사관이나 영사관에서 재발급 수속을 한다. 일반여권재발급신청서 2통을 작성한 후 여권 발급 수수료, 사진, 여권분실신고확인서(현지 경찰서 발행), 여권 번호 및 발행 연월일, 여권 유효 기간, 수수료 등이 필요하다. 따라서 여행 전에 만일의 경우를 대비해서 여분의 사진과 여권 유효 기간 및 여권 번호를 수첩에 꼭 적어 두거나 기재 사항 면을 복사해서 가지고 다녀야 유사시 대비할 수 있다.

(11) 기타 주의 사항

여권 발급 시 대행 업체보다 본인이 신청하는 것이 더 빠르므로 가급적 직접 신청한다. 1회 이상 분실하면 6개월, 2회 이상은 1년간 재발급이 중지된다. 잔여 기간 6개월 이상을 요구하는 국가들이 있으므로 여권 유효 기간을 확인해 둔다. 한국인의 여권을 탈취하여 위 · 변조하는 사례가 빈번하게 일어나고 있으니 주의하도록 한다.

4. 비자 상식

(1) 비자

비자는 방문하고자 하는 상대국의 정부에서 입국을 허가해 주는 일종의 허가증이다. 여행 계획을 세우고 방문 국가가 결정되면 방문하고자 하는 나라에서의 비자 필요 여부를 확인해야 한다. 비자가 필요한 국가들 중에는 방문 목적에 따라 체류 기간이 다를 수도 있고, 요구하는 구비 서류가 다를 수도 있다.

최근 우리나라는 많은 나라들과 비자 면제 협정을 맺고 있으며, 이들 국가들은 단기간의 여행에는 비자가 필요치 않으나, 허용하는 기간을 초과하여 체류할 때에는 반드시 체류 목적에 맞는 비자를 받아야 한다. 비자에는 입국의 종류와 목적, 체류 기간 등이 명시되어 있으며, 여권의 사증에 스탬프나 스티커를 붙여 발급하게 된다.

(2) 비자의 종류

비자의 종류는 방문 목적, 체제 기간, 사용 횟수 등에 따라 다음과 같이 분류할 수 있다.

- 방문 목적별: 관광비자, 학생비자, 방문비자, 주재원비자, 경유비자, 이민비자, 입국비자, 문화공연비자
- 체류 기간별: 영주비자, 임시비자
- 사용 횟수별: 단수비자, 복수비자

(3) 비자가 필요한 국가

국 가	주소	전화번호
1. 가나	서울시 중구 남대문로 5가 541 대우 빌딩 8층 801호	T: 778-3183
2. 가봉	서울시 용산구 한남동 738-20 유성빌딩 4층	T: 793-9575
3. 과테말라	서울시 종로구 운니동 98-78 가든타워호텔 602	T: 765-3265
4. 나이지리아	서울시 용산구 한남동 158 한남초등학교 앞	T: 797-2370
5. 대만	서울시 종로구 세종로211 광화문 빌딩 6층	T: 399-2767
6. 러시아	서울시 강남구 논현동	T: 552-7095
7. 리비아	서울시 용산구 한남동 4-5 단국대후문 근처	T: 797-6001
8. 말라위	서울시 중구 충무로 4가 120-3 진양상차 402호	T: 274-0421
9. 미국	서울 특별시 종로구 세종로 82번지	T: 711-9988
10. 미얀마	서울시 용산구 한남동 723-1한남초등학교앞	T: 792-3341
11. 방글라데시	서울시 용산구 한남 1동 7-3	T: 796-4056
12. 베네수엘라	서울시 종로구 운니동 98-78	T: 741-0036
13. 볼리비아	서울시 종로구 평창동 488-10	T: 742-6113
14. 브라질	서울시 종로구 을지로 1가 192-11 금정빌딩	T: 755-6379
15. 사우디아라비아	서울시 종로구 신문로 2가 1-112	T: 739-0631
16. 사이프러스	서울시 중구 정동4 (영국대사관에서 발급)	T: 735-7341
17. 세네갈	서울시 중구무교동 45 코오롱빌딩 9층 명예영사관	T: 311-8096
18. 수단	서울시 용산구 한남동 653-24 한남동 순천향 병원앞	T: 796-8692
19. 스리랑카	서울시 종로구 종로 1가 교보빌딩 2002	T: 735-2966
20. 시에라리온	서울시 강남구 역삼동 642 도남 빌딩	T: 561-3811
21. 아르헨티나	서울시 종로구 한남동 733-73	T: 793-4062
22. 오만	서울시 용산구 동빙고동 309-3	T: 790-2431
23. 온두라스	서울시 종로구 운니동 98-78 가든 타워빌딩 802	T: 744-7563
24. 우루과이	서울시 종로구 남대문로 5가 541 대우센터 빌딩 1802	T: 753-7893
25. 이란	서울시 용산구 한남동 726-126	T: 793-7751
26. 이집트	서울시 용산구 한남동 744-4	T: 749-0787
27. 인도	서울시 용산구 한남동 37-3 단국대 후문 근처	T: 798-4257
28. 인도네시아	서울시 영등포구 여의도동 55 KBS별관 건너편	T: 783-5675
29. 잠비아	서울시 중구 회현3가 11-3 세대빌딩 14층	T: 755-1313
30. 중국	서울시 중구 명동2가 83	T: 771-3726

국 가	주소	전화번호
31. 파나마	서울시 종로구 운니동 98-78 가든타워 빌딩 1101	T: 745-0720
32. 파라과이	서울시 종로구 운니동 98-78 가든타워빌딩 603	T: 742-2191

(4) 비자가 불필요한 국가

특정 기간 동안 비자가 불필요한 국가. 아래의 국가들은 단기간 여행에는 비자가 필요치 않으나 허용하는 기간을 초과하여 체류할 때에는 체류 목적에 맞는 비자를 받아야 한다.

기간	해당 국가
30일 체류 가능한 국가	남아프리카공화국 / 사이판 / 스리랑카 / 칠레 / 튀니지
60일 체류 가능한 국가	레소토 / 이탈리아 / 포르투갈
90일 체류 가능한 국가	그레나다 / 그리스 / 네델란드 / 노르웨이 / 뉴질랜드 / 니카라과 / 덴마크 / 도미니카 /도미니카연방 / 독일 / 라이베리아 / 룩셈부르크 / 리투아니아 / 리히텐슈타인 / 말레이시아 /멕시코 / 모로코 / 몰타 / 바베이도스 / 바하마 / 벨기에 / 불가리아 / 브라질 / 세인트루시아 /수리남 / 스웨덴 / 스위스 / 스페인 / 슬로바키아 / 싱가폴 / 아르헨티나 / 아이슬랜드 /아이티 / 아일랜드 / 엘살바도르 / 오스트리아 / 이스라엘 / 자메이카 / 체코 / 코스타리카 / 콜롬비아 / 태국 / 터키 / 트리니다드토바고 / 페루 / 폴란드 / 프랑스 / 핀란드 / 헝가리
6개월 체류 가능한 국가	영국/캐나다
기타 기간	괌(14일) / 마카오(20일) / 싱가폴(14일, 연장 시 90일) / 필리핀(21일) / 홍콩(90일) / 대만(14일) / 베트남(14일)

5. 해외여행 비자 정보

국가별 비자 정보

해외여행을 할 때 해당 국가로부터 입국을 허가한다는 비자가 필요한 나라가 있다. 그러나 몇몇 나라는 관광을 목적으로 할 경우 비자가 불필요한 경우도 있다. 이는 우리나라와 비자면제협정을 맺고 있는 나라들로 각각 허가하는 기간이 다르다.

- **비자 필요 국가**
  - 아시아 : 중국, 인도, 러시아, 카자흐스탄, 우즈베키스탄, 캄보디아
  - 대양주 : 호주
  - 북미 : 미국

- **비자 불필요 국가**
  - 15일 이내: 베트남
  - 21일 이내: 필리핀
  - 30일 이내: 사이판, 대만
  - 90일 이내: 아시아(일본, 태국, 싱가폴, 홍콩, 말레이시아)
  - 유럽: 독일
  - 6개월 이내: 영국

구 분	구비 서류 및 참고 사항
신규 여권 여권 연장	• 사진 2장, 주민등록증 또는 운전면허증, 등본 1통. 인적 사항은 정확하고 자세히 기재한다.(특히 자택 전화번호, 영문 이름, 본적, 호주 주민번호가 꼭 필요하며 없으면 접수가 불가능하다.)
일본 비자	• 여권, 사진 1장(여권용으로 3개월 이내), 주민증 사본, 여권 유효 기간은 4개월 이상, 접수 기간은 당일 12시까지. 재직증명서 또는 사업자등록증 사본, 보증인의 서류인 경우에는 관계를 나타내는 서류(주민등본 또는 호적등본). • 3년 비자의 신청 자격 요건 중 60세 이상과 18세 미만은 사진 필요(1년 비자는 사진 불필요). • 신청서는 정확하고 자세하게 작성한다.(특히 집 전화번호, 회사 전화번호, 회사 주소, 보증인의 회사 전화번호가 없으면 접수가 불가능하다.)

<table>
<tr><th>구 분</th><th colspan="2">구비 서류 및 참고 사항</th></tr>
<tr><td>미국 TARP
60세 이상
인터뷰</td><td colspan="2">• 사진 1장, 여권 유효 기간은 6개월 이상.
• 신청서는 정확하게 작성해야 한다.
• 1개월 이내 발행한 서류만 접수 가능하다.
• 재직자 연봉 1,800만 원 이상(재직증명서, 갑근세).
• 사업자 연매출 4,500만 원 이상(사업자 사본, 부가세).
• 보증인의 서류인 경우에는 관계를 나타내는 서류(주민등본 또는 호적등본).
• 아이들은 중학교 2학년까지 접수 가능하며, 재학증명서와 생활기록부가 꼭 필요.
***소요 기간은 대사관의 사정에 따라서 수시로 바뀐다.</td></tr>
<tr><td>베트남 비자</td><td colspan="2">• 사진 2장(단수, 복수비자 모두 해당).
• 여권의 유효 기간은 4개월 이상(단수, 7개월 이상 복수).
• 접수 기간은 오전 11시까지.
• 복수비자는 3개월, 6개월이 있고 소요 기간은 7일 이상(신청 시 먼저 전화 문의).
• 단수비자는 당일만 가능하며, 신청 시 전화 문의 요망.</td></tr>
<tr><td>대만 비자</td><td colspan="2">• 사진 2장, 여권 유효 기간 6개월 이상.
• 인적 사항, 대표부 소요 기간은 3박 4일.</td></tr>
<tr><td rowspan="7">중국 비자</td><td>관광비자 30일</td><td>• 여권, 사진 1매, 명함 또는 재직증명서.
• 여권 유효 기간 4개월 이상.
• 유효 기간 3개월, 30일 체류 가능.</td></tr>
<tr><td>상용비자 90일</td><td>• 여권, 사진 1매, 명함 또는 재직증명서.
• 여권 유효 기간 6개월 이상.
• 유효 기간 3개월, 90일 체류 가능.</td></tr>
<tr><td>복수비자 6개월</td><td>• 여권, 사진 1매, 명함(조건: F비자를 받고 F비자로 중국 왕복 2회 이상).
• 여권 유효 기간 7개월 이상.
• 유효 기간 6개월, 1회 30일 체류 가능.</td></tr>
<tr><td>복수비자 1년</td><td>• 여권, 사진 1매, 명함(조건: F비자를 받고 F비자로 중국 왕복 2회 이상).
• 여권 유효 기간 13개월 이상.
• 유효 기간 1년, 1회 30일 체류 가능.</td></tr>
<tr><td>유학비자 1년</td><td>• 여권, 사진 1매, 건강진단서, 입학허가서, 입학통지서.</td></tr>
<tr><td>취업비자 1년</td><td>• 여권, 사진 1매, 건강진단서, 노동부 취업허가서, 초청장 원본.</td></tr>
<tr><td>복수비자 6개월
(신규 복수)</td><td>• 여권, 사진 1매, 명함 필요.
• 여권 유효 기간 7개월 이상.
– 1회 30일 체류 가능.</td></tr>
</table>

1) 미국비자

구 분	비자 신청자	내 용
O	Extraordinary Ability (특기자) (청원서 필요)	과학, 교육, 경영, 체육 특기자에게 주어지는 비자
*P-1	Athlete or Recognised Entertainment Group (예체능) (청원서 필요)	국제적인 수준의 경기에 참석차 방문하는 체육인이나 국제적으로 인정된 극단에 출연하는 연예인에게 주어지는 비자
*P-2	Artist & Entertainment in Reciprocal exchange Program (상호교환프로그램 참가 예정) (청원서 필요)	예체능인의 상호교환프로그램에 참가하고자 하는 개인 혹은 단체에게 부여
*P-3	Artist & Entertainer in Culturally Unique Program (문화 공연 참여 예정) (청원서 필요)	문화적으로 독특한 공연에 참가하는 개인 혹은 단체에게 부여
*P-4	Family of P Visa holder (P동반자) (청원서 필요)	P비자 소지자의 가족
*Q-1	Cultural Exchange Program (문화 교류 참여 예정) (청원서 필요)	국제적인 문화 교류 프로그램에 참여하는 사람

① 특기자 비자 : O

● 특기자란?

특기자 비자는 과학, 교육, 경영, 체육에 특기가 있는 사람에게 주는 단기 체류 비자이다. 특기자란 해당 분야에 특출한 능력을 소유한 사람을 뜻한다. 특출한 능력의 소유자임을 증명하기 위해서는 그 분야에 국내적 혹은 국제적인 명성이 있음을 밝혀야 한다. 특기자임을 증명하기 위해 세계적으로 알려진 노벨상 같은 국제적인 상을 받은 경력을 제시하면 된다.

만약 국제 수상 경력이 없으면 출판물, 협회 회원증, 기타 탁월한 명성 등을 밝힐 수 있는 자료를 제시하여 그 분야에 명성 있는 자임을 증명하면 된다.

● 연예인

영화나 TV에 관련된 예술인이나 연예인도 특기자 비자를 받을 수 있다.

연예인의 경우는 특출한 능력 대신에 특출한 업적만 밝히면 특기자 비자를 받을 수 있다. 여기서 연예인이란 연예인 및 전문 기술자 그리고 보조자도 연예인에 포함된다.

● 수행원

특기자를 수행하는 사람은 O-2비자를 받으며, 수행원의 임무는 특기자의 공연에 중요한 역할을 담당하여야 한다. 특기자와 수행원의 가족은 O-3비자를 받아 미국 내에 체류할 수 있으나 취업은 허용되지 않는다.

● 신청 절차

특기자를 일시적으로 고용하기 위해서는 고용주가 이민국에 특기자 비자 신청 서류를 제출하여야 한다.

이민국에서는 먼저 그 해당 분야의 관련 단체로부터 초청에 관한 자문적 의견을 받은 뒤, 모든 서류가 구비되었으면 특기자 비자 신청을 승인해 준다.

이민국의 승인을 받으면 한국 소재 미 대사관에서 특기자 비자를 받아 미국에 입국할 수 있다.

● 체류 기간

이민법상 특기자 비자의 체류 기간에 대해 명백한 법적 상한선은 없다. 따라서 체류 요건만 갖추면 체류 목적을 달성할 수 있는 기간 동안 계속 체류할 수 있다고 볼 수 있다.

그러나 이민국 규칙상 처음 받는 특기자 비자의 기간은 3년으로 제한되어 있다. 3년의 체류 기간이 만료되면 체류 기간 연장을 통해 미국 내에서 계속 활동할 수 있다.

② 예 · 체능인 비자 : P

● P-1

P-1비자는 국제 수준급의 경기에 참석차 방문하는 체육인이나 국제적으로 인정된 극단에 출연할 연예인이 신청할 수 있다. 중요한 것은 체육인의 경우에는 개인 자격으로 경기에 참석할 수 있으나, 연예인의 경우에는 단체로 참가해야 한다.

체육인으로서 국제 수준급임을 증명하기 위해서는 국제적으로 인정받은 팀이나 협회로부터 받은 계약서를 제시하여야 하며, 국제 수준급 대회에 참가한 경력이나 국제 대회 수상 경력 등을 제시하여야 한다.

연예인의 경우 연예인 단체는 구제적으로 알려진 공연 단체이어야 하며, 일반적으로 단체 단원 중 최소한 75%는 1년 이상 단체 소속원이어야 한다.

방문 기간은 출전 경기나 출연에 필요한 기간 동안 체류할 수 있으나, 개인 자격으로 방문한 체육인의 경우에는 처음에는 5년 동안의 비자를 받고 후에 5년을 더 연장할 수 있다.

● P-2

P-2비자는 상호교환프로그램을 통해 방문하는 개인 혹은 단체의 예술인이나 연예인에게 주어진다.

증명 서류로서 상호교환계약서의 사본을 제출하여 상호교환프로그램의 존재 여부를 밝히고, 또한 주최 측의 편지로 상호교환프로그램의 내용을 설명해야 한다.

방문 기간은 상호교환프로그램에 필요한 체재 기간 동안이며, 최대한 1년까지 체류할 수 있다.

● P-3

P-3비자는 개인이나 단체를 불문하고 예술인이나 연예인 중에서 독특한 문화적 공연에 참가하는 사람에게 부여된다. 예를 들어 교포 단체에서 문화 행사 중의 하나로 한국으로부터 한국 전통 고전무용단을 초청할 경우에는 참가자 전원이 P-3 비자를 받을 수 있다.

초청받은 개인이나 단체는 국내적으로나 국제적으로 인정받고 있어야 하며, 공연 내용이 문화적으로 독특한 내용임을 밝혀야 한다.

● P-4

P-1, P-2, P-3 비자 소유자의 가족, 즉 배우자와 21세 미만의 미혼 자녀는 P-4비자를 받고 미국에 체류할 수 있다. 다만 미국 체류 중 취업은 할 수 없다.

2) 중국비자

① 중국비자의 종류

- L(Luyou) VISA: 중국 여행이나 친지 방문 목적으로 중국을 가는 사람이 받는 비자. 이 비자는 1개월짜리와 3개월짜리 두 가지가 있으며, 여행사를 통하지 않고 직접 중국 대사관에서 받으면 3개월이고 선상 비자를 받으면 1개월이다.
- F(Fangwen) VISA: 6개월 미만의 방문, 강의, 통상, 문화 교류 및 단기 연수 등의 목적으로 중국을 방문하는 사람들이 받는 비자.
- D(Dingju) VISA: 중국에 거주하고 있는 사람이 받는 비자.
- G(Guojing) VISA: 중국 국경을 통과하는 사람이 받는 비자.
- X(Liu Xuesheng) VISA: 6개월 이상 학생비자로 중국에서 유학하거나 혹은 진수생(進修生)이 받는 비자.
- Z(Renzhi) VISA: 중국 내에 있는 회사에 근무하는 사람과 그 가족이 받는 비자.

- C(Chungwu) VISA: 항공 승무원이 사용하는 비자
- J(Jizhe) VISA: 외국 기자가 사용하는 것으로, 상주 인원은 J-1비자, 중국을 방문하는 기자는 J-2비자를 받음.

② 비자 연장

- F 비자: 일반적으로 1차에 3개월 연장할 수 있다. 연기 차수는 접대 단위의 수요에 의해 확정한다.
- L 비자: 여행자인 경우에 본인의 경제 실력으로 중국 체류 기간에 일체 비용을 지불할 수 있는 증명을 제공해야(하루에 100달러로 계산) 비자 연장을 1차 신청할 수 있고, 1차에 1개월 연장할 수 있다.
  본인이 친지 방문자인 경우에는 중국에 있는 친지가 친지 방문자의 일체 생활 비용을 담보로 한다는 증명을 반드시 제공해야 한다.
  일반적으로 3차 연기할 수 있고, 매 차에 3개월을 초과할 수 있다.
  본인이 중국에 와서 병 치료를 원하는 경우는 반드시 병원의 진단증명서와 경제 담보 서류를 제출해야 한다.
- G 비자: 항거할 수 없는 특수한 원인 없이는 비자 연장을 신청할 수 없다.

3) 인도네시아비자

① 입국비자

관광 또는 비자 없이 입국할 때. 인도네시아 도착 후 입국심사대 전에 비자 발급받는 곳이 있다. 비자 비용을 지불하고 받으면 된다.

- 7일 비자
- 30일 비자
- 주의: 연기가 불가능

② 비즈니스비자/사회문화비자

- 인도네시아에 있는 기업의 초청으로 발급받는 비자.
- 입국 시 60일 체류를 할 수 있으며, 연장이 4회까지 가능하다(1회 연장 한 달).
- 한국 또는 싱가폴에서 받아서 들어갈 수 있다.
- 비용(컨설턴트에 의뢰할 경우)

- 케이블 비용
- 비자 수수료

- http://www.mofat.go.kr/ek/ek_a001/ek_idid/ek_a04/ek_b17/1178821_21757.html
- 연장 비용 컨설턴트 비용

③ 체류비자(KITAS)

- 취업을 목적으로 장기 체류할 경우 받아야 하는 비자.
- 체류 기간은 1년.
- 비용(컨설턴트에 의뢰할 경우)
- 케이블/체류 서류 일체 대행료(컨설턴트마다 가격이 매우 다름)
- IKTA(KITAS 소지자는 노동부에 노동허가서를 받기 위한 세금/의무)
- 주의: KITAS 소지자는 출국 전에 관할 이민국에서 ERP 도장을 받아서 출국
- 출국 2, 3일 전 꼭 이민국 리엔트리를 수속해서 받아야 한다.
- 비용은 대행할 경우.

- 싱글(1회 사용)
- 멀티(6개월 동안 횟수 없이 사용)

※ 필요 서류

체류허가증: KITAS

이민국관리장: POA(통칭 블루 북)/BUKU BIRU

경찰서외국인등록증: SKLD CARD

IMTA: 외국인 근로허가증/IKTA

외국인가족증명서: SKSKP

노동이주부외국인거주확인증 SKTT

시청 외국인 등록증: WNA/KARTU IDENTITAS PENDATANG CARD

거주지관할경찰서 외국인등록: STM

노동이주부외국인업무개시보고서: LKOA(LAPORAN KEBERADAAN)

외국인인적사항기입서: FORMULIR ISIAN BIODATA WARGA NEGARA ASING

④ 멀티플 비즈니스

- 복수사증으로 여러 번 왕래할 경우 편리한 비자.
- 1년 동안 횟수 없이 사용 가능하고 입국 시 60일 부여되며 연장은 불가능.
- 케이블 비용
- 비자 수수료

⑤ 기타 알아야 할 기본 상식

- 끼따스 비자(여권에 받은 비자)를 받은 후 인도네시아에 입국하였으면 7일 안에 이민국에 끼따스 진행 서류를 접수하여야 한다.
  7일 이후부터 오버스테이 적용(1일당 벌금 부과).
- SKLD 카드끼따스 발급(노란색) 후 한 달 안에 진행 접수하여야 한다(벌금 부과).

- 취득 서류는 이민국/노동부 조사 시 보여야 하니까 잘 보관한다.
- KITAS 비자를 받으려면 여권 잔여 기간이 1년 6개월 남아 있어야 한다.
  - 1년 6개월이 부족 할 경우는 벌금으로 수속은 가능.
  - 1년 2개월일 경우 수수료
- 끼따스 소지자가 리엔트리 없이 출국하려고 할 경우 원칙상 불가능하며 공항에서 내고 시 200만 루피아 가까이 소요됨.
- 끼따스 소지자는 출국 시 피스칼 100만 루피아 납부 의무가 있다.
- 끼따스를 죽이고 나가는경우(EPO) 피스칼은 납부할 의무가 없다.
- 만 12세가 안 되는 학생은 피스칼 납부 안 해도 된다.

6. 해외여행 시 주의 사항

(1) 여권 분실

- 가까운 경찰서에서 Police Report(분실증명확인서)를 받는다.
- 현지 공관(한국 영사관)에 갈 때에는 다음과 같은 서류가 필요하다.
  - 사진
  - 여권분실증명서
  - 여권 번호와 발행 년월일
  - 여행증명서(Travel Certificate)
  - 입국증명서(입국 증명이 되지 않으면 출국할 수 없는 경우가 있음)

- 여행증명서로는 다음 여행이 불가능하며, 바로 귀국한다. 계속 여행할 때에는 경유지 란에 다음 목적지를 명기해 계속 여행할 수 있도록 한다.

이 경우 다음 여행국의 VISA 관련 사항도 확인하여 VISA가 필요할 때에는 현지에서 다음 여행국의 VISA를 받을 수 있도록 한다. 여권 분실로 인한 입국 확인(입국 Stamp)을 위해 사전에 또는 공항에서 출국 시 입국 Stamp를 받을 수 있는지 확인해야 한다.

(2) 항공권 분실

해당 항공사의 현지 사무실로 가서 항공권 분실에 대한 Lost Ticket Reissue를 신청해야 하며, 이때 항공사는 항공권 발권지인 서울 사무실로 전문을 보내 Reissue Authorization을 현지에서 받게 된다. 이때 아래의 사항과 발권 사실을 확인하고 소요되는 시간은 약 1주일 정도이다.

- 항공권 번호
- 발권 년월일
- 구간

(전문 신청 및 AUTH 확인 해당 항공사의 예약 기록을 통해 하며 재발급 비용은 티켓 1장당 US $50이다.)

현지에서 항공권을 새로 구입하는 방법도 있으며, 귀국 후에 분실 항공권에 대한 발급확인서를 받고 새로 구입한 항공권의 승객용 티켓과 신분증을 가지고 해당 항공사(본사)에 가면 현금으로 환불받을 수 있으나, 이때 소요되는 기간은 약 3개월 정도이다.

(3) 여행자수표 분실

현지 여행자수표 발행처에 전화하여 분실 신고를 하고 절차를 알아보며, 분실증명 확인서(Police Report)가 필요한 경우에는 현지 경찰서에 신고하여 받도록 한다.

대개의 경우 REFUND CLAIM 사무소가 각 나라별로 한 도시에 일원화되어 있다. 대개의 경우 분실 경위, 장소, 수표 번호 등을 정확히 신고하고 나서 24시간 후에 희망 지역의 은행 또는 수표 발행처에서 재발급받을 수 있다.

수표에는 반드시 여행자의 서명이 되어 있어야 하며 정확한 수표 번호를 알고 있어야 하므로 여행자수표를 지참할 때에는 반드시 서명과 수표 번호를 별도로 기재하여 지참하여야 한다.

(4) 수하물 분실

공항에서 Baggage Claim이라고 쓰여 있는 수하물분실신고소에 가서 신고한다. 신고할 때에는 가방의 형태, 크기, 색상 등을 자세히 알려 주어야 한다.

짐을 붙이고 나서 받았던 Baggage Claim Tag(짐표, 화물보관증서)을 제시한다. 화물을 반환받을 투숙 호텔이나 연락처를 기재하며, 다음 여정이 있는 경우에는 여행 일정을 알려 주고 분실증명서를 받아 화물을 찾지 못했을 경우 보상받기 위한 대비를 해야 한다.

화물을 찾지 못했을 경우에는 화물운송협약에 의해 보상받을 수 있으며, 여행자보험에 가입했을 경우에는 항공사에서 발행한 분실증명서를 근거로 보상받을 수 있다.

(5) 항공기 지연 또는 파업

항공사 측의 사정으로 인한 경우, Additional Supplement을 항공사에서 제공키로 되어 있다.(보통 차량, 호텔, 식사, 관광 등을 제공한다. 파업의 경우에는 다음 편 연결까지 필요한 서비스 제공한다.)

따라서 이 경우에는 반드시 항공사 측에 클레임을 제기하여 상기 서비스를 제공받아야 한다. 다음 여정에 지장이 있을 경우에는 타 항공편으로의 추천을 받는다.

(6) 교통사고의 피해자인 경우

관광통역가이드가 현장에 있었을 경우에는 구급차를 불러서 동승하고 병원으로 이동한다. 경찰에 연락하여 입회하에 가해자의 주소, 성명 등을 기록해 둔다.

관광통역가이드가 현장에 없었을 경우에는 통보자로부터 사고 내용을 상세히 듣고, 피해자가 있는 장소(병원, 경찰서)로 가서 경찰서에 피해자의 성명, 사고 발생 장소, 사고 내용 등을 보고한다.

관계 기관에 연락 방법 주재원 또는 재외공관, 호텔, 현지 여행사, 병원 관계자에게 연락하여 사후 조치에 대한 협조를 의뢰한다. 단독 배낭여행자인 경우에는 재외공관에 연락하여 다음과 같은 사항을 보고한다.

- 피해자의 성명
- 병원명
- 상태

회사 측에 연락하여 지시를 받고, 전화 등으로 상황을 상세히 설명하고 피해자 가족에게 연락을 의뢰한다. 가해자와의 교섭을 대사관원을 중재로 하여 경찰서에서 하고 보상 등은 후유증 등의 관계로 결론을 내리지 않는다. 상대방에게 사고를 일으킨 것을 인정하는 문서를 쓰게 한다.

(7) 교통사고의 가해자인 경우

관광통역가이드 자신이나 고객이 사고를 일으켜 가해자의 입장이 되었을 때에는 우선 사고 상황을 경찰에 신고한다. 손해를 입은 상대방이 부상을 당했을 때는 의사에게 가야 할 의무가 있다. 피해자에게 다음과 같은 사항을 알려 준다.

- 성명
- 주소
- 차량 번호

관계 기관에 연락하는 방법으로는, 인사사고의 경우 즉시 해외 공관에 연락한다. 사상사고인 경우에는 가장 빠른 수단으로 경찰에 통보한다. 의무를 이행하지 않으면 중형이 가해질 때가 있다. 피해자의 성명, 주소, 손해의 정도를 조사해 둔다.

(8) 절도를 당한 경우

절도를 당한 즉시 가장 가까운 경찰서로 가서 반드시 Police Report를 받도록 한다.

Police Report는 물건을 도난당한 본인이 직접 경찰서로 가서 분실한 여행객 인원수대로 각각 별도로 작성하여야 한다. 보험으로 처리될 수 있는 휴대품 분실에 대한 보상 한도액이 최대 개당 20만 원이기 때문에 가족, 일행이 모두 도난을 당한 경우이고 도난품이 50만 원 이상일 때에는 반드시 나누어 보고해야만 피해액에 근접한 보상을 받을 수 있다.

경찰서에서 신분증 확인을 하므로 여권까지 분실한 경우에는 본국에서 여권 사본을 수령해야 한다.

(9) 보험 처리를 위한 서류

- Police Report
- 손상품 수리 견적서(영수증 포함)
- 여권 사본
- 본인 통장 사본 및 인적 사항

보험 처리 시 주의할 점은 휴대품의 경우 여행객이 영수증을 보험 증빙 서류로 첨부할 수 없는 경우가 대부분이므로(영수증 미보관으로) 도난품의 품명 및 모델 넘버 등을 기재하는데, 보험 처리 시 보험사 직원이 이를 직접 확인하므로 정확한 기재가 필요하다.

- 참고로 다음 사항은 보험 처리가 전혀 되지 않는다.
  - 현금
  - 수표, 항공권 등의 유가증권(법적으로 항공권은 유가증권에 해당되지 않음)

(10) 여행 중 사망의 경우

여행 도중 단체 여행이나 배낭여행에서 사망자가 있을 경우 당황하지 말고 다음과 같은 절차를 밟아야 한다.

- 병원: 의사의 사망진단서를 발급받는다.
- 경찰: 검사진단서 및 경찰사망증명서 등 필요 서류를 받급받는다.
- 한국 재외공관에 자세한 사항을 신고한다.
  - When: 사망 일시
  - Where: 사망 장소, 유해 안치 장소
  - Why: 사망 원인
  - Name: 사망자의 성명
  - Address: 사망자의 한국 주소, 본적지, 유족의 성명과 주소
  - Passport: 여권 번호와 발급일 여행 주관 회사에 다음 사항을 보고한다.

– 사망자의 성명
– 사망 일시
– 사망 장소
– 사망 원인
– 유해의 안치 장소
– 가족에 대한 연락
– 보험 수속의 의뢰

처리는 유족의 의사를 존중하여 그 지시에 따라 처리한다. 위임장이 없을 경우 유해 인수 법정대리인의 취지를 전보로 전달하여 위임장으로 할 경우가 있다. 주재원 및 현지 여행사, 현지 행사 주관 여행사와 긴밀히 연락해 최대한 협조를 요청한다. 장의사에게 부탁하면 이에 따른 제기관에 대한 신고 증명, 허가 수속, 기타 증명 서류 취득을 대행해 준다. 또한 화장/매장 여부, 유해의 보관 항공 화물용, 유해의 방부 보존 처리, 항공 화물 수속 대행 등 모든 업무를 맡길 수 있다.

여기에 소요되는 제반 비용은 해외여행보험 가입자에 한하여 처리가 가능하므로

반드시 해외여행보험을 가입하고 가야 한다.

※ 국내에서 보험 처리를 하기 위한 서류

- 사망진단서(또는 사체검안서)
- 피험자의 호적등본

단, 자살은 보험 처리가 되지 않으며, 사망 시 보험 처리가 되지 않는 경우는 다음과 같다.

- 전쟁, 침략, 교전, 외국 무력 행사, 혁명, 내란, 반란, 계엄령 선포, 폭동, 소요 등으로 인한 사망
- 피보험자의 자살, 자살 미수, 범죄 행위, 폭력 행위(정당방위는 제외)
- 피보험자의 지병, 뇌질환 또는 심신상실로 인한 사망
- 피보험자의 무면허 운전 및 음주 운전으로 인한 사망
- 피보험자의 핵연료 물질에 의한 사망
- 피보험자의 방사능 오염물질에 의한 사망

위의 경우를 제외한 모든 사망의 경우 전액을 보상받을 수 있다.

(11) 여행 중 질병의 경우

우선 병원에 가서 또는 의사를 불러서 진료 및 치료를 받도록 한다. 결재는 카드로 처리하는 것이 좋으며, 보험 처리를 위해 의사소견서 및 치료비 영수증을 수령하여 귀국 후 보험 처리하도록 한다.

여행 중 입은 상해의 경우는 치료비 한도가 300만 원으로(사망 시 최고 보상 한도 5,000만 원 가입 시) 귀국 후 보상비를 지급받으므로 현지에서 발생한 치료 비용은

본인이 지불해야 하며, 귀국 후 보험이 처리된 다음 본인 소유의 통장 계좌로 직접 송금된다.

- 보험 처리를 위해 보험사에 제출해야 하는 서류
  - 의사 소견서
  - 치료비 영수증
  - 치료비명세서(또는 치료비 명세가 적힌 영수증)
  - 본인의 통장 사본과 인적 사항(주소, 전화번호, 주민등록번호)

질병 등에 대한 간단한 회화

	필요한 영어	한국어
1	Is it OK for me to fly?	비행기를 타도 지장이 없겠습니까?
2	Please call a doctor.	의사를 불러 주십시오.
3	I have a fever.	열이 있습니다.
4	I have a chill.	한기가 납니다.
5	I have a headache.	두통이 있습니다.
6	I have a stomachache.	복통이 납니다.
7	I have diarrhea.	설사를 했습니다.
8	I have cramp.	시름시름 아픕니다.
9	I have a sharp pain.	쿡쿡 찌르듯이 아픕니다.
10	I am not feeling well.	불쾌감을 느낍니다.
11	I feel a little better.	조금 좋아졌습니다.
12	I feel much better.	훨씬 좋아졌습니다.
13	What's wrong?	어디가 잘못되었나요?
14	Is it OK for me to continue my journey?	여행을 계속해도 되겠습니까?
15	How long will I have to stay in bed?	언제까지 누워 있어야 합니까?

(12) 세관신고, 보안검색, 출국심사

- 고가의 물품(카메라, 시계, 귀금속, 보석류, 밍크 제품 등)이나 미화 상당 1만 불 초과 5만 불 이하를 가지고 떠나는 경우 여행자휴대품신고서에 품목, 수량, 가격을 쓴 후 실제의 물품과 같이 제시해 반출 신고를 해야 한다.
- 물품을 신고하지 않고 그냥 나갈 경우, 귀국할 때 외국에서 구입한 것으로 간주하여 과세 등의 불이익을 당할 수 있다.
- 신고할 것이 없는 사람은 바로 통과한다.

(13) 탑승 수속

탑승 수속 → 환전 → 병무 신고/검역

- 탑승 수속 카운터에서는 탑승권을 발급받고 수하물을 탁송한다.
- 수하물 탁송 시 대형 수하물이나 세관에 반출할 물품이 있을 때에는 대형 수하물 투입 장소에서 세관에 신고한 후 탁송한다.(대형 수하물: 길이 90Cm, 높이 75Cm, 폭 45Cm, 무게 50kg을 초과하는 화물.)
- 탁송 수하물 세관 반출 신고는 대형 수하물 투입 장소에서 세관에 신고한 후 탁송한다.(휴대품 세관 반출 신고는 출국장 내 세관신고대.)
- 발권 카운터에서는 항공권 구입, 예약 항공권 발권, 좌석 등급 및 여정 변경, 초과 수하물 운송료 납부 등이 업무를 한다.

(14) 여행자 검역 – 예방접종

검역소에서는 외국 여행자, 동물, 식물에 대한 검역 및 증명서를 발급하고 있다. 도착지 국가에 따라 검역증명서를 확인하는 경우가 있으므로 항공사에 확인하여야 한다.

- 여행자 검역: 인천국제공항 정부합동청사 2층
- 동물 검역: 여객터미널 2층 .

주요 항공사

항공사명(code)	카운터 위치	항공사명(code)	카운터 위치
에어카나다(AC)	K	노스웨스트항공(NW)	H
에어프랑스(AF)	D	에어마카오(NX)	J
중국국제항공(CA)	G or H	몽골항공(OM)	J
케세이퍼시픽(CX)	J	아시아나(OZ)	C.D
중국남방항공(CZ)	G	필리핀항공(PR)	H
가루다항공(GA)	G or H	싱가포르항공(SQ)	K
하바로프스크항공(H8)	J	아에로폴로트(SU)	G or H
우즈베키스탄항공(HY)	J	시베리아항공(S7)	G or H
사할린항공(HZ)	J	중국서남항공	G or H
일본항공(JL)	J	터어키항공(TK)	C
대한항공(KE)	D.E.F	타이항공(TG)	K
KLM항공(KL)	C	유나이티드항공(UA)	K
루프트한자항공(LH)	K	베트남항공(VN)	G or H
말레시아항공(MH)	K	블라디보스톡항공(XF)	G or H
동방항공(MU)	H	서북항공(WH)	C
일본공수(NH)	K	중국운남항공(3Q)	C
		크뢰셀항공(7B)	G or H
		카자흐스탄항공(9Y)	G or H

- 식물 검역: 여객터미널 3층
- 구분 접종 대상 및 주의 사항
  - 황열: 아프리카나 중남미 지역 여행자. 모기에 의해 발병되므로 모기에 유의하고 출국 10일 전에 반드시 접종을 받아야 하며 유효 기간은 10년.
  - 콜레라: 아프리카, 중남미, 동남아 지역 여행자 중 선원. 음식물 섭취 등에 의해 발병되므로 음식물에 대한 개인 위생에 유의.
- 여행자 검역: 예방접종증명서
- 증명서 교부: 국립인천공항검역소에서 예방접종 후 교부
  삼성서울병원에서 예방접종을 받고 국립인천공항검역소에 증명서를 제출한 경우에는 증명서 확인 후 교부
- 동물 검역 출국 여객

(15) 입국 여객

- 외국에서 동물과 축산물을 가지고 들어오는 사람은 여행자휴대품신고서에 기재하고 입국자 세관검사장(F1)에 위치해 있는 국립수의과학검역원에 신고해야 한다.
- 식물 검역
  - 출국 여객
    도착지 국가에 따라 반입 금지 및 식물검역증명서를 요구하는 경우가 있으므로 사전에 항공사 및 식물검역소에서 확인해야 한다.
  - 입국 여객
- 휴대하여 반입하는 식물류에 막대한 피해를 줄 수 있는 병해충이 붙어 들어올 우

려가 있으므로 반드시 신고하여 검역을 받아야 한다.

- 수입 식물 검사 신고

과일류, 채소류, 종자류, 묘목류 등을 휴대한 사람은 여행자휴대품신고서에 기재하고, 입국자 세관신고대에 위치해 있는 식물검역소에 신고한다.

- 수입할 수 없는 식물류

식물에 해로운 해충이 부착될 수 있는 망고, 오렌지, 파파야, 양벚, 메론 등 과실 및 종자 난초류, 묘목류, 절화류 등.

- 수입 금지 지역
  - 망고, 오렌지, 파파야, 양벚, 메론 등 생과실: 세계 전 지역
  - 사과나무, 포도나무 등 묘목류: 대부분의 유럽 지역
  - 호도의 열매와 핵자: 일부 국가를 제외한 세계 전 지역
  - 흙 또는 흙부착 식물: 세계 전 지역
- 인천공항 탑승 라운지
  - 탑승권에 표시된 탑승구 근처의 라운지에서 시원하게 트인 전경을 감상하며 편안하게 휴식을 취하거나, 공항에서 제공하는 각종 편의 시설을 이용하며 시간을 보낼 수 있다.
  - 항공기 출발 30분 전에 승무원의 안내에 따라 항공기에 탑승한다.
  - 25번 또는 29번(국내선은 5번) 탑승구 배정 시 2층의 원격주기장 버스라운지로 이동하여 대기하다가 탑승한다.

(16) 예치/유치금 반환 및 면세품 인도

- 예치 및 유치품이 있는 경우에는 출국 시 예치/유치품 창구에서 반환받을 수 있다.

• 국내 면세점에서 구입한 면제품은 출국 시 면세품인도장에서 인도받아 출국한다.

(17) 출입국카드 작성 예시

	항 목	내 용
1	ISSUED BY	발행 항공사 영문 이름
2	ENDORSEMENTS / RESTRICTIONS	항공권 구입 시 여러 가지 제한사항 표시(NON-ENDS: 다른 사람에게 양도할 수 없음, NO RSVN CHNG : 예약 변경 안됨)
3	NAME OF PASSENGER	여행자 영문 성명 여자: MS(기혼/미혼) , MRS(기혼 여성), MISS(여자 유/소아) 남자: MR(성인), MSTR(남자 유/소아) *여권의 영문 성명과 반드시 동일해야 한다.
4	CONJUNCTION TICKETS	항공권은 최대 4개의 일정까지 표시 가능하며 그 이상이 되는 여정일 때에는 첫 장과 이어지는 장수의 일련번호를 나타냄
5	ORIGIN/DESTINATION	최초 출발지와 최종 목적지의 도시명 기재
6	AIRLINE DATA	예약 번호
7	PLACE OF ISSUE	항공권 발권 여행사
8	X/O	체류 가능 여부 표시: X(머물 수 없는 곳), O(머물 수 있는 곳) 승객이 여정 중에 특정 도시에의 체류 가능 여부를 나타낸다. 도시 앞에 X 표시가 되어 있으면 해당 도시에 체류가 불가능함을 의미하며, O 표시나 아무런 표시가 없는 경우에는 체류가 가능함을 나타냄
9	GOOD FOR PASSAGE FROM	출발 도시명
10	TO	도착 도시명 *OPEN 예약 같은 경우는 티켓에 OPEN으로 쓰여 있으며, 비항공 운송 구간은 VOID라고 나타난다.
11	CARRIER	탑승하는 항공사명으로 영문 약자 2글자 CODE로 표시되어 있다(KE-대한항공, AZ-알이탈리아).
12	FLIGHT	탑승하는 항공편명

	항 목	내 용
13	CLASS	좌석 등급을 표시
14	DATE	출발 날짜
15	TIME	출발 시각
16	STATUS	좌석 예약 상태(좌석이 확정된 경우 OK, 대기에 있으며 RQ, 유아같은 경우 좌석 비점유이기 때문에 NS로 표시된다)
17	FARE BASIS	적용된 항공 요금의 종류
18	NOT VALID BEFORE	목적지에서 최소한 체류해야 하는 날짜 표시(위 항공권을 보면 밀란에서 11월 28일까지는 체류해야 하며 그 전에는 출발하지 못함)
19	NOT VALID AFTER	항공권 사용의 종료일 표시. 이 란에 적힌 날짜가 곧 항공권의 유효 기간
20	ALLOW	무료 수하물 허용량
21	FARE	지불한 화폐 단위와 항공 요금
22	TAX/FEE/CHARGE	항공 요금 외에 추가로 붙는 각종 세금 표시
23	TOTAL	항공 요금과 세금의 합산액
24	FARE CALCULATION	요금이 어떻게 산출되었는지 알려 주는 란
25	FORM OF PATMENT	요금 지불 수단 표시로 현금일 경우(CASH), 신용카드(CC, 카드번호와 유효 기간이 표시되어 있다)
26	AIRLINE CODE	위 1번의 발행 항공사에 고유하게 부여된 3자리 숫자 코드(대한항공-180, 아시아나항공-988)
27	FORM AND SERIAL NUMBER	항공권 티켓 번호
28	CK	항공권 체크 번호(항공권은 1매에 4번의 일정을 표시할 수 있으며, 매 장수마다 다른 CHK 번호로 표시된다)
29	ORIGNAL ISSUE	항공권 분실, 유효 기간 연장 등으로 인한 재발행 시 원 항공권의 최초 발행된 항공권의 번호, 발행 장소, 발행 일자 등을 표시

7. 사생활 관리

사생활이란 개인의 비밀 보장뿐 아니라 개인의 신체의 자유와 자유롭게 행동할 자유가 포함된다. 사람은 누구나 자기의 사생활을 관리하며 살아간다. 그러나 사생활 관리를 무엇보다 중요하게 생각해야 하는 직업을 가진 연예인이나 매니저는 모든 행동과 상황을 신중하게 대처하고 각별히 신경 써야 한다.

어떤 상황에 어떻게 대처해야 하는지 몇 가지 예를 들어 나열하면 다음과 같다.

첫째로, 우선 연예인의 일거수일투족의 모든 부분을 매니저가 체크하고 알고 있어야 한다. 매니저가 항상 옆에 있어야 하지만(개인 사생활 제외) 그렇지 못할 경우에는 멤버가 누구를 만나는지, 어디서 만나는지, 무엇을 하는지, 언제인지까지 알고 있어야 어디서 어떤 일이 생겨도 신속하게 대응할 수 있다.

연예인은 공인이기 때문에 행동의 제약을 받는다. 언제, 어디서, 무슨 일이 일어날지 모르기 때문에 항상 관심을 놓지 말아야 한다.

둘째로, 어떤 사고가 있었을 때 그 일이 크게 부풀려지지 않도록 신속하게 대처하는 것도 중요하다. 무슨 사고가 일어났을 때에는 사무실에 먼저 보고하고 언론이나 대중에게 최대한 노출이 되지 않게 하는 일도 매니저가 할 일이다.

셋째로, 또 다른 공공장소에 갈 일이 있을 때에는 그 장소에 대해 미리 파악하고 사고 위험은 없는지, 가수가 그곳에 갔을 때 불편한 것이 없는지를 미리 체크한다. 음식점이나 다른 매장을 갈 때에도 최대한 대중의 눈을 피해 움직여 소란을 일으키지 않는 일도 매니저가 할 일이며 그곳에 대한 예의이며 도리이다.

넷째로, 가수들의 숙소 생활에서 가장 신경 써야 할 부분은 팬들로 인해 주민들이 피해를 보는 일이 없도록 매니저가 항상 신경 써야 한다.

주로 나이가 어린 팬들은 자제력이 부족하기 때문에 숙소 주변의 환경을 헤칠 수 있는 요인이기도 하다. 가수를 사랑하는 팬들의 마음을 충분히 이해해야 하지만 잘못된 점을 매니저로서 주의를 주고 설득해서 미연에 불미스러운 일을 방지해야 한다.

다섯째, 가수들의 안전이 제일 중요하지만 팬들의 안전도 중요하다. 가수들이 움직일 때 열성 팬들이 자동차로 몰려 소란을 피울 때가 많다. 이때 팬들은 순간적으로 위험하다고 느끼지 못하고 가수만 주시하기 때문에 안전에는 전혀 신경 쓰지 않기도 한다. 가장 조심해야 할 부분은 차 바퀴에 팬의 발이 깔리지 않도록 조심해야 하고 접촉 사고가 없도록 해야 한다.

만약 접촉 사고나 아무리 간단한 사고가 일어난다 하더라도 신속하게 병원으로 이동시켜 치료를 받게 하는 것이 최우선이고, 멤버를 다른 곳으로(안전한 장소) 이동시킨 후 보고하여 재빨리 다른 매니저의 도움을 청해 스케줄에 늦지 않도록 조치를 취해야 한다.

만약에 작은 사고라 생각하여 무심결에 지나치면 후에 엄청나게 큰 문제가 될 수 있다(뺑소니). 이처럼 중요한 일이든 사소한 일이든 공인으로서 철저하게 자기 관리를 해야 하며 매니저는 항상 긴장을 늦춰서는 안 되고 항상 안전과 시간을 머릿속에 새기고 있어야 한다.

살아가면서 완벽하게 대처할 수는 없겠지만 사생활 관리는 연예인에게 생명과 같은 중요한 일이기 때문에 정성을 다해서 임해야 한다.

8. 숙소 관리

- 숙소에는 멤버, 담당 매니저, 코디, 부모님 외에 출입을 절대 삼가한다.
- 출입 시 물품 도난 및 물품 파손에 대한 모든 손해배상을 이행해야 한다.
- 숙소는 항상 청결 상태를 유지하며 매월 몇째 주에 점검을 실시한다.
- 스케줄 외의 개인 사생활을 할 경우 매니저에게 보고한다.
- 다음 날 스케줄이 잡혀 있을 때에 멤버는 약속된 시간에 귀가하여야 한다.
- 멤버 및 매니저, 코디에게 언행적 폭행을 하면 안 되며 서로 간의 존중에 심혈을 기울이는 방법을 연구한다.
- 숙소에서는 항상 금주, 금연을 실시하며 공중 생활에 해가 되는 일이 없도록 한다.
- 세탁물은 항상 지정된 장소에 넣고, 식사 후 반찬 및 식기는 항상 원상 복귀를 원칙으로 한다.
- 자신의 선물 외에는 절대 개봉을 금하며 필요한 경우(위험물이 예상될 경우)에는 매니저가 개봉을 한다.
- 남자 멤버들의 경우에는 숙소 반경 1킬로미터 내 멤버와 관련된 여성(어머니, 코디, 숙소 관리 여직원)을 제외하고 여성의 접근을 금하며 접근 발각 시 개인 스케줄을 독단적으로 하지 못하게 실시한다.

9. 병역 관리

(1) 해외이주자(영주권자 & 이중국적자) 병역 관리 법령(2001. 3. 27부터 시행)

국외 이주자로서 공연, 방송, 영화 출연, CF 촬영 및 경기 참가 등의 영리 활동을 하고 있는 연예인, 예술가, 체육 선수 등은 국내 체재 기간이 연간 합산하여 60일이 경과한 이후 국내 체류 기간을 최종 확인하여 출국 금지와 동시에 국외이주사유 병역 면제 또는 연기 처분을 취소하고 병역 의무를 부과하게 된다.

또한, 계속적인 고용 관계는 아니더라도 국내에서 아르바이트, 영어 강사 등 임시 고용 관계에 의하여 일정 수입이 있는 경우 국내에서 60일 이상 체류하고 있는 사람도 해당 수익의 규모와 관계없이 최종 입국한 날로부터 1년 이내 60일 이상 체류하면 신체검사 통지서를 발부받게 된다.

(2) 해외이주자 출 · 귀국 사항 관리에 대한 법령

- 지방병무청장은 국외 이주 또는 국외 영주권 취득 사유 등으로 병역 면제 또는 병역 연기된 병역의무자에 대하여는 국외 이주자 명부를 작성하여 병역의무가 종료되는 35세까지 관리하면서 출, 귀국 사항 등 신상 변동 사항을 정리 유지하여야 한다. → 국외 이주자의 병역의무 부과 연령은 만 35세까지
- 지방병무청장은 법무부 출입국사무소의 전산 자료를 수시로 확인하여 국외 이주사유 병역 처분자 중 출국 기간 내에 출국하지 아니한 사람과 출국 후 귀국하여 1년 이내에 재출국하지 아니한 사람, 취업 등 영리 활동을 한 것으로 추정될 때에는

법무부 출국신고카드 등을 조회하여 국내 거주지를 파악하는 한편 시, 군, 구와 협조하여 실태 조사를 실시하여야 한다. 영리 활동을 하지 않는 경우, 국내에 머물 수 있는 최대 기간은 1년이다.

또한, 출국 후 6개월 내에 국내에 다시 입국할 경우에는 이 기간이 국내 체류 기간으로 산정된다.

- 국외이주사유 등으로 인한 병역 처분자의 관리 및 의무 부과는 국외이주사유로 당해 병역 처분을 한 지방병무청장이 한다. 다만, 현역병 또는 공익근무요원으로서 병역 처분 변경 또는 소집 해제된 사람에 대한 관리는 거주지 지방병무청장이 행한다.
- 국외이주사유로 인한 병역 처분 및 연기자 관리 현황은 매 분기 말 기준 다음 달 10일까지 보고하여야 한다.

(3) 외국의 학교에 재학 중인 자의 해외 거주 기간 연장 허가에 관한 법

- 국외 유학자의 국외 여행 기간 연장은 학교별 제한 연령(2년제 대학: 23세, 4년제 대학: 25세, 대학원: 27세) 내에서 졸업 여부와 관계없이 제한 연령까지는 허가하며, 허가 기간은 27세를 초과할 수 없도록 되어 있다. 박사 과정에 입학하거나 재학하고 있는 경우에는 28세까지 연장 허가하고 있다.
- 국외 여행 기간 연장 허가를 받기 위해서는 재학증명서를 학교에서 발부받아 재외공관에 국외여행기간연장허가신청서를 출원하면 재외공관에서는 재학 사실 등을 확인하여 외교통상부를 거쳐 지방병무청(지방병무사사무소)에 접수되고, 지방병무청(지방병무사사무소)에서는 연장 목적의 타당성 여부를 검토하여 허가 여부를 결정하게 되며, 허가자에 대하여는 즉시 관할 재외공관장에게 통보하여 여권 유효

기간 연장 등 필요한 조치를 하도록 하고 있다.

(4) 우수 문화예술인의 국외 여행 추천

병역 미필 우수 문화예술인 및 체육인의 해외 활동을 보장하기 위하여 문화부장관이 1년 기간의 국외 여행 허가 및 복수여권 발급 대상자로 추천한 문화예술인 및 국가대표 체육 선수에 대하여는 병역 사항 등을 확인하여 1년 이내 징병 소집 대상자인 경우에는 현재와 같이 해외 공연 기간만 단기 여행 허가하고, 1년 이내 징병 소집 대상자가 아닌 경우는 국외여행허가신청서, 귀국보증서(1년간 계속 보증 의사 확인) 기타 국외 여행 허가 첨부 서류를 확인하여 1년 기한의 국외 여행을 허가하고 있다.

- 문화관광부 추천 기준
  - 예술체육 분야 공익근무요원 추천 대상 대회로서 국내 콩쿠르 3위 이상 또는 해외 콩쿠르 입상자
  - 음반 2집 이상 발매한 음악인 또는 음반 1집으로 50만 매 이상 발매한 경우(단, 한국음반협회의 확인서 첨부)
  - 외화 획득이 증명된 계약서에 의한 해외 문화 활동을 1년에 2회 이상 추진하는 경우
  - 외국 정부 또는 공인된 문화예술 관련 국제기구의 초청을 받은 경우

(5) 국내 일반 대학 입학자의 입영 연기 한도

• 고등학교 이상의 학교에 재학하는 학생은 학교별 제한 연령(전문대 22세, 대학원 26세, 고교는 연령 제한 없음)까지 자동적으로 입영이 연기된다.
  19세 때 징병검사를 받고 20세 되는 해에 대학에 입학한 사람은 24세가 되는 해에 졸업하게 되므로 졸업까지 입영 연기 대상이 되며, 연기 처리는 각급 학교로부터 매년 3월 말일까지 송부받은 학적보유자명부에 의거 지방병무청(사무소)에서 직권으로 처리하고 있다.

• 만약 재학생 입영 연기 처리 이전에 입영(소집)통지서를 받은 경우에는 입영일 전까지 재학증명서 또는 입학금납입영수증 사본을 입영통지서를 발급한 지방병무청(사무소)에 제출하면, 일단 입영 통지를 취소한 후 입영 연기 처분하고 학적보유자명부 접수 시 입학 여부를 재확인 처리한다.

(6) 산업기능요원 제도

본인의 자율적 의사에 따른 병역 대체 복무 형태로서 현역병 입영 대상자는 3년간 해당 기술 직무 분야에서, 공익근무요원 소집 대상자는 28개월간 제조, 생산 분야에서 종사하면 공익근무 소집을 마치는 것으로 보는 제도이다.

- 현역병 입영 대상자 또는 공익근무요원 소집 대상자인 보충역 중
  - 대학졸업자/대학원 중퇴자: 기사, 해기사 면허(소형 선박 조종사 제외)
  - 2년제 대학 졸업자(대학 3~4년 중퇴 및 휴학자 포함): 기사, 산업기사, 기능사
- 면허 공익근무요원 소집 대상자는 기술 자격, 면허 제한 없음

- 병역 특례 편입이 잘되는 자격증(각 분야별 기사/산업기사/기능사 포함)
  - 전기 분야: 전기기사, 전기공사기사
  - 전자 분야: 전자기사
  - 정보통신 분야: 정보처리기사, 전자계산조직응용기사, 정보통신기사, 유무선설비기사
  - 기계 분야: 선반기능사, 밀링기능사, 수치제어선반/밀링기능사, 연삭기능사, 가공기능사, 기계조립기능사, 기계제도기능사, 전산응용기계제도기능사, 일반기계기사, 공조냉동기계기사, 전기용접기능사
  - 건축, 토목 분야: 건축기사 및 토목기사
  - 환경안전 분야: 폐기물기사, 대기환경기사, 수질환경기사, 위험물취급기능사, 품질관리기사, 보일러취급기능사
  - 기타: 화학분석기능사, 금속기사, 주조기능사, 나염기능사, 침염기능사 등
- 편입이 불가능한 자격증:

컴퓨터그래픽운용, 워드프로세서, 사무자동화, 전자상거래, 국가 자격증이 아닌 민간 자격증

- 출원 기일 : 입영 기일 5일 전까지
- 구비 서류

이력서 및 자기소개서(자필 또는 전산 출력)

자격증 사본 및 주민등록등본

성적증명서 및 졸업증명서

경력증명서 및 재직증명서

학위증명서, 학원 및 기타 전문 교육기관 과정 수료증

포트폴리오 및 프로그램 소스(전산 분야일 경우에 한함)

- 출원 기관: 지정 업체의 장을 거쳐 업체 관할 지방병무(지)청에 제출

- 종사할 해당 분야: 산업기능요원 편입 당시의 기술 분야(보충역은 제조생산 분야)
- 의무 종사 기간: 현역은 34개월, 보충역은 26개월.

 편입하는 해 또는 그 다음 해에 4주간의 교육 소집 실시(의무 종사 기간에 포함).

(7) 질병 또는 심신장애자 병역 면제

- 현역병 또는 보충역으로 판정받은 사람이 질병, 심신장애로 인하여 당해 병역을 감당할 수 없으면 신체검사를 재실시하여 그 결과에 따라 병역 처분을 변경하고 있다.
- 재(再) 신체검사를 받고자 하는 사람은 병무청 지정 병원에서 3개월 이내에 발행한 병사용진단서를 첨부하여 병역처분변경원서를 지방병무청(사무소) 또는 시, 군, 구청(병무계)에 출원해야 한다.

  다만, 같은 병명으로 6개월 이내에 2회 이상 제출한 사람은 제한하고 있다.

  1개월 이상 입원 치료 또는 같은 병명으로 6개월 이상 통원 치료 경력이 있을 경우에는 해당 의료 시설에서 발행한 병사용진단서 첨부.
- 재(再) 신체검사 결과 신체 등위 5급은 제2국민역, 6급은 병역 면제 처분을 받는다.

10. 신인들 관리

(1) 비디오 촬영 및 모니터

멤버들을 항상 주시하며 촬영을 한다. 특히 프로필 촬영과 모의방송을 했을 때에는 멤버들이 나중에 모니터를 하여 자기의 장, 단점을 알 수 있게 한다.

또한 모니터 후에는 각자의 느낀 점을 적어서 제출한다면 보다 더 좋은 효과가 있으며 향후 연예 활동에도 큰 도움을 얻을 수 있다.

(2) 모의방송(TV, 라디오)

모의방송을 실시한다면 데뷔할 때 방송을 더욱더 잘할 수 있게 하는 효과가 있다. 모의방송으로는 비디오 모의방송과 라디오 모의방송이 있다. 비디오 모의방송은 TV에서처럼 토크쇼 등과 같이 이야기를 하면서 진행하는 동안 6mm 카메라로 촬영한다. 라디오 모의방송은 라디오 프로그램처럼 현장에서 사용되는 대본으로 직접 라디오 스튜디오처럼 실시한다. 이때 녹음을 하여 모의방송 후 모니터를 실시한다. 이렇게 모의방송을 하면 데뷔할 때 보다 자신감과 용기를 가지고 할 수 있다. 이때 주의해야 할 점은 생방송처럼 진지하고 자신감 있게 해야 한다. 매주 못할 때에는 격주로 시행하여 멤버들이 느낌과 자신감을 잃지 않게 한다.

(3) 프로필(사진, 비디오) 촬영

데뷔하기 전에 자기의 어떠한 모습이 더욱 멋있고 예쁘게 나오는지에 대해서 멤버 본인들도 모른다. 하지만 사진 촬영과 비디오 촬영을 통하여 멤버 본인의 모습을 알 수 있다. 사진 촬영 시 코디네이터를 섭외하여 메이크업과 의상 및 헤어를 함께 연출한다면 더욱 좋을 것이다. 그래서 나중에 있을 방송 때의 본인 모습을 확실히 숙지하여 보다 좋은 방송을 할 수 있다. 사진 컷이 나오면 멤버들에게 모니터를 하고 장, 단점을 이야기한다.

비디오 촬영은 사전 촬영 중에 촬영하면 좋을 것이다. 메이크업과 헤어 및 의상의 준비 상태가 되어 있기 때문에 이미지 컷과 송(SONG) 컷을 촬영한다면 나중에 작곡가 및 외부에 PR을 할 때 따로 촬영을 안 해도 된다.(이미지 컷은 베스트로 결정하며 모든 사진의 프로필 컷은 베스트를 우선으로 사용한다.) 이때 송(SONG) 컷을 촬영한다면 MR을 준비하고 만약 없을 때에는 사전에 작업을 하여(예: 피아노 등) 촬영한다. 이때 AR CD 및 테이프는 사용을 금한다.

(4) 음반 녹음 및 데모 곡(가이드)

신인 그룹에게는 가장 중요한 부분이다.

신인들은 아직 어리기 때문에 데모 곡(가이드)의 중요성을 잘 모른다. 그래서 분실 염려가 가장 크다. 멤버들에게 정확히 숙지하여 분실하지 않도록 하여야 한다. 음반 녹음으로 인하여 녹음실에 갔을 때 멤버들이 가장 부담을 느낀다. 본인이 부른 노래가 녹음이 되어 나간다는 것을 알기 때문이다. 그러나 이럴 때 담당자가 멤버들의 부담을 덜어 주고 용기를 줘야 할 것이다. 녹음실에서는 잡담을 하지 말고 노래 연습에만 전념할 수 있게 하며, 작곡가나 기사를 만났을 때 인사를 제대로 할 수 있게 해야 한다.

신곡을 A&R 부서에서 받으면 곧바로 멤버들에게 전달해 주며 가사지도 함께 전달한다. 이때 A&R 부서와 스케줄을 맞추어서 녹음 및 작곡가의 노래 레슨도 해야 한다. 멤버들은 신인이기 때문에 데모만 듣고는 노래의 장단점과 분위기 및 테크닉을 모른다. 이때 담당자는 A&R 부서와 회의 후 작곡가와 스케줄을 맞춰 녹음 전에 2, 3번 정도 레슨을 받게 하는 것도 좋을 것이다. 녹음실도 이동 중에는 잠을 자서는 안 되며 감기 등으로 컨디션이 안 좋을 때에는 전날 약을 미리 챙겨 복용할 수 있게 한다.

멤버들이 녹음실에서는 조용히 연습할 수 있도록 공간을 만들어 주고 잡담 및 다른 일을 되도록 하지 않도록 주의시킨다. 또한 녹음이 확정되면 담당자는 곧바로 녹음에 들어갈 수 있도록 당일에는 더욱 신경을 써야 한다.(예: 사전에 목을 풀고 다듬어서 녹음 준비 완료.) 녹음 완료 후 모니터 CD 및 MD를 A&R 부서에 전달하며 회사에 보고가 있을 때에 같이 참석하여 멤버들의 상황과 상태 등을 보고하고 지시를 받는다면 보다 빨리 시행하여 좋은 결과가 있을 것이다.

(5) 호칭 문제, 충고, 격언

멤버들을 호칭할 때 '야!', '너!' 등과 같은 말은 삼가고 이름을 불러야 한다. 그리고 충고나 조언을 할 때에는 최대한 부드럽고 오해를 하지 않도록 해야 한다. 아무리 듣기 좋은 말이라도 충고나 조언을 할 때에는 신경이 예민해지기 때문에 멤버에게 좌절감이나 의욕 상실을 주지 않게 하는 것도 필요하다.

또 멤버들이 실수를 하거나 잘못을 했을 때에는 그때마다 이야기를 해 주되 다시 한번 생각하여 이야기를 할 수 있게 해야 한다. 만약 언어와 행동에서 크게 잘못을 했다면 임원 회의를 하여 반성할 수 있는 기회를 주는 것도 효과가 있다.

멤버가 실수를 하여 담당자가 바로 화를 낸다면 멤버들은 다음부터 계속적으로 실수를 할 수 있다는 것을 알아야 한다. 그래서 멤버들 앞에서는 되도록 흥분하거나 화를 내지 않아야 한다.

(6) 학교 문제

멤버들은 데뷔 전에 중, 고등학생일 경우가 많을 것이다. 녹음이 있을 때에는 공문을 만들어서 학교 측에서 협조를 구한다.

미리 담임선생을 찾아가 인사를 하는 것이 효과적이며, 조퇴 및 결석이 있을 때마다 공문을 만들어서 제출한다. 자주 담임선생과 통화하여 친분을 쌓아 놓는다.(선생님을 만날 때에는 예의를 갖출 것.) 만약 담임선생과도 협의가 안 될 때에는 교장을 만난다. 그리고 시험 기간이나 학교 행사 기간에 스케줄이 있을 때에는 되도록 빠지지 않도록 하며 빠질 때에는 사전에 협조를 받는다.

(7) 레슨 중 녹음하기

멤버들은 신인이기 때문에 레슨을 받을 때 매우 긴장된 상태이다. 이럴 때 녹음을 한다면 효과를 두 배 이상 낼 수 있다. 레슨 중에 무엇을 배웠는지조차 모르는 경우가 있는데, 이럴 때를 대비하여 녹음을 하고 나중에 다른 후배 신인이 있을 때에 들려준다면 더욱더 좋을 것이다. 또한 레슨 강사의 쓸데없는 언행을 사전에 방지할 수 있으며 되도록 레슨 중에 담당자가 레슨에 참여하는 것도 좋은 방법이다.

(8) 멤버들 우대 및 존중

멤버들이 대외적으로 활동(녹음 및 프로필 사진 촬영 등)이 많아지므로 멤버들을 더욱더 우대하여 작곡가 및 사진작가 등에게도 존중을 받을 수 있게 한다.

호칭이나 행동으로도 멤버들을 무시하는 느낌을 줄 수 있으니 이 점에서는 담당자가 멤버들에게 적절한 언행을 하여 본보기가 되어야 한다.

(9) 숙소(집) 문제

데뷔 전에 꼭 숙소(집)를 결정해서 회사 임원에게 보고한다.

숙소를 결정할 때는 6mm 카메라로 촬영 후 회사 임원에게 보고한다.

방송 활동을 할 때에는 멤버들이 함께 살기 때문에 꼭 필요하다.

(10) 픽업 문제

멤버들은 이미 데뷔 초읽기에 들어섰기 때문에 모든 스케줄이 끝났을 때에는 집으로 픽업을 한다. 이때 멤버용 차량이 없을 때에는 회사에서 지원할 수 있게 방안을 마련하며 차량이 있을 때까지는 택시 및 대중교통을 이용하여 집에 갈 수 있게 한다.

만약 녹음 시 늦게 귀가할 때에는 담당자가 직접 집까지 데려다 주어야 한다.(만약 택시로 귀가를 할 경우에는 차량 번호를 적어 두며 출발한 시간을 체크 후 시간 오버가 되면 집 전화 또는 핸드폰으로 전화를 걸어 도착 여부를 확인한다.)

(11) 멤버들과 연락

멤버들이 회사로 이동하거나 집에 도착했을 때에는 담당자에게 연락을 취하여 위치 파악을 할 수 있어야 한다. 불의의 사고를 줄일 수 있도록 항상 신경을 써야 한다.

특히 집에 도착을 했을 때를 주의하게 한다.(스케줄이 끝났을 때는 야간이므로.)

(12) 담당자에게 핸드폰 및 호출기를 맡긴다

스케줄 중에 멤버들의 전화 통화를 자제시켜야 한다. 주의 산만을 가져올 수 있다. 이성 친구와의 통화 유무를 숙지해야 할 것이다. 스케줄 중 부모님으로부터 전화가 올 경우 담당자에게 전화를 할 수 있도록 해야 하며 쓸데없는 통화는 못하도록 한다.

담당자와 같이 있을 때에는 전화기 전원을 끄거나 담당자에게 맡긴다.

(13) 지출결의서 작성 요령

멤버들이 레슨을 할 경우 월초, 월말 결제를 해야 한다. 멤버들에게 레슨이 필요할 경우에는 강사 명단을 회사에 보고하여 실행할 수 있게 해야 하며, 아울러 강사와 레슨료도 결정한다. 그리고 레슨을 항상 체크하여 레슨료를 지불하며, 사전에 스케줄이 있을 때에는 미리 연락을 한다.

멤버들의 지출일 경우에는 그룹명을 사용하여 회사의 관리회계부에서 직접 결제를 맡는다. 지출이 많을 경우 법인카드를 신청한다.(멤버들에게 절약하면서 지출하는 행동을 보여 준다면 좋은 교육이 될 것이다.)

(14) 담당자의 역할

- 세심하고 섬세하게 하여 오해가 생기지 않게 해야 하며 멤버용 연구 수첩을 만들어 언행을 분석하여 연구하는 것도 담당자의 역할이라 할 수 있다.
- 멤버들이 회사에 들어왔을 때부터 '회사=방송국' 이라는 이미지를 심어 주어 직원 및 동료 신인들과 인사를 올바르게 하도록 지도한다. 신인 때의 이미지와 습관들이 앞으로 데뷔했을 때를 좌우할 수 있다. 그러므로 지적 사항들이 다음에도 지켜지지 않는다면 꾸중을 할 수 있다. 지금까지의 단점, 습관을 단시일 안에 장점으로 바꿀 수는 없지만 계속적인 관심과 호응을 보인다면 점차 나아질 것이다.
- 여자 그룹과 남자 그룹은 차이가 있다. 여자와 남자가 차이가 있듯 남자 경우에는 농담과 스킨십이 가능할 수 있지만 여자일 경우에는 농담과 스킨십을 할 수 없다. 또한 여자 그룹일 경우에는 상식에서 조금만 벗어난 언행을 해도 거부 반응을 곧바로 일으킨다. 그리고 쉽게 상처와 오해를 받을 수 있으므로 언행을 잘해야 한다.
- 노래 연습과 댄스 연습이 우선이 아닌 예의 있는 사람이 되라는 것을 항상 인식시켜 주며 올바른 언행을 할 수 있게 계속적으로 도와주어야 한다. 모든 행동은 방송에 나타난다. 연습 때에는 실전처럼 실전에서는 연습처럼 부담을 가지지 않게 항상 말을 해 준다.
- 멤버가 모르는 것을 물어봤을 때 모르면 모른다고 말하고, 알면 잘 가르쳐 줘야 한

다. 그러면 멤버들이 담당자를 무시하지 않고 잘 따를 수 있다.

- 담당자는 멤버들에게 끌려가지 않도록 항상 공부하며 노력해야 한다. 자칫 잘못하면 녹음실에 데려다 주는 심부름꾼으로 생각할 수 있으므로 음악적 지식과 방송 용어 전문 지식 등을 항상 꾸준히 공부해야 한다.
- 항상 꾸준한 피드백을 통해 잘못된 점을 고쳐 나가는 담당자가 된다면 언젠가는 업그레이드된 매니저가 될 수 있다고 자신감을 갖는다.
- 매일 또는 매주 회사의 임원에게 스케줄 및 다른 여러 사항들을 보고한다.(예: 전화 및 상담.)

11. 녹음 관련 기본 상식

(1) 녹음이란

녹음은 실제 존재하는 소리를 일정한 파형(아날로그) 또는 숫자(디지털)로 변환하여 정해진 매체(테이프)에 담아 두는 과정을 말한다.

다시 말해 음원의 채집이다. 음악에서의 녹음은 아티스트의 연주(노래)뿐만 아니라 표현하고자 하는 정서와 감정을 담는 과정으로 단순한 녹음 기기의 작동뿐만 아니라 녹음 과정 하나하나가 음악을 만들어 내는 중요한 과정으로, 음악을 하는 아티스트뿐만 아니라 가수의 매니저도 그 일련의 과정을 이해하고 모든 과정들을 주시해야 좋은 작품을 만들어 낼 수 있다.

참고로 앞으로 설명할 녹음 과정에 관한 내용들은 아주 기본적인 사항이며 매니저들이 알면 도움이 될 만한 기초적인 것만 간단히 적도록 하겠다.

(2) 녹음 기기

1) 마이크로 폰

마이크는 녹음 시 소리가 제일 처음 거치는 장비이다. 용도에 따라서 그 종류와 기능이 다양하며 몇 만 원선의 다이나믹 마이크(노래방 마이크)에서부터 수백만 원이 넘는 녹음실용 콘덴서 마이크에 이르기까지 그 종류가 다양하다.

참고로 손에 드는 핸드 마이크로는 SHURE와 AKG가 많이 사용되며 녹음실 부스 안의 보컬용 마이크로는 고가의 NEUMAN사의 제품이 많이 쓰인다.

2) 녹음기

녹음을 하기 위해서는 음악을 담을 매체가 필요하다. 최근에는 하드디스크 녹음기가 많이 보급되고 있으며 테이프를 사용하지 않는 편리함 때문에 인기가 높아지고 있지만, 용량 문제와 안전한 저장을 위해서는 아직 하드디스크보다는 디지털 멀티 테이프 레코더가 많이 쓰인다.(STUDER, ADAT, DA88 등.)

녹음기 하면 우선 흔히 사용되는 스테레오 카세트 녹음기를 예를 들 수 있다. 여기서 스테레오라는 말은 테이프를 들을 때 소리가 왼쪽과 오른쪽에서 동시에 공간감을 갖고 들린다는 뜻인데, 쉽게 말해서 채널이 두 개라고 할 수도 있다. 녹음실에서 사용되는 멀티채널 레코더는 기본 8채널에서부터 24채널, 48채널, 64채널에 이르기까지(물론 그 이상도 있음) 다양하며, 보통 48채널 디지털 릴 테이프(동그란 판처럼 생김) 레코더가 가장 많이 사용된다.

ADAT 또는 DA88이란 이름도 알아 두어야 한다. 디지털 멀티 테이프 레코더의 종류로 현재 활동 중인 작곡가들이 가장 많이 사용하며, 요즘에는 컴퓨터를 이용한 하드디스크 레코더도 많이 쓰인다.

위에서 언급한 녹음기들은 모두 녹음실에서 그 주변 장비가 있을 때 사용 가능한 다채널 녹음 방식의 장비들이며, 일반적인 스테레오 녹음기에는 카세트 녹음기, DAT, MD, CDR 등이 있다. 이들 스테레오 녹음기도 역시 녹음실에서 믹스 다운(Mix Down) 후에 마스터용으로 사용된다.

3) 컴프레서, 이퀄라이저, 이펙트

- 컴프레서: 마이크로 들어오는 소리가 너무 크면 굉장히 시끄러운 잡음이 생긴다(노래방에서 마이크를 대고 너무 크게 소리 지를 때). 어느 정도 미리 설정된 음 이상이 마이크로 들어오면 그 소리를 일정하게 낮추어 주는 장치로 흔히 '컴프'라고 부른다. TV에서 축구 중계할 때 아나운서가 아무리 크게 '골인'을 외쳐도 시청자들은 아나운서의 목소리가 그렇게 크게 들리지 않는다. 1차적으로 녹음 과정에서 사용된다.
- 이퀄라이저: 음색을 보정해 주는 창치로, 이미 녹음된 소리를 듣기 좋게 또는 녹음 과정에서 손상된 음색을 교정해 준다. 쉽게 가정용 오디오에 달린 그래픽 이퀄라이저를 생각하면 된다. 이퀄라이저를 사용하는 것을 '이큐잉'한다고 한다. 믹스 다운 과정에서 중요한 역할을 한다.
- 이펙터: 보통 '에코'라고 알려진 장비로, 녹음된 원음에 기계적인 효과를 주는 장비이다. 대표적으로 보컬 믹스 다운 시 사용되는 리버브레이터(리버브)가 있다. 그 외의 수많은 종류의 변조기들이 있으며 최근의 그룹사운드 곡의 보컬 믹싱에 사용된 보코더란 장비도 이펙터로 많이 사용된다.

4) 모니터 스피커

모니터 스피커는 녹음의 전 과정에서 한 번도 빠짐없이 사용되는 장비이다. 일반 오디오에 사용되는 스피커보다 소리의 꾸밈이 없으며 녹음 후 재생되는 소리를 그대로 들려주어 녹음된 상태 및 녹음 시 연주되고 있는 상태를 정확히 판단할 수 있게 해 준다. 야마하의 NS10M은 가장 널리 사용되는 모니터 스피커이며, 그 외에도 TANNOY GENELEC 등도 많이 볼 수 있다.

(3) 녹음 과정

1) RECORDING

대중음악 작업에서 녹음의 첫 단계는 MR 녹음이다.

작곡가가 자신이 준비한 음악의 여러 소리들을 녹음실로 가져와서 멀티 레코더에 담는 과정이다. 보통 컴퓨터와 신시사이저를 갖고 오는 경우가 많으며 실제 사람의 연주는 MR 녹음 후에 이루어진다.

곡의 길이와 종류에 따라 다르지만 보통 녹음실의 시간 단위로 한 프로에 2곡 정도의 MR을 멀티 트랙 녹음기에 담을 수 있다.(1PRO: 3시간 30분.)

'레코딩 한다' 또는 'MR을 쏜다' 라고 한다. 이 작업이 끝나면 엔지니어가 반주음악을(MR)을 믹싱하여 2트랙(스테레오)으로 만들어, 계속될 연주 및 보컬 녹음 시 일일이 수많은 채널의 소리들을 다시 조정하여 모니터할 필요가 없다. 쉽게 말해서 MR을 녹음한 여러 채널들은 믹스 다운할 때까지 작업하지 않으며 우선 두 채널에 몰아 놓는 것이다.

MR 녹음이 끝나면 작곡가는 노래 부를 가수가 연습할 수 있도록 직접 시범으로 노래를 녹음하는데(GUIDE 녹음), 가수는 그전에 받은 데모 테이프보다 더욱 정확히 곡을 듣고 이해할 수 있게 된다. 가이드 녹음 다음으로 각 악기의 실제 연주 및 코러스 녹음이 들어가며 모든 과정이 끝나면 마지막으로 가수가 노래 녹음을 하는데 'ODER 한다' 고 하며, 이때는 음악의 디렉터(보통 작곡가)가 노래 교정을 해 가며 녹음을 한다.

위의 모든 과정들은 모두 멀티 트랙 녹음기의 각 한 채널마다 들어가며 녹음 과정 후에 상황에 따라 추가 녹음을 하기도 한다.

2) MIXING

지금까지 녹음한 각 노래의 수많은 채널들을 일반인들이 스테레오로 들을 수 있도록 2채널로 정리하는 과정을 믹스 다운이라고 한다.

'MIXING 한다' 라고 하며 뒤에 다운(Down)이란 단어가 붙는 이유는 수십 개의 트랙에 담긴 소리들을 2채널로 줄인다는 의미에서이다.(스테레오 L/R.)

믹싱(MIXING)에서 많은 악기 소리와 가수의 목소리를 듣기 좋게 밸런스를 맞추고, 음색 조정 및 이펙터 처리도 이 과정에서 이루어진다.

참고로 멀티 트랙에 담기는 모든 소리는 신시사이저 소리와 몇몇 전자악기를 제외하고 모두 원음이 녹음된다. 특히 노래 녹음 시 들리는 에코가 녹음되는 것으로 생각되는 경우가 많은데, 가수의 목소리는 모두 이펙터가 없는 생 톤이 녹음이 되며 단지 스튜디오에서 들을 때에만 이펙터를 걸고 모니터하는 것으로 최종적인 음반에 담기는 목소리는 믹싱 과정에서 만들어진다.

믹싱의 이해를 돕기 위해 예를 들어 설명하면, 여러 대의 카세트 녹음기가 있다고 가정하고 각각의 카세트 녹음기에 한 대에는 드럼, 또 한 대에는 베이스, 다른 한 대에는 목소리 등의 소리를 녹음하여 방 안에서 동시에 여러 대의 녹음된 카세트를 틀었을 때 결국 하나의 완성된 곡을 들을 수 있을 것이라고 하겠다. 각각의 카세트의 볼륨 조절로 듣기 적절하게 맞추는 작업을 하게 된다.

이때 각각의 카세트 녹음기가 실제 녹음 과정에서 채널9 트랙에 비유할 수 있을 것이다.

믹싱은 간단히 말해서 소리를 섞는 과정이며, 단 모든 악기와 목소리가 조화를 이룰 수 있도록 조정하는 과정이다.

3) MASTERING

마스터링은 믹싱 다음에 이루어지는 단계이다. 원래 명칭은 pre-mastering이며 CD를 만들어 내는 공장에서 하는 작업을 원래 마스터링이라고 한다. 요즘은 흔히 pre-mastering이라고 하며 마스터링 전용 스튜디오에서 작업이 이루어진다. 마스터링은 믹스가 완료된 모든 곡들을 음반의 프로듀서가 원하는 곡의 순서대로 배열한 후 모든 곡들의 레벨(소리의 크기)을 같게 만들고 전체 곡들의 '이큐잉' 작업을 하여 곡의 마무리 손질을 한다.

마스터링 작업은 쉽게 예를 들어, 세차하는 것이 믹싱이라면 마스터링은 세차 후에 하는 광택 내는 일로 생각하면 된다.

마스터링 작업 역시 전체적인 사운드에 중요한 영향을 미치며 잘된 믹싱이라도 뒤에 이어지는 마스터링 작업이 제대로 되지 않으면 그 효과를 볼 수 없다. 한국의 가요 음반과 외국 음반의 사운드가 다른 이유는 마스터링 때문이라는 의견이 많다.

(4) 음악 산업의 10가지 구성 요소[18)]

① 밴드(The band): 대중음악의 정상을 갈망하는 그룹이어야 한다.

② 매니저(The manager): 사업과 재정을 돌본다.

③ 가수 및 음악 담당 부서(The A&R department): 음반 계약을 체결한다.

④ 기획(Publishing): 가능성 있는 히트곡의 작사, 작곡가들을 찾는 데 시간을 보낸다.

⑤ 스튜디오(The studio): 곡의 전체적인 음향을 담당하며 음악가들의 연주에 자신들의 아이디어 적용한다.

⑥ 생산(Production), 포장(Packing), 판매(Sales)

⑦ 판촉(Promotion): 음반이 발매될 때 방송을 타는 것이 우선이다.

⑧ 언론 홍보(Press): 연예인들이 하고 있는 모든 일을 알리기 위해 언론사에 보낸다.

⑨ 순회 공연(Touring): 공연 매니저, 음향 담당, 엔지니어를 대동한다.

⑩ DJ들과 기자들(DJs and journalists): 음반을 잠재적인 구매자들에게 홍보하는 본질적인 역할을 담당한다.

(5) 녹음실과 방송국에서 자주 사용되는 용어(속어)들

1) 방송에서

- AR: All(Track) Recorded에서 파생된 것으로 추정되는 속어. 완성된 원곡을 뜻하며 공연장에서 가수가 립싱크를 할 경우 'AR을 사용한다' 라고 한다. 활동 중 발매된 음반에서 타이틀곡과 후속곡 등을 따로 CD에 담아 매니저가 공개방송 또는 행사 때에 갖고 다닌다.
- MR: (Instumental) Music Recorded에서 파생된 것으로 추정되는 속어. 반주음악으로 립싱크가 아닌 라이브 공연 시 사용된다.
- TV MR: 말 그대로 TV에서 사용되는 MR로, 보컬의 고음 부분과 TV 라이브 공연 시 생길 수 있는 곡의 어려운 부분들의 목소리를 작게 녹음하여 가수의 부담을

18) 더글러스 켈너, 『미디어의 문화: 영화, 랩, MTV, 광고, 마돈나, 패션, 사이버 펑크』, 새물결, 1997, p.56.

덜어 주기 위한 것이다. 'TV MR로 부른다' 라고 하며, TV MR은 녹음실에서의 별도 작업이 필요하다.

- 큐시트: 가수들의 출연 순서와 부를 곡목, 방송 시간, 조명, AR/MR 여부, 특수 효과 등이 명시된 페이퍼.
- 핸드 마이크: 손에 드는 마이크.
- 헤드 셋/Wireless: 머리에 착용하는 마이크.
- 가라 마이크: AR 사용 시 가수가 사용할 마이크에 대한 속어. 방송국 음향 팀이 사용하는 말.
- 오픈 마이크: 속어로, AR을 사용하지만 사이사이 랩이나 에드리브 또는 멘트를 가수가 직접 하길 원할 때 '오픈 마이크로 간다' 라고 한다.
- 드라이(리허설): 음악 리허설. 방송 전 음악 모니터를 위한 리허설.
- 카메라(리허설): 실제 방송과 똑같이 하는 리허설.

2) 녹음실에서

- 한 따불: 판 한 장을 가리키는 속어.
- 반 따불: 음반의 절반을 가리키는 속어로, 작곡가나 엔지니어들이 주로 사용한다.
- 싸비: 곡의 후렴구를 가리키며, 이 속어의 근원은 알 수 없음.
- 오부리: 현악기 세션.
- 한 프로: 녹음실 사용 단위로 3시간 30분.
- 오전 프로: 오전 10시부터 오후 1시 30분까지의 프로그램.
- 오후 프로: 오후 2시부터 오후 5시 20분까지의 프로그램.
- 저녁 프로: 저녁 6시부터 9시 30분까지의 프로그램.
- 땜핑: 곡이 믹스된 상태가 팝적이라는 의미. 예를 들어 마이클 잭슨의 사운드를 가리켜 땜핑이 좋다고 한다. 빠른 곡이나 락 음악의 드럼 소리 상태를 가리켜 하는 말.

- 오바 뜬다: 녹음 시 입력 레벨이 너무 커서 레벨 미터에 빨간 불이 들어올 때.
- 모노로 듣는다: 보통 스튜디오 녹음 중에는 스테레오로 듣는 것을 원칙으로 하지만 일정 트랙(채널)의 녹음 상태를 확인 할 때에는 모노로 듣는 경우가 있다.
- 쏜다: 시퀀서(신시사이저) 녹음. MR 녹음.
- 핑퐁: 전문 용어. 녹음 중 트랙 정리를 위해 한 채널로 두세 개 정도의 트랙을 몰아 놓는 것. 특히 샘플링된 효과음이나 곡의 일부에서 등장하는 악기 소리들을 한 채널에 모아 놓고 빈 채널을 확보하여 사용한다.
- DAT: Digital Audio Tape.

---

* 제6장의 일부는 (주)에스엠엔터테인먼트의 업무 지침서를 요약하여 그간 대학에서의 강의 경험을 바탕으로 재구성하였음.

제 7 장

계약 관련 실무

1. 전속 계약서
2. 안무 제작 및 댄서 고용 계약서
3. 방송미디어와 외주제작 시 프로그램 제작에 관한 계약서
4. 가수와의 전속 계약서
5. 오디션 지원서

1. 전속 계약서(각 엔터테인먼트기획사 마다 다름)

전속 계약서

_________ (이하 '갑' 이라고 함)와 _________ 연기자(이하 '을' 이라고 함)는 서로 대등한 지위에서 자유로운 의사에 따라 다음과 같은 전속 계약을 체결한다.

제1조 (독점적 매니지먼트)

1) '을' 은 자신의 연기자 및 가수로서의 모든 활동(이하 연예활동이라 한다)에 대한 독점적이고 포괄적으로 관리하는 권한(이하 매니지먼트 권한이라 한다)을 '갑' 에게 위임하고, '갑' 은 이러한 매니지먼트 권한을 위임받아 행사한다.

2) '을' 은 '갑' 의 사전 승낙 없이 직접 또는 제3자를 통하여 출연교섭을 하거나 연기자로서의 연예활동을 하여서는 안 된다.

제2조 (연기자로서의 연예활동)

1) '을' 의 연예활동에는 아래와 같은 활동이 포함되나, 이에 한정하지 아니한다.

가. 가수, 배우, 모델, 성우, TV탤런트, 개그맨, 사회자로서의 활동

나. 소설, 에세이 집필이나 기타 문예적 창작활동

다. 회화, 일러스트 등 미술적 창작활동

라. 작사, 작곡, 연주, 댄스, 가창이나 기타 뮤지션으로서의 활동

마. 도우미, 캐릭터 등으로 구현되는 인터넷상의 모든 활동

2) '을' 의 연예활동을 위한 매체는 아래와 같으나, 이에 한정하지 아니한다.

가. TV(지상파 방송, 위성방송, 케이블, CCTV 등 포함)

나. 레코드, CD, LDP, 음악테이프, 기타 녹음물

다. 비디오 테이프, 비디오 디스크, 뮤직비디오, DVD 등의 영상 녹음물

라. 영화

마. 무대공연

바. 이벤트, 캐릭터

사. 신문, 잡지, 단행본, 기타 인쇄물

아. 포스터, 스틸사진

자. 인터넷

제3조 (갑의 권한)

1) '을' 의 연예활동에 관하여 '갑' 은 다음과 같은 권한을 갖는다.

가. 매니지먼트

나. 출연교섭

다. 계약교섭 및 출연

라. 홍보 및 광고

바. 제3자로부터의 대가 수령 및 관리

제4조 (을의 수입)

1) TV 출연료, 영화출연료 및 기타 '을' 의 연예활동으로 발생한 모든 수입은 계약

기간에 따라 '갑' 과 '을' 이 다음의 비율로 분배한다. 분배 비율은 '갑' 이 ___% '을' 이 ___%로 한다.

2) CF 출연료, 행사 출연료의 분배 비율은 '갑' 이 ___%, '을' 이 ___%로 한다.

갑' 의 '을' 에 대한 초기투자를 고려한 것으로써 '갑' 과 '을' 은 상호분배 비율이 공정한 것임을 인정한다.

3) '을' 의 모든 수입은 '갑' 이 수령하여 매월 말일자로 정산하여 바로 '을' 에게 분배한다.

4) '갑' 과 '을' 은 각자의 소득에 대한 세금을 부담한다.

제5조 (저작권)

1) '을' 이 창작하거나 창작에 참여한 모든 저작물의 저작권(번역권, 편곡권, 작곡권, 영화권 및 기타 번안권을 포함) 및 연기자로서의 권리는 발생과 동시에 자동적으로 '갑' 에게 양도 이전한다.

2) '갑' 은 전항에 정한 '을' 의 권리를 제3자에게 양도하거나 임대(라이센스 포함) 등 일체의 처분 권한을 갖는다.

제6조 (상표권)

1) '갑' 은 '을' 의 성명(본명, 애칭, 애칭을 포함), 사진, 초상, 필적을 사용하여 상표나 의장, 기타 유사한 지적 재산권을 개발하고, '갑' 의 이름으로 이를 등록하거나 이용할 수 있는 독점적인 권리를 갖는다.

제7조 (초상권)

1) '갑' 은 계약기간 중 '을' 의 성명(본명, 예명, 애칭을 포함), 사진, 초상, 필적, 경력 음성, 캐릭터, 캐리커처 등을 자유롭게 이용할 수 있다. 단, 이러한 이용이 '을' 의 명예를 훼손해서는 아니 된다.

제8조 (권리침해)

제6조 내지 제7조에 규정된 권리를 제3자가 침해하는 경우, '갑' 은 '을' 의 동의 없이 그 재량으로 권리 침해를 배제하기 위한 조치를 취할 수 있다.

제9조 (을의 활동의 조건)

1) '을' 은 자기의 재능, 실력을 최대한 발휘하여 '갑' 과 성실하게 협의하여야 한다.

2) '을' 은 자기의 연기자로서의 활동계획에 관하여 사전에 '갑' 과 상의하여야 한다.

3) '을' 이 제3자로부터 창작이나 실연, 기타 연예활동을 요청받는 경우에는 제3자에게 '갑' 의 동의가 필요하다는 사실을 알리고, '갑' 에게도 그러한 요청이 있었음을 즉시 통지하여야 한다.

4) '을' 은 본 계약기간 중 정당한 사유 없이 '갑' 의 허락을 받지 아니하고, 연예활동을 중지하거나 은퇴할 수 없다.

제10조 (갑의 책임)

1) '갑' 은 '을' 이 자기의 재능과 실력을 최대한 발휘할 수 있도록 성실히 매니지먼트 권한을 행사하여야 한다.

2) '갑' 은 '을' 의 연예활동을 관리함에 있어서, '을' 의 이미지나 명성을 해칠 수 있

는 활동을 계획하거나 추진하여서는 안 된다.

3) '갑' 은 업무상 알게 된 '을' 의 인적사항, 연예활동에 관한 사항, 개인적인 사생활에 관한 사항에 대해 철저한 비밀을 유지하여야 하며, '갑' 의 직원들도 이를 공개하거나 타인에게 누설하지 아니하도록 하여야 한다.

제11조 (서비스의 내용)

1) '갑' 은 계약기간 동안 다음과 같은 서비스를 '을' 에게 제공하여야 한다.

가. '을' 의 연예활동 및 광고출연 기회에 대한 정보 수집 및 출연 교섭

나. '을' 의 연예활동에 대한 일정 관리

다. 여론 조사 기관을 이용한 '을' 의 이미지 분석 및 새로운 이미지의 설정

라. 전문 코디네이터를 활용한 코디네이션 프로그램의 제공

마. 컴퓨터 통신 등을 이용한 조직적인 인기도 분석과 과학적인 팬 관리

바. 여론기관을 이용한 '을' 의 홍보

2) '갑' 은 '을' 의 인기도, 연예활동의 경력, 개인적 사정 등을 고려하며 '을' 에게 적합한 서비스 제공 계획을 단계적으로 수립하여야 하며 이를 위하여 '을' 과 성실하게 협의하여야 한다.

3) '갑' 은 '을' 의 연예활동에 필요한 모든 비용(홍보비, 의상비, 차량지원비 등)을 부담한다.

제12조 (계약지역)

1) 본 계약의 적용범위는 한국을 포함한 전 세계지역으로 한다.

2) '을' 이 주소를 변경하는 경우, '을' 은 새로운 주소를 즉시 '갑' 에게 통보하여야

한다.

3) '을' 은 자신의 위치에 대하여 항상 '갑' 에게 통보하여야 하며, 항상 '갑' 과 연락이 가능하도록 한다.

제13조 (계약기간)

1) 본 계약의 기본은 본 계약 체결일로부터 ___년 ___간으로 한다.

2) '갑' 이나 '을' 이 본 계약의 기간만료 ___개월까지 상대방에 대하여 달리 서면 통지하지 아니하는 한, 본 계약은 동일한 조건으로 ___년 ___간 갱신되며, 그 이후에도 마찬가지이다.

제14조 (불가항력)

'을' 이 중대한 질병에 걸리거나, 상해를 당하여 연예활동을 계속적으로 할 수 없는 경우에는 본 계약은 자동으로 종료된다.

제15조 (확인 및 보증)

'을' 은 '갑' 에 대하여 다음의 사항을 확인하고 보증한다.

가. 본 계약을 유효하게 체결하는 데 필요한 권리 및 권한을 보유하고 있다는 것.

나. 본 계약의 체결이 제3자와의 다른 계약을 침해하지 아니한다는 것.

다. 본 계약 유효기간 중, 본 계약에 저촉되는 계약을 제3자와 체결하지 않는 것.

라. 본 계약체결시에 있어서 연예활동에 관한 소송 기타 분쟁이 존재하지 아니한다는 것.

제16조 (전속계약금)

'갑' 은 '을' 과 매니지먼트 계약함에 있어서 전속금으로 ________원을 지급한다.

제17조 (배상)

1) '을' 은 '갑' 에 대하여 '을' 의 본 계약 위반으로 '갑' 에게 발생한 모든 손실, 비용('갑' 의 투자비용 및 관련 변호사 비용을 포함) 및 손해를 전액 배상하여야 한다.

2) '을' 이 본 계약을 위반하는 경우, 그 즉시 제1)항의 손해 배상과는 별도로 위약별로 전속금의 3배에 해당하는 금액을 '갑' 에게 지급해야 한다.

년 월 일

'갑' : 회사명

대표이사: (인)

주소:

'을' : 성명 (인)

주소:

주민등록번호:

연락처:

2. 안무 제작 및 댄서 고용 계약서

안무 제작 및 댄서 고용 계약서

'갑' : 회사명

가수명:

주소:

'을' : 회사명

주소:

주민등록번호:

'갑' 과 '을' 은 '갑' 의 가수 아름다워의 2집 싱글 앨범의 타이틀곡에 대한 안무 제작 및 가수활동에 대한 댄서 고용에 대한 계약을 다음과 같이 체결한다.

1. '을' 은 '갑' 의 가수활동의 안무 제작 및 댄서 활동을 성실히 이행한다.
2. '을' 은 '갑' 의 뮤직비디오 제작, 첫 방송일자에 차질이 없도록 적극 협조한다.
3. '갑' 은 '을' 의 안무 제작료로 계약일 일금 ________원(0,000,000원)을, 첫 방송일에 일금 ________원 (0,000,000원)을 '을' 이 지정한 은행계좌로 현금 지급하며, 가수 활동의 댄서료는 서울, 경기지역 1회 출연 시 1인당 일금 ________원(00,000원), 기타 지방 및 해외지역 1회 출연 시 1인당 일금 ________원(00,000원)

을 매 익월 ____일에 정산하여 지급한다.

4. '을' 은 '갑' 의 앨범 음원의 보안유지에 최선을 다한다. 만약 '을' 의 잘못으로 인하여 '갑' 의 음원이 사전 유출되어 '갑' 에게 손해가 발생할 경우 이에 대한 책임을 진다.

5. '갑' 과 '을' 은 본 계약으로 인하여 함께 활동하면서 알게 된 상호간의 영업기밀, 사생활 등에 대하여 외부로 발설하지 않는다.

본 계약서에 명시되지 않은 사유로 발생하는 '갑' 과 '을' 의 이견은 업계 일반 상관례에 따라 상호 협의 조정하며, 만약 해결되지 않는 제반 법률적인 분쟁은 '갑' 의 소재지를 관할하는 법원에서 이를 해결하기로 한다. 상기 계약내용의 성립을 위하여 원본 2통을 준비하여 '갑' 과 '을' 이 서명 날인하여 각각 1통씩 보관하기로 한다.

년 월 일

3. 방송미디어와 외주제작 시 프로그램 제작에 관한 계약서

프로그램 제작에 관한 계약서

	프로그램명	주말극장		
프로그램	제작 형식	ST + ENG		
	제작 편수	60분물 매주 2회 총 50회		
	방송 예정일	년 월 일부터		
제작비	연 출 자		작 가	
	회당 제작비	붙임 계약사항 제7조에 정한 금액으로 함		
	계 약 금	금 액 000000000원 (VAT별도)		
		지급방법 : 계약 후 15일 이내에 현금으로 지급		
	잔액 지급 방법			
제작지원	미술비	원/회당		
	스튜디오	○	편집실	○
	녹 음 실	○	카메라	
	카메라맨		기 타	
권리관계	붙임. 계약사항 제11조 및 제12조에 정한 내용으로 함			
특약사항	1. 국내출장시 KMS아트텍, KMS뉴스텍의 직원에 한해 KMS가 출장비를 지원(단 외부인력에 한해 출장비는 제작사가 지원함) 2. 방송용 테입은 방송시작시간 3시간 전까지 "갑"에게 입고되어야 하며 위반 시는 위반회차에 대하여 제작비 지급액에서 000원을 삭감한다.			

상기 기재내용 및 붙임의 계약사항에 합의하였음을 증명하기 위하여 계약서 2통을 작성하여 '갑' 과 '을' 이 서명 날인하고 각 1통씩 보관한다.

년 월 일

'갑' : 주식회사 KMS

대표이사: (인)

주소:

'을' : 주식회사 ○○○ Entertainment

대표이사: (인)

주소:

계약 사항

제1조 (계약 목적)

본 계약은 '갑' 이 표기 TV 프로그램 (이하 '프로그램' 이라 함)의 제작 업무를 '을' 에게 위탁하고, '을' 이 이를 수탁하여 제작, 납품하는 데 따른 제반 사항과 프로그램의 권리 관계 등을 규정한다.

제2조 (제작 위탁의 내용)

'갑' 이 '을' 에게 위탁하는 제작업무의 내용은 표기에 기재된 프로그램의 제작업무 및 이를 위하여 본 계약에 따라 '갑' 이 요청하는 업무를 포함한다.

제3조 (제작 원칙)

'을' 은 프로그램의 제작 업무를 수행함에 있어 다음 사항을 준수해야 한다.

1. 방송관련 제반 법규, 방송위원회 심의규정, '갑'의 방송제작 가이드라인 등을 준수하여 공익성, 예술성, 오락성이 조화된 완성도 높은 프로그램을 제작, 납품하여야 한다.
2. 프로그램의 기획은 사전에 '갑'의 승인을 받아 결정하고, 제작 진행상황 및 제작과 관련된 제반사항은 '갑'에게 지체 없이 통보하여 '갑'의 승인을 받은 후 진행한다.
3. '갑'은 프로그램 기획서와 구성안(CUE SHEET)의 진행 상황 등을 제작현장에서 수시로 확인할 수 있으며, '을'은 '갑'의 요청사항을 성실히 수행해야 한다.
4. 프로그램 각 회의 대본을 사전에 '갑'에게 제출하고, '갑'이 변경, 삭제 등을 요청하는 경우 '을'은 이를 성실히 수행해야 한다.
5. 프로그램 제작업무의 일부 또는 전부를 제3자에게 재위탁하거나, 제3자와 업무 제휴하는 경우에는 사전에 '갑'의 서면 승인을 받아야 한다.
6. 프로그램의 제작 시간, 크레딧 표시 등은 '갑'이 정하는 바에 따라야 한다.

제4조 (프로그램의 납품)

① '을'은 완성된 프로그램을 방송 3일 전까지 납품하는 것을 원칙으로 하되, '갑'과 '을'이 합의하여 납품일시를 정하는 경우에는 그에 따른다.
② '을'이 '갑'에게 제작물내역서 및 방송용 테이프를 제출한 경우, 프로그램의 납품이 완료된 것으로 본다.
③ '을'의 귀책사유로 인한 프로그램의 납품 지연으로 '갑'의 손해 발생 시, '을'은 '갑'의 모든 손해에 대해 배상을 하여야 한다.

제5조 (수정 및 검수)

① '갑' 은 납품된 프로그램에 하자가 있는 경우 '을' 에게 수정 요구를 할 수 있다.

② '갑' 의 수정 요구가 있는 경우 '을' 은 즉시 수정하여야 하며, 이때 소요되는 추가 제작비는 '을' 이 부담한다.

③ 소정의 검수를 완료하기 전에 프로그램이 멸실 또는 훼손된 경우 이에 대한 책임은 '을' 이 부담한다.

제6조 (심의 자료 등의 제출)

① '을' 은 심의를 위한 자료 테이프를 '갑' 에게 제출하고, '갑' 의 심의결과 수정이 필요한 경우에는 '을' 의 비용으로 수정해야 한다.

② '갑' 의 요청이 있는 경우, '을' 은 재방송용 편집 테이프, 예고편, 홍보 자료 등을 제작하여 '갑' 에게 제출하여야 한다.

제7조 (프로그램의 제작비)

① '갑' 은 프로그램의 제작비로 회당 ________원 (VAT별도)을 '을' 에게 지급한다.

② 제1항의 제작비에는 '을' 이 제작하는 프로그램의 재방송용 편집 테이프, 심의자료, 예고편, 홍보자료 제작비용등 프로그램 제작관련 제반 부대비용이 포함된다.

③ '을' 이 납품한 프로그램을 '갑' 의 귀책사유로 방송하지 못한 경우, 해당 프로그램의 제작비는 '을' 의 청구에 의해 '갑' 이 지급한다.

④ 제작편수의 증감이 있는 경우에도 위의 조건을 그대로 적용한다.

제8조 (제작비의 지불)

① 본 계약 체결 후 '갑' 은 계약금을 표기에 정한대로 '을' 에게 지급한다. 이 계약금을 프로그램 제작편수로 분할한 금액을 '회당 계약금' 이라 한다.

② '갑' 은 프로그램의 방송 후 제7조에 정한 제작비에서 회당 계약금을 공제한 제작비 잔액을 표기에 정한대로 '을' 에게 지급한다.

제9조 (제작 중지의 조치)

① '을' 이 납품한 프로그램이 '갑' 과 '을' 상호간 합의한 최저 시청률보다 낮거나 프로그램의 품질이 현저하게 떨어지는 경우, '갑' 은 사전에 '을' 에게 통보하고 프로그램의 제작을 중지시킬 수 있다. 이 경우 '을' 이 제작 중지의 통보를 받은 시점에 제작 중인 프로그램의 제작비 및 '을' 이 기지급한 제작비에 대해서는 '갑' 과 '을' 이 협의하여 결정한다.

② 제1항에 의해 제작 중지된 프로그램 제작비에 대한 협의가 종료되면, '을' 은 기지급된 회당 계약금 잔액을 정산하여 1개월 이내에 '갑' 에게 반환하여야 한다.

③ '을' 의 귀책사유로 프로그램의 제작이 불가능하게 되거나 중단된 경우에는, 그로 인해 발생한 모든 비용은 '을' 이 부담한다.

제10조 (제작 지원)

① '갑' 은 미술비 및 미술차량 등을 포함하여 표기하여 정한 금액 범위 내에서 '을' 의 제작을 지원한다.

② '갑' 은 시설 및 장비를 표기에 정한 내용대로 지원한다. 단, '갑' 또는 '을' 이 상기 시설 및 장비의 사용시간 초과로 인해서 상대방에게 제작비의 추가비용을 발생시

킨 경우, 그 금액을 정산하여 제7조의 제작비 지불 시 가감하고 지급한다.

제11조 (프로그램의 저작권)

① '을' 이 납품한 프로그램(촬영 원본 소재자료 포함)에 대하여 다음의 사항을 포함한 방송권, 복제권, 배포권, 전송권, 공연권, 전시권, 2차적 저작물 및 편집저작물의 작성권 등 모든 저작재산권은 본 계약을 체결함으로써 '갑' 에게 귀속된다.

가. 국내외에서 방송(지상파, 유선, 위성, 이동멀티미디어방송 등 포함)하는 권리

나. 국내외에서 다른 방송사업자(지상파, 유선, 위성, 이동멀티미디어방송 등 포함)에게 제공하는 권리

다. 국내외에서 비디오, CD, DVD, CD-ROM, VCD, LD 등으로 복제, 배포하는 권리

라. 국내외에서 무선 또는 유선통신의 방법으로 전송하는 권리

마. 국내외에서 상영하는 권리

바. 프로그램의 2차적 저작물 또는 편집저작물을 작성하여 이용할 권리

사. 프로그램을 구성하는 타이틀명, 서브 타이틀명, 등장 캐릭터의 형상 및 명칭, 심벌 등을 출판물, CF, 행사, 공연물, 인터넷 기타 새로이 등장하는 일체의 매체 및 상품에 사용하는 권리를 '을' 의 인터넷 홈페이지를 통해 전송하는 것은 '갑' 과 '을' 이 협의하여 결정한다.

② '갑' 은 전항에 따라 '갑' 에게 귀속되는 저작재산권을 활용함에 있어 납품한 프로그램의 내용을 '갑' 의 필요에 따라 수정, 변경, 삭제, 변형할 수 있으며 '을' 은 이에 대하여 어떠한 이의도 제기하지 아니하기로 동의한다.

제12조 (저작권의 보증 및 양도)

① '을' 은 납품한 프로그램이 제3자의 저작권, 초상권, 기타 권리를 침해하지 않았음을 보증한다. 프로그램의 저작권, 초상권 등에 관한 분쟁이 발생한 경우에는 '을' 의 책임과 비용으로 해결해야 하며, '갑' 에게 손해가 발생한 경우에는 '을' 이 이를 배상하여야 한다.

② '을' 은 납품한 프로그램의 방송 및 2차 사용에 관한 원작, 각본, 음악, 편집, 의상, 소품, 조명, 촬영, 효과, 미술, 분장, 사진 등에 관한 저작권, 출연자, 연출 등 실연자의 저작인접권, 공연, 흥행에 관한 권리등을 확보하여야 하며, '을' 이 확보한 모든 권리는 '갑' 에게 양도한다.

③ '을' 은 납품한 프로그램의 제작과정에서 촬영한 원본 소재자료를 '갑' 의 동의 없이 다른 프로그램이나 영상물(디지털 동영상 포함) 제작에 사용할 수 없다.

제13조 (프로그램 협찬)

① '을' 은 프로그램의 협찬내용 및 협찬조건 대해 사전에 '갑' 의 승인을 받은 후에 프로그램 협찬을 유치할 수 있다.

② 협찬수익금 전액은 제작비로 투입한다

③ 협찬사 고지의 위치, 크기, 내용 및 방법은 방송심의 관련규정에 따라야 한다.

④ '을' 은 방송심의관련 규정에 위반되는 PPL 등 협찬을 유치할 수 없으며 위반 시 '갑' 이 임의로 삭제할 수 있다.

⑤ '을' 은 방송위원회 심의규정에 의하여 협찬을 중지할 경우, 신속히 조치를 하여야 하며 그에 부수되는 책임을 진다.

⑥ '갑' 은 협찬사의 협찬금이 입금되지 않을 경우 '을' 에게 그 사실을 통보하여 즉

시 협찬고지를 중지토록 한다.

⑦ 공동제작 자막을 표기하는 조건으로 공동제작사가 참여할 때 협찬한 금액은 전액 제작비로 투입한다.

⑧ 협찬금이 입금되지 않을 때에는 협찬을 유치한 '을'에게 책임을 물어 '갑'이 '을'에게 지급할 제작비에서 차감한다.

제14조 (책임의 귀속)

프로그램 제작 및 방송과정에서 '을'의 귀책사유로 분쟁이 발생하여 '갑'이 민, 형사상 책임을 지게 되는 경우, '을'은 '갑'의 손해액을 배상하여야 한다.

제15조 (프로그램의 홍보 협조)

프로그램의 홍보를 위해 프로그램의 작가, 출연자, 연출가, 기타 제작 관계자에 대한 스틸 사진 촬영, 동영상 촬영 및 인터뷰 등의 취재를 희망하는 때에는, '을'은 성실히 협조하여야 한다.

제16조 (유사 프로그램의 제작 금지)

'을'은 자기 또는 제3자를 위하여 본 건 프로그램과 동일 또는 유사한 프로그램을 제작하거나, 또는 제3자로부터 제작의뢰를 받아서는 아니 된다.

제17조 (계약의 해지 및 위약금, 손해배상 등)

다음 각호의 사유가 발생할 경우 '갑'과 '을'은 별도의 최고 없이 상호 서면 통보함으로써 본 계약을 해지할 수 있다. 계약 해지의 귀책사유가 '갑'에게 있는 경우에는 미 납품된 프로그램에 해당하는 회당 계약금은 '을'에게 귀속하고, 귀책사유가 '을'에게 있는 경우에는 미 납품 프로그램의 회당 계약금의 2배를 반환하여야 한다.

단, 위 위약금의 규정은 손해배상청구에 영향을 미치지 않는다.

1. '갑' 또는 '을'이 본 계약을 이행하지 않거나 계약사항을 위반한 경우
2. '을'이 정해진 기한 내에 프로그램을 납품하지 않아 방송 편성, 방영에 차질을 초래한 경우
3. '을'이 본 계약 제3조 제5호에 위반하여 프로그램의 전부 또는 일부를 제3자에게 제작위탁하거나 업무 제휴한 경우
4. '을'이 본 계약 제16조에 위반하여 유사 프로그램을 제작한 경우
5. '을'이 제3자로부터 압류, 가압류, 가처분 등의 강제집행, 부도, 파산, 화의 신청 등 '을'의 신용에 위험을 주는 사유가 발생하는 경우
6. '을'이 제작한 프로그램이 표절, 선정성 기타 요인에 의해 사회적으로 물의를 야기하거나 방송위원회로부터 심의 제재를 받은 경우
7. 기타 사유로 인하여 계약의 목적을 달성할 수 없다고 인정되는 경우

제18조 (손해배상 등에 관한 조치)

본 계약에 의해 '을'이 '갑'에게 손해배상금, 위약금 등의 지급의무가 발생한 경우, '갑'은 '을'이 손해배상금, 위약금 등을 완전히 변제할 때까지 제7조의 제작비 지급을 보류하거나 상계 후 지급할 수 있다.

제19조 (관할 법원)

본 계약에 의하여 발생하는 권리 의무에 관한 모든 분쟁은 '갑'의 주소지를 관할하

는 법원을 제1심 법원으로 한다.

제20조 (변경 신고)

'을' 은 주소지, 상호, 대표자 등 계약 변경 사유가 발생하는 경우 즉시 '갑' 에게 통보하여야 하며, 이로 인하여 발생하는 문제에 대한 모든 책임은 '을' 이 진다.

제21조 (정하지 않은 사항)

본 계약에 정하지 아니한 사항, 본 계약 각 조항의 해석에 관한 사항에 대해서는 '갑' , '을' 양자가 성의를 갖고 협의 후 해결한다.

제22조 (효력 발생)

본 계약은 체결일로부터 '갑' 과 '을' 이 각자의 의무를 이행한 때까지 유효하다.

4. 가수와의 전속 계약서

전속 계약서

'갑' 의 상호: ㈜○○○ Entertainment

주소: 서울시 강남구 역삼동 123번지 ○○빌딩 5층

대표: 갑을병(인)

'을' 의 성명: 진선미(인)

주소: 서울시 송파구 123번지 ○○아파트 100동 1001호

주민등록번호: 000000-0000000

(이하 '갑' 과 '을' 이라 칭한다.) '갑' 과 '을' 은 다음과 같이 전속 계약을 체결한다.

제1조 (목적)

'을' 의 연예활등을 효율적으로 수행하기 위하여 국내외 연예활동 및 선전, 출연, 섭회 및 모든 법률행위는 '갑' 또는 '갑' 이 지정하는 매니저가 관리 대행하며 '을' 은 활동에 대한계약이나 약속을 개인적으로 할 수 없으며 작품 활동과 연기에만 전념토록 한다.

제2조 (계약 기간)

1. 본 계약 기간은 ____년 ___월 ___일 부터 시작하여 첫 번째 음반 발매 후 ___년째 되는 날 종료하기로 한다.
2. '을' 의 개인 신상의 일로 정상적인 활동을 할 수 없는 경우에는 계약 기간은 그 기간만큼 자동 연장된다.

제3조 (권리의 양도)

1. '을' 의 모든 방송출연 및 국내의 연예활동에 관한 권리는 '갑' 에게 있다.
2. 계약 기간 중 '을' 은 '갑' 의 판단으로 인하여 결정되어지는 일에 대하여 성실하게 임하여야 하며, 전속계약 기간 중에 '을' 의 임의대로 활동해서는 안 되며 이를 위약 시는 제9조의 2항, 3항에 따라야 한다.
3. '을' 의 출연으로 인정되는 모든 활동의 모든 권한은 '갑' 에게 있는 것으로 한다.
4. 계약 기간 중에 제작한 앨범의 소유권은 '갑' 으로 한다.
5. '을' 은 '갑' 에게 본 계약으로 인하여 작사, 작곡, 편곡된 저작물에 대해서
   - 복제권
   - 복사권
   - 음반권
   - 배포권
   - 방송권
   - 공연권
   - 가라오케
   - 2차적 저작물 작성권 등 그 외 모든 권리를 양도한다.
6. 계약 기간 중에 제작한 앨범의 곡들은 어떤 형태로든 '갑' 이 사용할 수 있다. (LP, MC, CD, CD-FWV, CD-1, CD-V, CD-G, LD, VIDEO, 편집앨범, 베스트앨범, 광고, 영화, 사진, VIDEO 녹화, FILE 등 AUDIO가 들어 있는 모든 매체 등에 필요

하다고 판단되는 재편집, 재사용 등 어떤 형태로든 사용할 수 있도록 양도한다.)

7. '을' 이 작사 또는 작, 편곡한 곡은 '갑' 의 허락 없이는 누구도 사용할 수 없으며, '을' 이 작사 또는 작, 편곡한 곡을 '갑' 이외의 타인과의 사용 계약 시 '갑' 의 허락하에 매니저가 대행한다.

8. '을' 의 매니저는 '갑' 이 지정하는 사람과 해야 하며, 제반일정에 대한 관리 대행을 일임해야 하며 성실이 임해야 한다.

9. '을' 이 작사, 작곡, 편곡한 곡을 을의 앨범 외에 '갑' 이 제작하는 앨범에 사용할 경우는 작사, 작곡, 편곡을 합하여 일금 ______원에 권리를 양도하는 것으로 한다.

10. '갑' 은 계약된 내용의 전부 또는 일부를 타 회사로 이관하여 사용할 수 있다.

제4조 ('갑' 의 의무)

1. '을' 의 인기관리를 위하여 최선을 다한다
2. '을' 의 제반 일정에 대하여 신속하게 통보하여야 한다.

제5조 ('을' 의 의무)

1. '을' 은 '갑' 의 내부사정을 외부로 발설하지 않아야 한다.
2. '갑' 또는 '매니저' 가 요구하는 공연 및 방송 출연 등 제반일정에 대한 출연의무를 진다.
3. '을' 은 일신상의 이유로 방송 또는 공연 등의 차질이 생길 때에는 사전에 '갑' 또는 '매니저' 에게 통보하여야 하며 특별한 사유 없이 문제가 발생하였을 때에는 '을' 이 그 책임을 져야 한다.
4. '을' 의 매니저는 '갑' 이 지정하는 사람과 해야 하며, 제반일정에 대한 관리대행을

일임해야 하며, 성실히 임해야 한다.

5. 계약 만기일로부터 6개월 전에 해당하는 날짜와 계약 만기일 사이에 '을' 은 반드시 '갑' 이 요구하는 새로운 음반을 1회 출시(녹음 및 취입) 하고, 그 앨범의 PR에 관련된 연예활동을 반드시 수행하도록 한다.

6. '을' 은 '갑' 의 요구가 있을 시, 매년 1장 이상의 정규앨범을 제작하고, 그에 따른 연예활동을 수행하며, 모든 과정에 성실히 임한다.(앨범제작의 시기는 '갑' 이 정하며, '을' 은 이에 무조건 따른다.)

제6조 ('을' 의 권리)

'갑' 으로부터 본연의 임무 이외의 요구가 있을 시는 거절할 수 있다.

제7조

1. PR 은 가급적 서로 협조하여 동참한다.

2. PR 기간 중 '갑' 이 판단하여 PR 정지가 필요할 때에는 정지할 수 있으며 '을' 의 활동을 중지할 경우 이는 '갑' 의 결정을 따른다.

3. '갑' 과 '을' 의 음반 제작에 있어서 '갑' 은 제작비용을 포함한 모든 것에 책임을 지며 그에 따른 이익과 손해는 '갑' 에게 귀속된다.

제8조 (이익금의 분배)

1. '을' 이 가수로서 음반을 발표하여, 단일음반 판매량 중 반품을 제외하고, ________장 이상 판매됐을 경우, 그 다음 앨범 발매 시 일금 __________원을 지급하는 것으로 하고, ________장 이상 판매 되었을 경우, 금일 __________원정

(000,000,000원)을 지급하는 것으로 한다.(단, 싱글 음반은 매 ________장 이상 시 일금 _________원, ________장 이상 시 일금 _________원으로 한다.)

단, '을'이 계약 후 '팀'(그룹) 일원으로 활동할 경우 제8조 1항에 제시한 금액을 그 팀의 인원수만큼 나눈 금액을 지급받는다.

(듀엣-50%, 트리오-33.3%, 4인조-25%, 5인조-20%, 6인조-16.6%)

2. '제8조 1항'의 경우는 오직 '을'의 정규앨범의 수익분배에만 해당하며, '갑'이 제작한 2차적 편집물 등(라이브 음반, 베스트 음반, 옴니버스 음반, 영어 또는 일어 버전 모음집, 기타 모음집 등)에 의한 수익은 모두 '갑'의 소유로 한다.

이미 발매된 '을'의 곡을 '갑'이 컨필레이션 음반(편집앨범)으로 발매할 경우, '을'의 수익은 제8조 1항의 수익을 앨범에 삽입된 곡수로 나누어 계산한 후, 그 금액을 '을'의 수익으로 지급받는다.

3. 해외시장을 타깃으로 외국에서 제작된 음반의 경우는 순수익의 10%를 '을'에게 지급한다.(분배방식은 제8조 1항과 동일.)

4. ○○○방송 제작물에 최우선 출연한다.

5. ○○○이 제작하는 모든 방송(공중파 포함)의 출연료는 현 공중파나 케이블방송에 준하여 평균된 금액으로 책정하며, 그 책정된 출연료의 ____%를 '을'에게 지급하는 것으로 한다.

제9조(위약과 손해배상 청구)

1. '을'이 본 계약을 위반 하였을 경우 그로 인하여 발생되는 손해는 배상하여야 하며 '을'이 연애 활동에 영향을 미칠 수 있는 사건이나 행동을 일으켰을 때 그에 대한 전체의 책임을 '을'이 지며 그로 인하여 연예 활동을 지속하기가 어렵다고 '갑'이

판단하는 경우 '을'의 활동을 중지시킬 수 있으며, '을'은 '갑'에게 손해배상 하여야 한다.(손해배상을 하여도 해약되는 것은 아니다.)

2. 손해배상으로 총 투자액(음반제작비 및 기타 어떤 형태로든 지급되거나 사용된 제반 비용)의 ___배, 잔여 계약기간 동안의 예상이익금의 ___배 되는 금액, 그리고 일금 _________원을 별도로 '을'은 '갑'에게 배상해 주어야 한다.

3. 해약을 원할 때에는 '갑'과 '을' 쌍방이 합의된 경우 '을'은 제9조 2항을 지켜야 한다.

제10조 (분쟁 및 기타의 의무)

본 계약 조항에 관하여 해석상의 차이나 계약서에 명시되어 있지 아니함으로써 발생하는 문제는 관계법령 또는 상례에 따라 해석하여 '갑'과 '을'의 신뢰를 바탕으로 쌍방 합의하에 해결토록 한다.

제11조 (합의관할)

본 계약에 관한 소송 관할은 서울 민사 지방 법원으로 한다.

(계약 발생 시효)

특약: 본 계약서에 서명 날인함으로써 본 계약은 실효를 갖는다.

본 계약을 증명하기 위하여 계약서 2통씩 작성하여 각각 서명 날인하고 1통씩 보관한다.

년　　월　　일

'갑' 의 상호: ㈜ ○○○Entertainment

대표: 갑을병(인)

주소: 서울시 강남구 역삼동 123번지 00빌딩 5층

'을' 의 성명: 진선미(인)

주소: 서울시 송파구 123번지 ○○○아파트 100동 1001호

주민등록번호: 000000-0000000

'을' 이 미성년자이므로 '병' 은 '을' 의 법정대리인으로서 상기 계약내용에 동의하고, 앞으로 '을' 에 대한 모든 책임을 지며, 아래에 서명날인 함으로서 이 계약이 성립됨을 인정합니다.

'병' 의 성명: 진지해

'을' 과의 관계: 진선미의 부(모)

주민등록번호: 000000-0000000

주소: 서울시 송파구 123번지 ○○○아파트 100동 1001호

5. 오디션 지원서

오디션 지원서

지원 구분 : 가수(　　) 연기자(　　) 개그맨(　　) 모델(　　) 댄서(　　)

접수번호	

<table>
<tr><td rowspan="5">사진</td><td rowspan="3">성명</td><td>한글</td><td></td><td>성　　별</td><td></td></tr>
<tr><td>한문</td><td></td><td>병역 사항</td><td></td></tr>
<tr><td>영문</td><td colspan="3"></td></tr>
<tr><td colspan="2">주민등록번호</td><td colspan="3"></td></tr>
<tr><td colspan="2">연락처</td><td colspan="3">일반 :　　　　　휴대폰 :</td></tr>
<tr><td>주　소</td><td colspan="5"></td></tr>
<tr><td>E-Mail</td><td colspan="5"></td></tr>
<tr><td>최종학력</td><td colspan="5"></td></tr>
<tr><td>신체 조건</td><td colspan="5">키 :　　　　　몸무게 :</td></tr>
<tr><td>특　기</td><td colspan="5"></td></tr>
<tr><td>취　미</td><td colspan="5"></td></tr>
<tr><td>가족 사항</td><td colspan="5"></td></tr>
<tr><td>경력 사항</td><td colspan="5"></td></tr>
</table>

자기소개서

사진

제8장

부록

1. 저작권법 시행령
2. 저작권법

참고문헌

1. 저작권법 시행령

(대통령령 제20135호)

저작권법 시행령 전부개정령안

저작권법 시행령 전부를 다음과 같이 개정한다.

저작권법 시행령

제1조(목적) 이 영은 「저작권법」에서 위임된 사항과 그 시행에 필요한 사항을 정함을 목적으로 한다.

제2조(복제 · 공연 등 내역의 제출) 「저작권법」(이하 "법"이라 한다) 제25조 제1항 및 제2항에 따라 저작물을 이용하려는 자는 법 제25조 제5항에 따라 보상을 받을 권리를 행사하는 단체(이하 "보상금수령단체"라 한다)에 복제 · 공연 · 방송 및 전송의 내역을 제출하고 그에 해당하는 보상금을 지급하여야 한다.

제3조(보상금수령단체의 지정) ① 문화관광부장관은 보상금수령단체를 지정하려면 법 제25조 제5항 각 호의 요건을 갖춘 단체로서 구성원의 의결권 등이 평등하고 단체의 의사결정이 민주적으로 이루어지는 단체를 지정하여야 한다.

② 문화관광부장관은 제1항에 따라 단체를 지정하면 이를 관보에 고시하여야 한다.

제4조(보상 관계 업무 규정) 보상금수령단체는 다음 각 호의 사항을 포함하는 보상 관계 업무 규정을 정하여 문화관광부장관의 승인을 받아야 한다. 이를 변경하려는 때에도 또한 같다.

1. 보상금 징수의 방법 및 절차에 관한 사항

2. 보상금의 분배에 관한 사항
3. 수수료에 관한 사항
4. 보상금의 관리에 관한 사항

제5조(회계) 보상금수령단체는 보상금에 관한 회계를 다른 회계와 구분하여 처리하여야 한다.

제6조(지정의 취소) ① 문화관광부장관은 법 제25조 제7항에 따라 보상금수령단체의 지정을 취소하려면 청문을 하여야 한다.

② 문화관광부장관은 보상금수령단체의 지정을 취소한 경우에는 그 사실을 관보에 고시하여야 한다.

제7조(보상금 분배 공고) 보상금수령단체는 다음 각 호의 사항을 포함한 보상금 분배에 관한 사항을 「신문 등의 자유와 기능보장에 관한 법률」 제12조 제1항에 따라 등록한 전국을 보급지역으로 하여 발행되는 일간신문, 보상금수령단체의 인터넷 홈페이지, 문화관광부장관이 저작권 행정에 관하여 운영하는 정보통신망(이하 "문화관광부 정보통신망"이라 한다)에 각각 공고하여야 한다. 이 경우 인터넷 홈페이지와 문화관광부 정보통신망에 공고하는 경우에는 1개월 이상 게시하여야 한다.

1. 지급 근거
2. 지급 기준 및 대상
3. 지급 방법
4. 지급 기한 및 미 분배 보상금 처리 방법
5. 담당자 및 연락처

제8조(미분배 보상금의 공익목적 사용) ① 법 제25조 제8항에서 "공익목적"이란 다음 각 호의 목적을 말한다.

1. 저작권 교육 · 홍보 및 연구
2. 저작권 정보의 관리 및 제공

3. 저작물 창작 활동의 지원
4. 저작권 보호 사업
5. 창작자 권익옹호 사업
6. 저작물 이용 활성화 및 공정한 이용을 도모하기 위한 사업

② 보상금수령단체는 법 제25조 제8항에 따라 미분배 보상금의 사용 승인을 받으려면 다음 각 호의 사항을 적은 문서를 문화관광부장관에게 제출하여야 한다.

1. 보상금 분배 공고일
2. 승인신청 금액
3. 보상금 사용 목적
4. 보상금 사용 계획
5. 승인신청 일시

③ 보상금수령단체는 미분배 보상금을 사용한 때에는 6개월 이내에 사용 보고서를 작성하여 문화관광부장관에게 제출하여야 한다.

제9조(교육기관의 복제방지조치 등 필요한 조치) 법 제25조 제10항에서 "대통령령이 정하는 필요한 조치"란 다음 각 호의 조치를 말한다.

1. 불법 이용을 방지하기 위하여 필요한 다음 각 목에 해당하는 기술적 조치
가. 전송하는 저작물을 수업을 받는 자 외에는 이용할 수 없도록 하는 접근제한조치
나. 전송하는 저작물을 수업을 받는 자 외에는 복제할 수 없도록 하는 복제방지조치
2. 저작물에 저작권 보호 관련 경고문구의 표시
3. 전송과 관련한 보상금을 산정하기 위한 장치의 설치

제10조(정당한 범위 등의 기준) 문화관광부장관은 법 제28조에 따른 정당한 범위와 공정한 관행에 관한 지침을 정하여 고시할 수 있다.

제11조(판매용 음반 등에 의한 공연의 예외) 법 제29조 제2항 단서에서 "대통령령이 정하는 경우"란 다음 각 호의 어느 하나에 해당하는 공연을 말한다.

1. 「식품위생법 시행령」 제7조 제8호에 따른 영업소에서 하는 다음 각 목의 공연

가. 「식품위생법 시행령」 제7조 제8호 다목에 따른 단란주점과 같은 호 라목에 따른 유흥주점에서 하는 공연

나. 가목에 해당하지 아니하는 영업소에서 하는 공연으로서 음악 또는 영상저작물을 감상하는 설비를 갖추고 음악이나 영상저작물을 감상하게 하는 것을 영업의 주요 내용의 일부로 하는 공연

2. 「한국마사회법」에 따른 경마장, 「경륜 · 경정법」에 따른 경륜장 또는 경정장에서 하는 공연

3. 「체육시설의 설치 · 이용에 관한 법률」에 따른 골프장 · 스키장 · 에어로빅장 · 무도장 · 무도학원 또는 전문체육시설 중 문화관광부령으로 정하는 전문체육시설에서 하는 공연

4. 「항공법」에 따른 항공운송사업용 여객용 항공기, 「해운법」에 따른 해상여객운송사업용 선박 또는 「철도사업법」에 따른 여객용 열차에서 하는 공연

5 「관광진흥법」에 따른 호텔 · 휴양콘도미니엄 · 카지노 또는 유원시설에서 하는 공연

6. 「유통산업발전법 시행령」 제3조에 따른 대형마트 · 전문점 · 백화점 또는 쇼핑센터에서 하는 공연

7. 「공중위생관리법」 제2조 제1항 제2호 숙박업 및 같은 항 제3호 나목의 목욕장에서 영상저작물을 감상하게 하기 위한 설비를 갖추고 하는 판매용 영상저작물의 공연

8. 다음 각 목의 어느 하나에 해당하는 시설에서 영상저작물을 감상하게 하기 위한 설비를 갖추고 하는 판매용 영상저작물의 공연. 다만, 발행일부터 6개월이 지나지 아니한 판매용 영상저작물로 한정한다.

가. 국가 · 지방자치단체(그 소속기관을 포함한다)의 청사 및 그 부속시설

나. 「공연법」에 따른 공연장

다. 「박물관 및 미술관 진흥법」에 따른 박물관 · 미술관

라. 「도서관법」에 따른 도서관

마. 「지방문화원진흥법」에 따른 지방문화원

바. 「사회복지사업법」에 따른 사회복지관

사. 「여성발전기본법」 제2조 제3호에 따른 여성관련 시설

아. 「청소년활동진흥법」 제10조 제1호 가목에 따른 청소년수련관

자. 「지방자치법」 제135조에 따른 공공시설 중 시 · 군 · 구민회관

제12조(복제할 수 있는 시설의 범위) 법 제31조 제1항 각 호 외의 부분 본문에서 "대통령령이 정하는 시설"이란 다음 각 호의 어느 하나에 해당하는 시설을 말한다.

1. 「도서관법」에 따른 국립중앙도서관 · 공공도서관 · 대학도서관 · 학교도서관 · 전문도서관(영리를 목적으로 하는 법인 또는 단체에서 설립한 전문도서관으로서 그 소속원만을 대상으로 도서관 봉사를 하는 것을 주된 목적으로 하는 도서관은 제외한다)

2. 국가, 지방자치단체, 영리를 목적으로 하지 아니하는 법인 또는 단체가 도서 · 문서 · 기록과 그 밖의 자료(이하 "도서 등"이라 한다)를 보존 · 대출하거나 그 밖에 공중의 이용에 제공하기 위하여 설치한 시설

제13조(도서관등의 복제방지조치 등 필요한 조치) 법 제31조 제7항에서 "대통령령이 정하는 필요한 조치"란 다음 각 호의 조치를 말한다.

1. 불법 이용을 방지하기 위하여 필요한 다음 각 목에 해당하는 기술적 조치

가. 제12조에 따른 시설(이하 "도서관 등"이라 한다)의 이용자가 도서관 등의 안에서 열람하는 것 외의 방법으로는 도서 등을 이용할 수 없도록 하는 복제방지조치

나. 도서관 등의 이용자 외에는 도서 등을 이용할 수 없도록 하는 접근제한 조치

다. 도서관 등의 이용자가 도서관 등의 안에서 열람하는 것 외의 방법으로 도서 등을 이용하거나 그 내용을 변경한 경우 이를 확인할 수 있는 조치

라. 판매용으로 제작된 전자기록매체의 이용을 방지할 수 있는 장치의 설치

2. 저작권 침해를 방지하기 위한 도서관 직원 교육
3. 컴퓨터 등에 저작권 보호 관련 경고표지의 부착
4. 법 제31조 제5항에 따른 보상금을 산정하기 위한 장치의 설치

제14조(복제 등이 허용된 시각장애인 등의 시설) 법 제33조 제2항에서 "대통령령이 정하는 시설"이란 다음 각 호의 어느 하나에 해당하는 시설을 말한다.

1. 「장애인복지법」 제58조 제1항에 따른 장애인복지시설 중 다음 각 목의 어느 하나에 해당하는 시설
가. 시각장애인 등을 위한 장애인 생활시설
나. 점자도서관
다. 장애인지역사회재활시설 및 장애인직업재활시설 중 시각장애인 등을 보호하고 있는 시설
2. 「초 · 중등교육법」 및 「특수교육진흥법」에 따른 특수학교와 시각장애인 등을 위하여 특수학급을 둔 각급학교
3. 국가 · 지방자치단체, 영리를 목적으로 하지 아니하는 법인 또는 단체가 시각장애인 등의 교육 · 학술 또는 복리 증진을 목적으로 설치 · 운영하는 시설

제15조(시각장애인 등의 범위) 법 제33조에 따른 시각장애인 등의 범위는 다음 각 호와 같다.

1. 「장애인복지법 시행령」 별표 1 제3호에 따른 시각장애인 중 다음 각 목의 어느 하나에 해당하는 사람
가. 좋은 눈의 시력(만국식 시력표에 따라 측정된 교정시력을 말한다)이 0.2 이하인 사람
나. 두 눈의 시야가 각각 주시점(注視點)에서 10도 이하로 남은 사람
2. 신체적 또는 정신적 장애로 인하여 도서를 다루지 못하거나 독서 능력이 뚜렷하게 손상되어 정상적인 독서를 할 수 없는 사람

제16조(녹음물 등의 보존시설) 법 제34조 제2항 단서에서 "대통령령이 정하는 장소"란 다음

각 호의 어느 하나에 해당하는 시설 내를 말한다.

1. 기록의 보존을 목적으로 국가나 지방자치단체가 설치 · 운영하는 시설

2. 방송용으로 제공된 녹음물이나 녹화물을 기록 자료로 수집 · 보존하기 위하여 「방송법」 제2조 제3호에 따른 방송사업자가 운영하거나 그의 위탁을 받아 녹음물 등을 보존하는 시설

제17조(출처 명시의 방법) 문화관광부장관은 법 제37조 제2항에 따른 저작물의 이용 상황에 따른 합리적인 출처 명시 방법에 관한 지침을 정하여 고시할 수 있다.

제18조(상당한 노력의 기준) 법 제50조 제1항에서 "대통령령이 정하는 기준에 해당하는 상당한 노력"이란 다음 각 호의 요건을 모두 충족하는 것을 말한다.

1. 해당 저작물을 취급하는 법 제105조 제1항에 따른 저작권신탁관리업자(해당 저작물이 속하는 분야의 저작물을 취급하는 저작권신탁관리업자가 없는 경우에는 법 제105조 제1항에 따른 저작권대리중개업자 또는 해당 저작물에 대한 이용을 허락받은 사실이 있는 이용자 중 2명 이상)에게 저작재산권자의 성명 또는 명칭, 주소 또는 거소를 조회하는 확정일자 있는 문서를 보냈으나 이를 알 수 없다는 회신을 받거나 문서를 발송한 날부터 1개월이 지났는데도 회신이 없을 것

2. 「신문 등의 자유와 기능보장에 관한 법률」 제12조 제1항에 따라 등록한 전국을 보급지역으로 하여 발행되는 일간신문 또는 문화관광부 정보통신망과 법 제112조에 따른 저작권위원회(이하 "저작권위원회"라 한다)의 인터넷 홈페이지에 문화관광부령으로 정하는 바에 따라 제1호에 따른 조회 사항 등을 공고한 날부터 10일이 지났을 것

제19조(저작물 이용 등의 승인신청) 법 제50조부터 제52조까지의 규정에 따라 저작물의 이용, 방송 또는 음반제작에 관한 승인을 받으려는 자는 문화관광부령으로 정하는 바에 따라 저작물 이용 승인신청서를 문화관광부장관에게 제출하여야 한다.

제20조(의견제출 등) ① 문화관광부장관은 제19조에 따라 승인신청을 받으면 다음 각 호에

따른 조치를 하여야 한다.

1. 법 제50조에 따른 저작재산권자가 불명인 저작물 이용 승인신청의 경우에는 15일간 신청 내용을 관보에 공고할 것

2. 법 제51조 또는 법 제52조에 따른 방송 또는 음반제작 승인신청의 경우에는 해당 저작재산권자나 그 대리인에게 7일 이상 30일 이내의 기간을 정하여 의견을 제출할 기회를 줄 것

② 제1항 제2호에 따라 의견 제출의 기회를 주려는 때에는 7일 이전에 해당 저작재산권자나 그 대리인에게 서면으로 알려야 하며, 기간 내에 의견을 제출하지 아니하는 경우에는 의견 제출의 기회를 포기하는 것으로 본다는 뜻을 명시하여야 한다.

③ 법 제50조 제3항 단서에 따라 이의를 제기하려는 저작재산권자는 이의신청서에 다음 각 호의 자료를 첨부하여 문화관광부장관에게 제출하여야 한다.

1. 자신이 그 저작물의 권리자로 표시된 저작권 등의 등록증 사본 또는 그에 상당하는 자료

2. 자신의 성명이나 명칭(이하 "성명 등"이라 한다) 또는 예명 · 아호 · 약칭 등(이하 "이명"이라 한다)으로서 널리 알려진 것이 표시되어 있는 저작물, 실연 · 음반 · 방송 또는 데이터베이스(이하 "저작물 등"이라 한다)의 사본 또는 그에 상당하는 자료

제21조(승인의 통지 등) ① 문화관광부장관은 법 제50조부터 제52조까지의 규정에 따른 승인을 하는 경우에는 그 내용을 신청인과 해당 저작재산권자에게 알려야 한다. 이 경우 저작재산권자나 그의 거소를 알 수 없는 경우에는 관보에 공고하여야 한다.

② 문화관광부장관은 법 제50조 제1항에 따른 승인을 한 경우에는 법 제50조 제4항에 따라 다음 각 호의 내용을 문화관광부 정보통신망과 저작권위원회의 인터넷 홈페이지에 1개월 이상 게시하여야 한다.

1. 저작물의 제호 및 공표연월일

2. 저작자 또는 저작재산권자의 성명

3. 이용 승인을 받은 자의 성명

4. 저작물의 이용 승인 조건(이용허락기간 및 보상금)

5. 저작물의 이용 방법 및 형태

제22조(승인신청의 기각) ① 문화관광부장관은 제19조에 따른 저작물 이용 등의 승인신청이 다음 각 호의 어느 하나에 해당하면 이를 기각한다.

1. 법 제50조부터 제52조까지의 규정에 따른 저작물 이용의 신청 요건을 갖추지 못한 경우

2. 저작물 이용의 승인 전에 저작재산권자나 그의 거소가 확인되었거나 협의가 성립된 경우

3. 저작재산권자가 저작물의 출판이나 그 밖의 이용에 제공되지 아니하도록 저작물의 모든 복제물을 회수할 경우

4. 해당 저작물이 아니더라도 그 목적을 달성할 수 있다고 인정되거나 저작재산권자가 저작물의 이용을 허락할 수 없는 부득이한 사유가 있다고 인정될 경우

② 문화관광부장관은 제1항에 따라 승인신청을 기각한 경우에는 그 사유를 명시하여 신청인과 저작재산권자에게 알려야 한다. 다만, 저작재산권자나 그의 거소를 알 수 없는 경우에는 신청인에게만 알린다.

제23조(보상금의 공탁) ① 법 제50조부터 제52조까지의 규정에 따라 보상금을 공탁할 수 있는 경우는 다음 각 호와 같다.

1. 저작재산권자나 그의 거소를 알 수 없는 경우

2. 저작재산권자가 보상금 수령을 거부하거나 수령할 수 없는 경우

3. 해당 저작재산권자의 권리를 목적으로 하는 질권이 설정되어 있는 경우(저작재산권자가 해당 질권을 가진 자의 승낙을 받은 경우는 제외한다)

② 제1항에 따른 보상금의 공탁은 해당 저작재산권자의 주소가 대한민국 내에 있을 경우에는 해당 주소지의 관할 공탁소에, 그 밖의 경우에는 보상금을 공탁하는 자의

주소지의 관할 공탁소에 하여야 한다.

③ 제1항 제2호 및 제3호에 따라 보상금을 공탁한 자는 그 사실을 공탁물을 수령할 자에게 알려야 한다.

④ 제1항 제1호에 따라 보상금을 공탁한 자는 그 사실을 문화관광부령으로 정하는 바에 따라 공고하여야 한다.

제24조(등록 사항) 법 제53조 제1항 제4호에서 "대통령령으로 정하는 사항"이란 다음 각 호의 사항을 말한다.

1. 2차적 저작물의 경우 원 저작물의 제호 및 저작자
2. 저작물이 공표된 경우에는 그 저작물이 공표된 매체에 관한 정보
3. 등록권리자가 2명 이상인 경우 각자의 지분에 관한 사항

제25조(신청주의) ① 법 제53조 및 법 제54조에 따른 등록은 이 영에 다른 규정이 있는 경우 외에는 신청이나 촉탁이 있어야 한다.

② 촉탁에 의한 등록의 절차에 대하여는 신청으로 인한 등록에 관한 규정을 준용 한다.

제26조(등록신청) ① 법 제53조 및 법 제54조에 따른 등록을 하려는 자는 문화관광부령으로 정하는 바에 따라 등록신청서를 문화관광부장관에게 제출하여야 한다.

② 법 제54조에 따른 등록을 하려면 이 영에 다른 규정이 있는 경우 외에는 등록권리자와 등록의무자가 공동으로 신청하여야 한다. 다만, 신청서에 등록의무자의 승낙서를 첨부하였을 때에는 등록권리자만으로 신청할 수 있다.

③ 판결 · 상속이나 그 밖의 일반승계 또는 촉탁에 따른 등록은 등록권리자만으로 신청할 수 있다.

④ 등록명의인 표시를 변경하거나 정정하기 위한 등록신청은 등록명의인만으로 할 수 있다.

제27조(저작권 등록부 기재 등) 법 제55조 제1항에 따른 저작권등록부에는 다음 각 호의 사항을 기재하여야 한다.

1. 등록번호
2. 저작물의 제호
3. 저작자 등의 성명
4. 창작 · 공표 및 발행 연월일
5. 등록권리자의 성명 및 주소
6. 등록의 내용

② 저작권등록부의 서식과 그 밖에 필요한 사항은 문화관광부령으로 정한다.

제28조(등록증의 발급 등) ① 문화관광부장관은 등록신청을 받아 이를 저작권등록부에 기재한 경우에는 신청인에게 등록증을 발급하여야 한다.

② 분실 · 멸실 또는 훼손으로 인하여 등록증을 재발급 받으려는 자는 문화관광부령으로 정하는 신청서를 문화관광부장관에게 제출하여야 한다.

제29조(등록 사항의 경정 등) ① 문화관광부장관은 저작권등록부에 기재된 사항에 착오나 누락이 있는 것을 발견하였을 때에는 지체 없이 이를 등록권리자와 등록의무자에게 알려야 한다.

② 제1항의 착오나 누락이 등록공무원의 과오로 인한 것인 경우에는 지체 없이 그 등록된 사항을 경정하고 그 내용을 등록권리자와 등록의무자에게 알려야 한다.

③ 제1항 및 제2항에 따른 등록 사항의 경정에 이해관계를 가진 제삼자가 있는 경우에는 그 제삼자에게도 착오나 누락의 내용을 알려야 한다.

제30조(등록 사항의 변경 등) 제27조에 따라 등록된 사항에 대하여 변경 · 경정 · 말소등록 또는 말소한 등록의 회복등록을 신청하려는 경우에는 문화관광부령으로 정하는 바에 따라 변경 등 등록신청서에 이를 증명할 수 있는 서류를 첨부하여 문화관광부장관에게 제출하여야 한다.

제31조(등록의 직권말소) ① 문화관광부장관은 등록된 사항이 다음 각호의 어느 하나에 해당하는 경우에는 등록을 말소하여야 한다.

1. 확정판결에 의하여 허위등록임이 확인된 경우

2. 확정판결에 의하여 등록 사항이 아닌 것으로 확인된 경우

② 제1항 제2호에 따라 말소하는 경우에는 그 말소의 사실을 등록권리자, 등록의무자 및 이해관계가 있는 제삼자에게 알려야 한다.

제32조(신청의 반려방법) 법 제55조 제2항에 따라 문화관광부장관은 등록신청을 반려하려는 경우에는 그 사유를 명시한 서면을 작성하여 신청인에게 알려야 한다.

제33조(등록공보의 발행 등) ① 문화관광부장관은 법 제55조 제3항에 따라 2개월에 1회 이상 등록공보를 발행하거나 등록공보의 내용을 문화관광부 정보통신망에 게시하여야 한다.

② 제1항에 따른 등록공보에는 제27조제1항 각 호의 사항을 적어야 한다.

제34조(등록부의 열람 등) 법 제55조 제3항에 따라 등록부를 열람하거나 그 사본을 발급받으려는 자는 문화관광부령으로 정하는 바에 따라 신청서를 문화관광부장관에게 제출하여야 한다.

제35조(전자문서에 의한 저작권등록 등) 제24조부터 제34조까지의 규정에 따른 등록 및 이와 관련된 업무는 전자문서로 작성 · 처리할 수 있다.

제36조(인증기관의 지정 등) ① 법 제56조 제1항에 따라 인증기관으로 지정받을 수 있는 기관은 다음 각 호와 같다.

1. 저작권위원회

2. 저작권신탁관리업자

3. 그 밖에 문화관광부장관이 인증업무를 수행할 능력이 있다고 인정하는 법인이 단체

② 제1항에 따라 인증기관으로 지정받으려는 자는 다음 각 호의 요건을 갖추어야 한다.

1. 인증업무 수행과 관련하여 이용자에게 입힌 손해를 배상할 수 있는 능력이 있을 것

2. 이용자의 등록정보 관리 및 인증서를 생성 · 발급하기 위한 설비를 갖출 것
3. 인증업무에 관한 시설 및 장비를 안전하게 운영하기 위한 보호설비를 갖출 것
③ 인증기관으로 지정받으려는 자는 문화관광부령으로 정하는 인증기관지정신청서에 제2항 각 호의 요건을 갖추었음을 증명하는 서류와 다음 각 호의 사항을 포함한 인증업무규정을 첨부하여 문화관광부장관에게 제출하여야 한다.
1. 인증의 종류
2. 인증기준
3. 인증업무의 수행 방법 및 절차
4. 인증역무의 이용 조건
④ 문화관광부장관은 인증기관을 지정한 경우에는 문화관광부령으로 정하는 바에 따라 인증기관 지정서를 발급하여야 한다.
⑤ 제4항에 따라 지정받은 인증기관이 인증업무규정의 내용을 변경하려면 변경지정을 받아야 한다.
⑥ 문화관광부장관은 인증기관이 다음 각 호의 어느 하나에 해당하면 그 지정을 취소할 수 있다.
1. 제1항 및 제2항의 요건을 갖추지 못한 경우
2. 인증업무규정에 위반하여 인증업무를 처리한 경우
3. 정당한 이유 없이 1년 이상 계속하여 인증업무를 하지 아니한 경우
⑦ 문화관광부장관이 인증기관을 지정하거나 그 지정을 취소한 경우에는 이를 관보에 고시하여야 한다.

제37조(인증 절차 등) ① 법 제56조에 따라 인증을 받으려는 자는 제36조 제7항에 따라 고시된 인증기관에 문화관광부령으로 정하는 인증신청서를 제출하여야 한다.
② 인증기관은 제1항에 따라 인증을 신청한 자가 정당한 권리자(정당한 권리자로부터 저작물 등의 이용허락을 받은 경우를 포함한다)라고 인정되는 경우에는 이를 인

증하여야 한다.

③ 인증기관이 제2항에 따라 인증을 하면 문화관광부령으로 정하는 인증서를 발급하여야 한다.

④ 제3항에 따라 인증서를 발급받은 자는 저작물에 인증 범위와 유효기간 등을 나타내는 인증표시를 할 수 있다.

⑤ 제1항부터 제4항까지의 규정에서 정한 것 외에 인증의 절차 및 기준, 인증표시, 그 밖에 인증업무와 관련하여 필요한 세부적인 사항은 문화관광부장관이 정하여 고시한다.

제38조(복제권자의 표지) 법 제58조 제3항에 따른 복제권자의 표지에 수록되는 사항은 다음 각 호와 같다. 다만, 「신문 등의 자유와 기능보장에 관한 법률」 제12조 제1항에 따라 등록된 정기간행물의 경우에는 복제권자의 표지를 하지 아니한다.

1. 복제의 대상이 외국인의 저작물일 경우에는 복제권자의 성명 및 맨 처음의 발행연도의 표지
2. 복제의 대상이 대한민국 국민의 저작물일 경우에는 제1호에 따른 표지 및 복제권자의 검인
3. 출판권자가 복제권의 양도를 받은 경우에는 그 취지의 표시

제39조(실연자에 대한 디지털음성송신보상금 관련 협의 기간) 법 제76조 제3항에서 "대통령령이 정하는 기간"이란 매년 1월 1일부터 6월 30일까지의 기간을 말한다.

제40조(복제 · 전송의 중단 요청) 법 제103조 제1항에 따라 온라인서비스제공자에게 복제 · 전송을 중단시킬 것을 요구하려는 자(이하 "권리주장자"라 한다)는 문화관광부령으로 정하는 요청서(전자문서로 된 요청서를 포함한다)에 다음 각 호의 어느 하나에 해당하는 소명 자료(전자문서를 포함한다)를 첨부하여 온라인서비스제공자에게 제출하여야 한다. 다만, 권리주장자가 저작권신탁관리업자이거나 최근 1년 이내에 반복적인 침해행위에 대하여 권리자임을 소명할 수 있는 자료를 이미 제출한 사실이

있는 경우에는 요청서만 제출하여도 된다.

1. 자신이 그 저작물등의 권리자로 표시된 저작권 등의 등록증 사본 또는 그에 상당하는 자료

2. 자신의 성명 등이나 이명으로서 널리 알려진 것이 표시되어 있는 저작물 등의 사본 또는 그에 상당하는 자료

제41조(복제 · 전송의 중단 통보) ① 법 제103조 제2항에 따라 저작물 등의 복제 · 전송을 중단시킨 온라인서비스제공자는 복제 · 전송을 중단시킨 날부터 3일 이내에 복제 · 전송자 및 권리주장자에게 문화관광부령으로 정하는 통보서(전자문서로 된 통보서를 포함한다)에 권리주장자가 제출한 복제 · 전송 중단 요청서(복제 · 전송자에 한정하며, 전자문서를 포함한다)를 첨부하여 통보하여야 한다.

② 온라인서비스제공자는 복제 · 전송자에게 제1항에 따른 통보를 할 때 자신의 복제 · 전송이 정당한 권리에 의한 것임을 소명하여 복제 · 전송의 재개를 요구할 수 있음을 알려주어야 한다.

제42조(복제 · 전송의 재개 요청) 법 제103조 제3항에 따라 복제 · 전송의 재개를 요구하려는 복제 · 전송자는 온라인서비스제공자로부터 복제 · 전송의 중단을 통보받은 날부터 30일 이내에 문화관광부령으로 정하는 재개요청서(전자문서로 된 요청서를 포함한다)에 다음 각 호의 어느 하나에 해당하는 소명 자료(전자문서를 포함한다)를 첨부하여 온라인서비스제공자에게 제출하여야 한다.

1. 자신이 그 저작물등의 권리자로 표시된 저작권 등의 등록증 사본 또는 그에 상당하는 자료

2. 자신의 성명 등 또는 널리 알려진 이명이 표시되어 있는 그 저작물 등의 사본 또는 그에 상당하는 자료

3. 저작권 등을 가지고 있는 자로부터 적법하게 복제 · 전송의 허락을 받은 사실을 증명하는 계약서 사본 또는 그에 상당하는 자료

4. 그 저작물등의 저작재산권의 보호기간이 끝난 경우 그 사실을 확인할 수 있는 자료

제43조(복제 · 전송의 재개통보 등) ① 제42조에 따라 재개요구를 받은 온라인서비스제공자는 복제 · 전송의 재개를 요구받은 날부터 3일 이내에 복제 · 전송자의 복제 · 전송이 정당한 권리에 의한 것인지의 여부를 결정하여야 하고, 정당한 권리에 의한 것으로 인정되면 복제 · 전송의 재개예정일을 정하여 문화관광부령으로 정하는 통보서(전자문서로 된 통보서를 포함한다)를 권리주장자에게 송부하여야 한다.

② 제1항에 따른 재개예정일은 그 복제 · 전송의 재개를 요구받은 날의 7일 이후부터 14일까지의 기간 중에 속하는 날로 하여야 한다.

제44조(수령인의 지정과 변경의 공지) 온라인서비스제공자가 법 제103조 제4항에 따라 수령인을 지정(지정한 수령인을 변경하여 지정하는 것을 포함한다)한 경우에는 그 복제 · 전송 서비스를 제공하는 자신의 정보통신망에 누구나 쉽게 알 수 있도록 수령인에 대한 다음 각 호의 정보를 표시하여야 한다.

1. 성명 및 소속부서명
2. 전화번호 · 팩시밀리번호 및 전자우편주소
3. 우편물을 수령할 수 있는 주소

제45조(권리자의 요청) 법 제104조 제1항에 따라 권리자가 해당 저작물 등의 불법적인 전송을 차단하는 기술적인 조치 등 필요한 조치를 요청하려면 문화관광부령으로 정하는 요청서(전자문서로 된 요청서를 포함한다)에 다음 각 호의 자료(전자문서를 포함한다)를 첨부하여 특수한 유형의 온라인서비스제공자에게 제출하여야 한다. 다만, 권리자가 저작권신탁관리업자이거나 최근 1년 이내에 반복적인 침해행위에 대하여 권리자임을 소명할 수 있는 자료를 이미 제출한 사실이 있는 경우에는 제1호의 자료를 제출하지 아니할 수 있다.

1. 권리자임을 소명할 수 있는 다음 각 목 중 어느 하나에 해당하는 자료

가. 자신이 그 저작물등의 권리자로 표시된 저작권 등의 등록증 사본 또는 그에 상당

하는 자료

나. 자신의 성명 등이나 이명으로서 널리 알려진 것이 표시되어 있는 저작물 등의 사본 또는 그에 상당하는 자료

2. 차단을 요청하는 저작물 등을 인식할 수 있는 저작물의 제호, 그에 상당하는 문자나 부호(이하 "제호 등"이라 한다) 또는 복제물 등의 자료

제46조(불법적인 전송을 차단하는 기술적인 조치 등 필요한 조치) ①법 제104조 제1항에서 "당해 저작물등의 불법적인 전송을 차단하는 기술적인 조치 등 필요한 조치"란 다음 각 호의 모든 조치를 말한다.

1. 저작물 등의 제호 등과 특징을 비교하여 저작물 등을 인식할 수 있는 기술적인 조치

2. 제1호에 따라 인지한 저작물 등의 불법적인 송신을 차단하기 위한 검색제한 조치 및 송신제한 조치

3. 해당 저작물 등의 불법적인 전송자를 확인할 수 있는 경우에는 그 저작물 등의 전송자에게 저작권침해금지 등을 요청하는 경고문구의 발송

② 제1항 제1호 및 제2호의 조치는 권리자가 요청하면 즉시 이행하여야 한다.

제47조(저작권신탁관리업의 허가신청 등) ① 법 제105조 제1항 및 제2항에 따라 저작권신탁관리업의 허가를 받으려는 자는 문화관광부령으로 정하는 저작권신탁관리업 허가신청서(전자문서로 된 신청서를 포함한다)에 다음 각 호의 사항을 포함한 저작권신탁관리업 업무규정(전자문서를 포함한다)을 첨부하여 문화관광부장관에게 제출하여야 한다.

1. 저작권 신탁계약 약관

2. 저작물 이용계약 약관

② 문화관광부장관은 저작권신탁관리업을 허가하는 경우에는 문화관광부령으로 정하는 저작권신탁관리업 허가증을 발급하여야 한다.

③ 제2항에 따라 허가를 받은 자가 제1항에 따른 저작권신탁관리업 업무규정을 변경

하려면 변경허가를 받아야 한다.

제48조(저작권대리중개업의 신고) ① 법 제105조 제1항에 따라 저작권대리중개업의 신고를 하려는 자는 문화관광부령으로 정하는 저작권대리중개업 신고서(전자문서로 된 신고서를 포함한다)에 다음 각 호의 사항이 포함된 저작권대리중개업 업무규정(전자문서를 포함한다)을 첨부하여 문화관광부장관에게 제출하여야 한다.

1. 저작권대리중개업 계약 약관
2. 저작물 이용계약 약관

② 제1항에 따른 신고서를 받은 문화관광부장관은 문화관광부령으로 정하는 저작권대리중개업 신고증을 발급하여야 한다.

③ 제1항에 따라 신고한 자가 신고한 사항을 변경하려면 문화관광부령으로 정하는 바에 따라 저작권대리중개업 변경신고서를 제출하여야 한다.

제49조(사용료 등의 승인신청 및 승인절차) ① 저작권위탁관리업자가 법 제105조 제5항에 따라 수수료 및 사용료의 요율 또는 금액을 승인신청(변경신청을 포함한다. 이하 같다)을 하려는 경우에는 문화관광부장관에게 서면으로 승인신청을 하여야 한다.

② 저작권위원회는 법 제105조 제6항에 따라 문화관광부장관으로부터 심의요청을 받은 때에는 요청일부터 1개월 이내에 심의하고, 그 결과를 지체 없이 문화관광부장관에게 제출하여야 한다. 다만, 부득이한 사유로 인하여 해당 기간 내에 심의를 할 수 없는 경우에는 2회에 한하여 그 기간을 연장할 수 있다.

③ 문화관광부장관은 법 제105조 제7항에 따른 사용료의 요율 또는 금액에 관한 승인신청을 받으면 이해관계인의 의견을 수렴할 수 있도록 문화관광부 정보통신망에 14일간 그 내용을 게시하여야 한다.

④ 문화관광부장관은 사용료의 요율 또는 금액에 관한 승인(변경승인을 포함한다)을 한 경우에는 승인 내용을 문화관광부 정보통신망에 게시하여야 한다.

제50조(관리 저작물등의 목록 작성) 법 제106조 제1항에 따른 관리 저작물등의 목록에는 다

음 각 호의 사항을 적어야 한다.

1. 저작물 등의 제호
2. 저작자, 실연자 · 음반제작자 또는 방송사업자, 데이터베이스제작자의 성명 등
3. 창작 또는 공표 연도, 실연 또는 고정(固定) 연도, 제작 연도

제51조(이용계약 체결에 필요한 정보) 법 제106조 제2항에서 "대통령령으로 정하는 정보"란 다음 각 호의 정보를 말한다.

1. 저작물 등의 목록
2. 해당 저작물 등의 저작재산권자 등과의 신탁계약기간
3. 사용료 등 이용조건 및 표준계약서

제52조(보고) ① 법 제108조 제1항에 따라 저작권신탁관리업자는 문화관광부령으로 정하는 바에 따라 매년 전년도의 사업실적 및 해당 연도의 사업계획을 보고하여야 한다.

② 저작권대리중개업자는 문화관광부령으로 정하는 바에 따라 매년 전년도 사업 실적을 보고하여야 한다.

제53조(과징금의 금액 산정기준 등) ① 법 제111조 제1항에 따라 부과하는 과징금의 금액 산정기준은 법 제109조 제1항 제1호 또는 제2호를 사유로 업무정지를 명하는 경우에는 업무정지 1일당 50만원으로 하고, 법 제109조 제1항 제3호 또는 제4호를 사유로 업무정지를 명하는 경우에는 업무정지 1일당 20만원으로 한다.

② 문화관광부장관은 위반행위의 정도 · 위반횟수 및 위반행위의 동기와 그 결과 등을 고려하여 제1항에 따른 과징금의 금액의 2분의 1의 범위에서 가중하거나 감경할 수 있다. 다만, 가중하는 경우에도 과징금의 총액은 5천만원을 초과할 수 없다.

제54조(과징금의 부과 및 납부) ① 문화관광부장관은 법 제111조 제1항에 따라 과징금을 부과하려면 그 위반 사실과 부과금액 등을 서면에 적어 과징금을 낼 것을 처분 대상자에게 통지하여야 한다.

② 제1항에 따라 통지를 받은 자는 통지를 받은 날부터 20일 이내에 문화관광부장관이

정하는 수납기관에 과징금을 내야 한다. 다만, 천재지변이나 그 밖의 부득이한 사유로 그 기간 내에 과징금을 낼 수 없으면 그 사유가 없어진 날부터 7일 이내에 내야 한다.

③ 제2항에 따라 과징금을 받은 수납기관은 그 납부자에게 영수증을 발급하여야 한다.

④ 과징금의 수납기관은 제2항에 따라 과징금을 받으면 지체 없이 그 사실을 문화관광부장관에게 통보하여야 한다.

⑤ 문화관광부장관은 과징금의 부과 · 징수에 관한 사항을 기록 · 관리하여야 한다.

제55조(과징금의 사용절차) 문화관광부장관은 법 제111조 제4항에 따라 매년 10월 31일까지 과징금 사용용도 및 방법 등에 관한 운용계획을 수립 · 시행하여야 한다.

제56조(위원장과 부위원장) ① 법 제112조에 따른 저작권위원회의 위원장은 위원회를 대표하고 위원회의 업무를 총괄한다.

② 부위원장은 위원장을 보좌하며 위원장이 부득이한 사유로 직무를 수행할 수 없을 때에는 위원장이 미리 지명한 부위원장이 그 직무를 대행한다.

제57조(회의소집 및 의결정족수) ① 저작권위원회의 위원장은 위원회를 소집하고 그 의장이 된다.

② 저작권위원회의 회의는 재적위원 과반수의 출석으로 개의하고, 출석위원 3분의 2 이상의 찬성으로 의결한다.

③ 저작권위원회의 위원은 자기와 직접 이해관계가 있는 안건의 심의 · 조정 또는 의결에 참여할 수 없다.

제58조(위원의 대우 등) ① 위원장을 제외한 저작권위원회의 위원은 비상근으로 한다.

② 상근위원에게는 보수를 지급하며, 비상근위원에게는 예산의 범위에서 업무의 수행에 필요한 실비를 지급할 수 있다.

③ 상근위원은 그 직무 외에 영리를 목적으로 하는 업무에 종사하지 못하며, 문화관광부장관의 승인 없이 다른 직무를 겸할 수 없다.

제59조(분과위원회의 설치 등) ① 저작권위원회는 업무를 효율적으로 수행하기 위하여 분야

별로 분과위원회를 둘 수 있다.

② 분과위원회의 구성 및 운영 등과 관련하여 필요한 사항은 위원회에서 정한다.

제60조(조정부 구성 및 운영) 법 제114조에 따른 조정부는 3명의 위원으로 구성한다. 다만, 조정신청 금액이 500만원 이하인 사건에 대하여는 저작권위원회의 위원장이 지정하는 1명의 위원이 조정 업무를 수행할 수 있다.

제61조(조정의 절차 등) ① 법 제114조에 따른 분쟁의 조정을 신청하려는 자는 저작권위원회가 정하는 바에 따라 조정신청서를 저작권위원회에 제출하여야 한다.

② 위원장은 제1항에 따른 조정신청을 받으면 조정부를 지정하고, 조정신청서를 조정부에 회부하여야 한다.

③ 조정부는 조정안을 작성하여 당사자에게 제시하여야 한다.

④ 조정부는 조정신청이 있는 날부터 3개월 이내에 조정하여야 한다. 다만, 특별한 사유가 있는 경우에는 양 당사자의 동의를 얻어 1개월의 범위에서 1회에 한하여 그 기간을 연장할 수 있다.

제62조(출석의 요구 등) ① 저작권위원회는 분쟁의 조정을 위하여 필요하면 당사자, 그 대리인 또는 이해관계인의 출석을 요구하거나 관계서류의 제출을 요구할 수 있다.

② 제1항에 따라 출석을 요구하려면 7일 전에 당사자, 그 대리인 또는 이해관계인에게 서면으로 알려야 한다.

③ 저작권위원회는 조정당사자 외의 자가 위원회의 출석요구에 응하여 출석하면 수당과 여비 등 실비를 지급할 수 있다.

④ 저작권위원회는 조정에 관한 조서와 관계 기록을 관리 · 보존하여야 한다.

제63조(조정의 불성립 등) ① 다음 각 호의 어느 하나에 해당하는 경우에는 조정이 성립되지 아니한 것으로 본다.

1. 당사자가 정당한 사유 없이 제62조에 따른 출석 요구에 응하지 아니하는 경우
2. 조정신청이 있는 날부터 제61조 제4항에 따른 기간이 지난 경우

3. 당사자 간에 합의가 성립되지 아니한 경우

② 제1항에 따라 조정이 성립되지 아니한 경우에는 그 사유를 조서에 적어야 한다.

제64조(감정절차 및 방법 등) ① 법 제119조 제1항에 따라 감정을 요청하려는 자는 다음 각 호의 자료를 저작권위원회에 제출하여야 한다.

1. 감정 요청과 관련된 저작물의 사본
2. 침해에 관한 감정 요청의 경우에는 관련 저작물들의 유사성을 비교할 수 있는 자료
3. 그 밖에 저작권위원회가 감정에 필요하다고 판단하여 요청하는 자료

② 저작권위원회는 감정을 하려면 감정전문위원회를 구성하여 공정하고 객관적으로 처리하여야 한다.

③ 감정전문위원회에는 전문적인 감정을 위하여 상임전문위원을 둘 수 있다.

④ 감정전문위원회의 구성 및 감정의 절차 등과 관련하여 필요한 사항은 저작권위원회에서 정한다.

제65조(저작권위원회의 조직 및 운영 등) ① 저작권위원회에는 사무처, 저작권연구원, 저작권교육연수원 및 해외저작권센터(이하 "사무처 등"이라 한다)를 둔다.

② 제1항의 사무처 등의 조직 및 운영 등에 필요한 사항은 저작권위원회에서 정한다. 다만, 조직 · 정원 및 보수에 관한 사항은 문화관광부장관의 승인을 받아야 한다.

제66조(저작권정보센터 조직 및 운영 등) ① 법 제120조에 따른 저작권정보센터(이하 "정보센터"라 한다)에는 저작권 정보제공 등을 위한 저작권거래소, 권리관리정보 및 기술적 보호조치 관련 기술위원회를 둔다.

② 정보센터는 저작물의 권리관리정보를 수집하고 권리관리정보의 체계적인 관리 및 편리한 검색 · 활용을 위한 표준 메타데이터를 관리하여야 한다.

③ 정보센터는 기술적 보호조치의 상호운용성 확보를 위한 사업 등을 추진하여야 한다.

④ 제1항에 따른 정보센터 조직 및 운영 등에 관하여 필요한 사항은 저작권위원회에

서 정한다. 다만, 조직과 정원에 관한 사항은 문화관광부장관의 승인을 받아야 한다.

제67조(예산 및 결산 등) ① 저작권위원회는 매 사업연도 종료 전까지 다음 사업연도의 사업계획서와 예산안을 작성하여 문화관광부장관에게 제출하여 승인을 받아야 한다.

② 저작권위원회는 사업연도마다 사업실적서와 결산서를 작성하여 그 사업연도 종료 후 60일 이내에 문화관광부장관에게 제출하여야 한다.

③ 문화관광부장관은 필요하다고 인정할 때에는 저작권위원회로 하여금 그 업무에 관한 보고를 하게 하거나 관계 자료를 제출하게 할 수 있다.

제68조(업무의 위탁) ① 문화관광부장관은 법 제130조에 따라 다음 각호의 업무를 저작권위원회에 위탁한다.

1. 법 제50조부터 제52조까지의 규정에 따른 저작물 이용의 승인 및 보상금의 기준 결정
2. 법 제55조에 따른 저작권의 등록(법 제63조 제3항, 법 제90조 및 법 제98조에서 준용하는 경우를 포함하며, 제2항에 따른 등록접수에 관한 업무는 제외한다)

② 문화관광부장관은 법 제130조에 따라 법 제55조에 따른 저작권의 등록신청의 접수 업무(법 제63조 제3항, 법 제90조 및 법 제98조에서 준용하는 경우를 포함한다)를 저작권위원회와 문화관광부장관이 지정하여 고시하는 저작권신탁관리업자에 위탁한다.

③ 문화관광부장관은 법 제130조에 따라 법 제135조 제1항에 따른 저작재산권자 등의 권리를 기증받는 것에 관한 업무를 같은 조 제2항에 따라 지정받은 단체에 위탁한다.

제69조(수거 · 폐기 절차와 방법) ① 법 제133조 제1항에 따라 수거 · 폐기를 하는 관계 공무원은 그 권한을 표시하는 증표를 지니고 이를 관계인에게 내보여야 한다.

② 관계 공무원은 법 제133조 제1항에 따라 복제물 등을 수거 · 폐기한 경우에는 그 소유자나 점유자에게 문화관광부령으로 정하는 바에 따라 수거확인증을 내주고, 수거폐기대장에 그 내용을 기록하여야 한다.

③ 수거한 불법 복제물 등은 당사자가 이의를 제기하지 아니하면 수거한 날부터 3개월이 지나면 폐기할 수 있다. 다만, 저작물등의 기술적 보호조치를 무력하게 하기 위하여 제작된 기기 · 장치 및 프로그램은 수거한 날부터 6개월이 지나야 폐기할 수 있다.

제70조(수거 · 폐기 업무의 위탁 등) ① 문화관광부장관은 법 제133조 제2항에 따라 수거 · 폐기 업무를 다음 각 호의 단체에 위탁할 수 있다.

1. 저작권위원회
2. 저작권신탁관리업자를 주된 구성원으로 하는 단체
3. 그 밖에 불법 복제물 등의 수거 · 폐기 업무를 수행할 능력과 자격이 있다고 문화관광부장관이 인정하는 법인 또는 단체

② 제1항에 따라 수거 · 폐기 업무를 하는 기관의 직원은 수거 · 폐기 업무를 할 때 문화관광부령으로 정하는 증표를 지니고 관계인에게 내보여야 한다.

제71조(수거 · 폐기를 위한 협조 요청 등) 법 제133조 제3항에서 "관련 단체"란 다음 각 호의 단체를 말한다.

1. 저작권신탁관리업자
2. 저작권신탁관리업자를 주된 구성원으로 하는 단체
3. 저작물 등의 창작 및 산업진흥을 목적으로 설립된 법인 또는 단체

제72조(삭제 또는 중단 명령의 절차와 방법) ① 저작권위원회는 법 제133조 제4항에 따라 삭제 또는 중단에 관한 심의요청을 받으면 요청일부터 14일 이내에 심의하고, 그 결과를 지체 없이 문화관광부장관에게 보고하여야 한다. 다만, 부득이한 사유로 인하여 그 기간 내에 심의를 할 수 없는 경우에는 2회에 한하여 그 기간을 연장할 수 있다.

문화관광부장관은 법 제133조 제4항에 따라 복제 · 전송자 또는 온라인서비스제공자에게 해당 불법 복제물 등의 삭제 또는 중단을 명하려면 문화관광부령으로 정하는 삭제 · 중단 명령서를 작성하여 서면으로 통지하여야 한다.

제73조(저작물의 공정한 이용 도모) 법 제134조 제1항에서 "저작물의 공정한 이용을 도모하

기 위하여 필요한 사업"이란 다음 각 호의 사업을 말 한다

1. 보호기간이 끝난 저작물 등에 대한 정보제공 등을 위하여 필요한 사업
2. 공공기관 저작물의 공동 활용체계 구축사업
3. 표준계약서 개발 등 이용허락제도 개선을 위한 사업
4. 저작물의 공정이용기준 마련을 위한 지침 제정 및 권장사업
5. 저작물 등에 대한 이용허락표시제도 활성화 사업
6. 그 밖에 문화관광부장관이 저작물의 공정한 이용을 위하여 필요하다고 인정하는 사업

제74조(권리관리정보 및 기술적 보호조치에 관한 정책 수립) ① 법 제134조 제2항에 따라 문화관광부장관이 수립·시행하는 저작물 등의 권리관리정보 및 기술적 보호조치에 관한 정책에는 다음 각 호의 사항이 포함되어야 한다.

1. 권리관리정보의 통합적 관리를 위한 표준체계 개발에 관한 사항
2. 권리관리 정보의 제거·변경 등의 금지에 대한 예외사유에 관한 사항
3. 기술적 보호조치의 표준화에 관한 사항
4. 기술적 보호조치의 무력화 금지에 대한 예외사유에 관한 사항
5. 그 밖에 저작물 등의 권리관리정보 및 기술적 보호를 위하여 문화관광부장관이 필요하다고 인정하는 사항

② 문화관광부장관은 제1항의 정책을 수립하려면 관련 업계 및 이해관계자 등의 의견을 수렴하고, 관계중앙행정기관의 장과 협의하여야 한다.

③ 문화관광부장관이 제1항의 정책을 수립한 경우에는 그 내용을 관보에 고시하여야 한다.

제75조(기증 절차) ① 법 제135조 제1항에 따라 저작재산권 등을 기증하려는 자는 문화관광부령으로 정하는 저작재산권 등의 기증서약서와 기증저작물 등의 복제물을 문화관광부장관에게 제출하여야 한다.

② 제1항에 따라 기증을 받은 문화관광부장관은 기증저작물 등의 제호 및 기증자의 성명 등을 문화관광부령으로 정하는 바에 따라 관리대장에 적고 문화관광부 정보통신망에 게시하여야 한다.

제76조(관리단체의 지정 등) ① 법 제135조 제2항에 따라 저작재산권 등을 관리하는 단체로 지정받을 수 있는 단체(이하 "관리단체"라 한다)는 다음 각 호와 같다.

1. 저작권위원회
2. 저작권신탁관리업자
3. 저작권신탁관리업자를 주된 구성원으로 하는 단체
4. 그 밖에 기증된 저작재산권 등의 관리업무를 수행할 능력이 있다고 문화관광부장관이 인정하는 법인이나 단체

② 제1항에 따라 관리단체로 지정받으려는 자는 문화관광부령으로 정하는 지정신청서에 다음 각 호의 서류를 첨부하여 문화관광부장관에게 제출하여야 한다.

1. 기증된 저작재산권 등의 관리계획서
2. 기증된 저작재산권 등의 이용허락절차 및 활성화 계획을 기재한 서류

③ 제2항에 따라 신청서를 받은 문화관광부장관이 관리단체를 지정할 때에는 관리단체 지정서를 발급하여야 한다.

④ 문화관광부장관은 관리단체가 다음 각 호의 어느 하나에 해당하면 그 지정을 취소할 수 있다.

1. 제1항에 따른 자격을 갖추지 못한 경우
2. 법 제135조 제3항에 위배된 경우

⑤ 문화관광부장관은 관리단체를 지정하거나 그 지정을 취소한 경우에는 그 사실을 관보에 고시하여야 한다.

⑥ 기증된 저작재산권 등의 관리업무와 관련하여 그 밖에 필요한 사항은 문화관광부장관이 정하여 고시한다.

제77조(과태료 부과 · 징수의 절차) ① 문화관광부장관은 과태료를 부과하려면 법 제142조 제1항에 따라 해당 위반 행위를 조사 · 확인한 후 위반 사실과 과태료 금액 등을 서면에 적어 과태료를 낼 것을 처분 대상자에게 알려야 한다.

② 문화관광부장관은 제1항에 따라 과태료를 부과하려면 10일 이상의 기간을 정하여 과태료처분 대상자에게 구술 또는 서면(전자문서를 포함한다)으로 의견을 진술할 기회를 주어야 한다. 이 경우 지정된 날까지 의견을 진술하지 아니하면 의견이 없는 것으로 본다.

③ 과태료의 징수 절차는 문화관광부령으로 정한다.

부칙

제1조(시행일) 이 영은 2007년 6월 29일부터 시행한다. 다만, 제9조 제1호 나목의 개정규정은 2008년 7월 1일부터 시행하고, 제11조의 개정규정은 2008년 1월 1일부터 시행한다.

제2조(권리주장자의 소명 등에 관한 적용례) 제40조 각 호 외의 부분 단서의 개정규정은 이 영 시행 후 최초로 권리자임을 소명할 수 있는 자료를 제출하는 것부터 적용한다.

2. 저작권법

(법률제8101호)

著作權法 전부개정법률안

著作權法 전부를 다음과 같이 개정한다.

저작권법

제1장 총칙

제1조(목적) 이 법은 저작자의 권리와 이에 인접하는 권리를 보호하고 저작물의 공정한 이용을 도모함으로써 문화의 향상발전에 이바지함을 목적으로 한다.

제2조(정의) 이 법에서 사용하는 용어의 정의는 다음과 같다.

1. 저작물: 인간의 사상 또는 감정을 표현한 창작물을 말한다.
2. 저작자: 저작물을 창작한 자를 말한다.
3. 공연: 저작물 또는 실연 · 음반 · 방송을 상연 · 연주 · 가창 · 구연 · 낭독 · 상영 · 재생 그 밖의 방법으로 공중에게 공개하는 것을 말하며, 동일인의 점유에 속하는 연결된 장소 안에서 이루어지는 송신(전송을 제외한다)을 포함한다.
4. 실연자: 저작물을 연기 · 무용 · 연주 · 가창 · 구연 · 낭독 그 밖의 예능적 방법으로 표현하거나 저작물이 아닌 것을 이와 유사한 방법으로 표현하는 실연을 하는 자를 말하며, 실연을 지휘, 연출 또는 감독하는 자를 포함한다.

5. 음반: 음(음성 · 음향을 말한다. 이하 같다)이 유형물에 고정된 것(음이 영상과 함께 고정된 것을 제외한다)을 말한다.
6. 음반제작자: 음을 음반에 고정하는 데 있어 전체적으로 기획하고 책임을 지는 자를 말한다.
7. 공중송신: 저작물, 실연 · 음반 · 방송 또는 데이터베이스(이하 "저작물 등"이라 한다)를 공중이 수신하거나 접근하게 할 목적으로 무선 또는 유선통신의 방법에 의하여 송신하거나 이용에 제공하는 것을 말한다.
8. 방송: 공중송신 중 공중이 동시에 수신하게 할 목적으로 음 · 영상 또는 음과 영상 등을 송신하는 것을 말한다.
9. 방송사업자: 방송을 업으로 하는 자를 말한다.
10. 전송(傳送): 공중송신 중 공중의 구성원이 개별적으로 선택한 시간과 장소에서 접근할 수 있도록 저작물 등을 이용에 제공하는 것을 말하며, 그에 따라 이루어지는 송신을 포함한다.
11. 디지털음성송신: 공중송신 중 공중으로 하여금 동시에 수신하게 할 목적으로 공중의 구성원의 요청에 의하여 개시되는 디지털 방식의 음의 송신을 말하며, 전송을 제외한다.
12. 디지털음성송신사업자: 디지털음성송신을 업으로 하는 자를 말한다.
13. 영상저작물: 연속적인 영상(음의 수반여부는 가리지 아니한다)이 수록된 창작물로서 그 영상을 기계 또는 전자장치에 의하여 재생하여 볼 수 있거나 보고 들을 수 있는 것을 말한다.
14. 영상제작자: 영상저작물의 제작에 있어 그 전체를 기획하고 책임을 지는 자를 말한다.
15. 응용미술저작물: 물품에 동일한 형상으로 복제될 수 있는 미술저작물로서 그 이용된 물품과 구분되어 독자성을 인정할 수 있는 것을 말하며, 디자인 등을 포함한다.

16. 컴퓨터프로그램저작물: 특정한 결과를 얻기 위하여 컴퓨터 등 정보처리능력을 가진 장치(이하 "컴퓨터 등"이라 한다) 내에서 직접 또는 간접으로 사용되는 일련의 지시 · 명령으로 표현된 것을 말한다.
17. 편집물: 저작물이나 부호 · 문자 · 음 · 영상 그 밖의 형태의 자료(이하 "소재"라 한다)의 집합물을 말하며, 데이터베이스를 포함한다.
18. 편집저작물: 편집물로서 그 소재의 선택 · 배열 또는 구성에 창작성이 있는 것을 말한다.
19. 데이터베이스: 소재를 체계적으로 배열 또는 구성한 편집물로서 개별적으로 그 소재에 접근하거나 그 소재를 검색할 수 있도록 한 것을 말한다.
20. 데이터베이스제작자: 데이터베이스의 제작 또는 그 소재의 갱신 · 검증 또는 보충(이하 "갱신 등"이라 한다)에 인적 또는 물적으로 상당한 투자를 한 자를 말한다.
21. 공동저작물: 2인 이상이 공동으로 창작한 저작물로서 각자의 이바지한 부분을 분리하여 이용할 수 없는 것을 말한다.
22. 복제: 인쇄 · 사진촬영 · 복사 · 녹음 · 녹화 그 밖의 방법에 의하여 유형물에 고정하거나 유형물로 다시 제작하는 것을 말하며, 건축물의 경우에는 그 건축을 위한 모형 또는 설계도서에 따라 이를 시공하는 것을 포함한다.
23. 배포: 저작물 등의 원본 또는 그 복제물을 공중에게 대가를 받거나 받지 아니하고 양도 또는 대여하는 것을 말한다.
24. 발행: 저작물 또는 음반을 공중의 수요를 충족시키기 위하여 복제 · 배포하는 것을 말한다.
25. 공표: 저작물을 공연, 공중송신 또는 전시 그 밖의 방법으로 공중에게 공개하는 경우와 저작물을 발행하는 경우를 말한다.
26. 저작권신탁관리업: 저작재산권자, 출판권자, 저작인접권자 또는 데이터베이스제작자의 권리를 가진 자를 위하여 그 권리를 신탁받아 이를 지속적으로 관리하는

업을 말한다(저작물 등의 이용과 관련하여 포괄적으로 대리하는 경우를 포함한다).

27. 저작권대리중개업: 저작재산권자, 출판권자, 저작인접권자 또는 데이터베이스 제작자의 권리를 가진 자를 위하여 그 권리의 이용에 관한 대리 또는 중개행위를 하는 업을 말한다.

28. 기술적보호조치: 저작권 그 밖에 이 법에 의하여 보호되는 권리에 대한 침해 행위를 효과적으로 방지 또는 억제하기 위하여 그 권리자나 권리자의 동의를 얻은 자가 적용하는 기술적 조치를 말한다.

29. 권리관리정보: 다음 각목의 1에 해당하는 정보나 그 정보를 나타내는 숫자 또는 부호로서 각 정보가 저작물 등의 원본이나 그 복제물에 부착되거나 그 공연 또는 공중송신에 수반되는 것을 말한다.

가. 저작물등을 식별하기 위한 정보

나. 저작자 · 저작재산권자 · 출판권자 · 저작인접권자 또는 데이터베이스제작자를 식별하기 위한 정보

다. 저작물 등의 이용 방법 및 조건에 관한 정보

30. 온라인서비스제공자: 다른 사람들이 정보통신망(「정보통신망이용촉진 및 정보보호등에 관한 법률」 제2조 제1항 제1호의 정보통신망을 말한다. 이하 같다)을 통하여 저작물등을 복제 또는 전송할 수 있도록 하는 서비스를 제공하는 자를 말한다.

31. 업무상저작물: 법인 · 단체 그 밖의 사용자(이하 "법인 등"이라 한다)의 기획하에 법인등의 업무에 종사하는 자가 업무상 작성하는 저작물을 말한다.

32. 공중: 불특정 다수인(특정 다수인을 포함한다)을 말한다.

33. 인증: 저작물 등의 이용허락 등을 위하여 정당한 권리자임을 증명하는 것을 말한다.

제3조(외국인의 저작물) ①외국인의 저작물은 대한민국이 가입 또는 체결한 조약에 따라 보호된다.

②대한민국 내에 상시 거주하는 외국인(무국적자 및 대한민국 내에 주된 사무소가 있는 외국법인을 포함한다)의 저작물과 맨 처음 대한민국 내에서 공표된 외국인의 저작물(외국에서 공표된 날로부터 30일 이내에 대한민국 내에서 공표된 저작물을 포함한다)은 이 법에 의하여 보호된다.
③제1항 및 제2항의 규정에 의하여 보호되는 외국인(대한민국 내에 상시 거주하는 외국인 및 무국적자를 제외한다)의 저작물이라도 그 외국에서 대한민국 국민의 저작물을 보호하지 아니하는 경우에는 그에 상응하게 조약 및 이 법에 의한 보호를 제한할 수 있다.

제2장 저작권

제1절 저작물

제4조(저작물의 예시 등) ①이 법에서 말하는 저작물을 예시하면 다음과 같다.

1. 소설 · 시 · 논문 · 강연 · 연설 · 각본 그 밖의 어문저작물
2. 음악저작물
3. 연극 및 무용 · 무언극 그 밖의 연극저작물
4. 회화 · 서예 · 조각 · 판화 · 공예 · 응용미술저작물 그 밖의 미술저작물
5. 건축물 · 건축을 위한 모형 및 설계도서 그 밖의 건축저작물
6. 사진저작물(이와 유사한 방법으로 제작된 것을 포함한다)
7. 영상저작물
8. 지도 · 도표 · 설계도 · 약도 · 모형 그 밖의 도형저작물
9. 컴퓨터프로그램저작물

② 제1항 제9호의 규정에 의한 컴퓨터프로그램저작물의 보호 등에 관하여 필요한 사

항은 따로 법률로 정한다.

제5조(2차적저작물) ① 원저작물을 번역 · 편곡 · 변형 · 각색 · 영상제작 그 밖의 방법으로 작성한 창작물(이하 "2차적저작물"이라 한다)은 독자적인 저작물로서 보호된다.

② 2차적저작물의 보호는 그 원저작물의 저작자의 권리에 영향을 미치지 아니한다.

제6조(편집저작물) ① 편집저작물은 독자적인 저작물로서 보호된다.

② 편집저작물의 보호는 그 편집저작물의 구성부분이 되는 소재의 저작권 그 밖에 이 법에 의하여 보호되는 권리에 영향을 미치지 아니한다.

제7조(보호받지 못하는 저작물) 다음 각호의 1에 해당하는 것은 이 법에 의한 보호를 받지 못한다.

1. 헌법 · 법률 · 조약 · 명령 · 조례 및 규칙
2. 국가 또는 지방자치단체의 고시 · 공고 · 훈령 그 밖에 이와 유사한 것
3. 법원의 판결 · 결정 · 명령 및 심판이나 행정심판절차 그 밖에 이와 유사한 절차에 의한 의결 · 결정 등
4. 국가 또는 지방자치단체가 작성한 것으로서 제1호 내지 제3호에 규정된 것의 편집물 또는 번역물
5. 사실의 전달에 불과한 시사보도

제2절 저작자

제8조(저작자 등의 추정) ①다음 각호의 1에 해당하는 자는 저작자로 추정한다.

1. 저작물의 원본이나 그 복제물에 저작자로서의 실명 또는 이명(예명 · 아호 · 약칭 등. 이하 같다)으로서 널리 알려진 것이 일반적인 방법으로 표시된 자
2. 저작물을 공연 또는 공중송신하는 경우에 저작자로서의 실명 또는 저작자의 널리 알려진 이명으로서 표시된 자

② 제1항 각호의 1의 규정에 의한 저작자의 표시가 없는 저작물의 경우에는 발행자

또는 공연자로 표시된 자가 저작권을 가지는 것으로 추정한다.

제9조(업무상저작물의 저작자) 법인 등의 명의로 공표되는 업무상저작물의 저작자는 계약 또는 근무규칙 등에 다른 정함이 없는 때에는 그 법인 등이 된다.

제10조(저작권) ① 저작자는 제11조 내지 제13조의 규정에 의한 권리(이하 "저작인격권"이라 한다)와 제16조 내지 제22조의 규정에 의한 권리(이하 "저작재산권"이라 한다)를 가진다.

② 저작권은 저작물을 창작한 때부터 발생하며 어떠한 절차나 형식의 이행을 필요로 하지 아니한다.

제3절 저작인격권

제11조(공표권) ① 저작자는 그의 저작물을 공표하거나 공표하지 아니할 것을 결정할 권리를 가진다.

② 저작자가 공표되지 아니한 저작물의 저작재산권을 제45조의 규정에 의한 양도 또는 제46조의 규정에 의한 이용허락을 한 경우에는 그 상대방에게 저작물의 공표를 동의한 것으로 추정한다.

③ 저작자가 공표되지 아니한 미술저작물·건축저작물 또는 사진저작물(이하 "미술저작물 등"이라 한다)의 원본을 양도한 경우에는 그 상대방에게 저작물의 원본의 전시방식에 의한 공표를 동의한 것으로 추정한다.

④ 원저작자의 동의를 얻어 작성된 2차적저작물 또는 편집저작물이 공표된 경우에는 그 원저작물도 공표된 것으로 본다.

제12조(성명표시권) ① 저작자는 저작물의 원본이나 그 복제물에 또는 저작물의 공표 매체에 그의 실명 또는 이명을 표시할 권리를 가진다.

② 저작물을 이용하는 자는 그 저작자의 특별한 의사표시가 없는 때에는 저작자가 그의 실명 또는 이명을 표시한 바에 따라 이를 표시하여야 한다. 다만, 저작물의 성

질이나 그 이용의 목적 및 형태 등에 비추어 부득이하다고 인정되는 경우에는 그러하지 아니하다.

제13조(동일성유지권) ① 저작자는 그의 저작물의 내용·형식 및 제호의 동일성을 유지할 권리를 가진다.

② 저작자는 다음 각호의 1에 해당하는 변경에 대하여는 이의(異議)할 수 없다. 다만, 본질적인 내용의 변경은 그러하지 아니하다.

1. 제25조의 규정에 의하여 저작물을 이용하는 경우에 학교교육목적상 부득이하다고 인정되는 범위 안에서의 표현의 변경
2. 건축물의 증축·개축 그 밖의 변형
3. 그 밖에 저작물의 성질이나 그 이용의 목적 및 형태에 비추어 부득이하다고 인정되는 범위 안에서의 변경

제14조(저작인격권의 일신전속성) ① 저작인격권은 저작자 일신에 전속한다.

② 저작자의 사망 후에 그의 저작물을 이용하는 자는 저작자가 생존하였더라면 그 저작인격권의 침해가 될 행위를 하여서는 아니 된다. 다만, 그 행위의 성질 및 정도에 비추어 사회통념상 그 저작자의 명예를 훼손하는 것이 아니라고 인정되는 경우에는 그러하지 아니하다.

제15조(공동저작물의 저작인격권) ① 공동저작물의 저작인격권은 저작자 전원의 합의에 의하지 아니하고는 이를 행사할 수 없다. 이 경우 각 저작자는 신의에 반하여 합의의 성립을 방해할 수 없다.

② 공동저작물의 저작자는 그들 중에서 저작인격권을 대표하여 행사할 수 있는 자를 정할 수 있다.

③ 제2항의 규정에 의하여 권리를 대표하여 행사하는 자의 대표권에 가하여진 제한이 있을 때에 그 제한은 선의의 제3자에게 대항할 수 없다.

제4절 저작재산권

제1관 저작재산권의 종류

제16조(복제권) 저작자는 그의 저작물을 복제할 권리를 가진다.

제17조(공연권) 저작자는 그의 저작물을 공연할 권리를 가진다.

제18조(공중송신권) 저작자는 그의 저작물을 공중송신할 권리를 가진다.

제19조(전시권) 저작자는 미술저작물 등의 원본이나 그 복제물을 전시할 권리를 가진다.

제20조(배포권) 저작자는 저작물의 원본이나 그 복제물을 배포할 권리를 가진다. 다만, 저작물의 원본이나 그 복제물이 당해 저작재산권자의 허락을 받아 판매 등의 방법으로 거래에 제공된 경우에는 그러하지 아니하다.

제21조(대여권) 제20조 단서의 규정에 불구하고 저작자는 판매용 음반을 영리를 목적으로 대여할 권리를 가진다.

제22조(2차적저작물작성권) 저작자는 그의 저작물을 원저작물로 하는 2차적저작물을 작성하여 이용할 권리를 가진다.

제2관 저작재산권의 제한

제23조(재판절차 등에서의 복제) 재판절차를 위하여 필요한 경우이거나 입법 · 행정의 목적을 위한 내부자료로서 필요한 경우에는 그 한도 안에서 저작물을 복제할 수 있다. 다만, 그 저작물의 종류와 복제의 부수 및 형태 등에 비추어 당해 저작재산권자의 이익을 부당하게 침해하는 경우에는 그러하지 아니하다.

제24조(정치적 연설 등의 이용) 공개적으로 행한 정치적 연설 및 법정 · 국회 또는 지방의회에서 공개적으로 행한진술은 어떠한 방법으로도 이용할 수 있다. 다만, 동일한 저작자의 연설이나 진술을 편집하여 이용하는 경우에는 그러하지 아니하다.

제25조(학교교육목적 등에의 이용) ① 고등학교 및 이에 준하는 학교 이하의 학교의 교육목적상 필요한 교과용도서에는 공표된 저작물을 게재할 수 있다.

② 특별법에 의하여 설립되었거나 초 · 중등교육법 또는 고등교육법에 의한 교육기관 또는 국가나 지방자치단체가 운영하는 교육기관은 그 수업목적상 필요하다고 인정되는 경우에는 공표된 저작물의 일부분을 복제 · 공연 · 방송 또는 전송할 수 있다. 다만, 저작물의 성질이나 그 이용의 목적 및 형태 등에 비추어 저작물의 전부를 이용하는 것이 부득이한 경우에는 전부를 이용할 수 있다.

③ 제2항의 규정에 의한 교육기관에서 교육을 받는 자는 수업목적상 필요하다고 인정되는 경우에는 제2항의 범위 내에서 공표된 저작물을 복제하거나 전송할 수 있다.

④ 제1항 및 제2항의 규정에 의하여 저작물을 이용하고자 하는 자는 문화관광부장관이 정하여 고시하는 기준에 의한 보상금을 당해 저작재산권자에게 지급하여야 한다. 다만, 고등학교 및 이에 준하는 학교 이하의 학교에서 제2항의 규정에 의한 복제 · 공연 · 방송 또는 전송을 하는 경우에는 보상금을 지급하지 아니한다.

⑤ 제4항의 규정에 의한 보상을 받을 권리는 다음 각호의 요건을 갖춘 단체로서 문화관광부장관이 지정하는 단체를 통하여 행사되어야 한다. 문화관광부장관이 그 단체를 지정할 때에는 미리 그 단체의 동의를 얻어야 한다.

1. 대한민국 내에서 보상을 받을 권리를 가진 자(이하 "보상권리자"라 한다)로 구성된 단체
2. 영리를 목적으로 하지 아니할 것
3. 보상금의 징수 및 분배 등의 업무를 수행하기에 충분한 능력이 있을 것

⑥ 제5항의 규정에 의한 단체는 그 구성원이 아니라도 보상권리자로부터 신청이 있을 때에는 그 자를 위하여 그 권리행사를 거부할 수 없으며 이 경우에 그 단체는 자기의 명의로 그 권리에 관한 재판상 또는 재판외의 행위를 할 권한을 가진다.

⑦ 문화관광부장관은 제5항의 규정에 의한 단체가 다음 각호의 1에 해당하는 경우에는 그 지정을 취소할 수 있다.

1. 제5항의 규정에 의한 요건을 갖추지 못한 때

2. 보상관계 업무규정에 위배된 때

3. 보상관계 업무를 상당한 기간 휴지하여 보상권리자의 이익을 해할 우려가 있을 때

⑧ 제5항의 규정에 의한 단체는 보상금 분배 공고를 한 날부터 3년이 경과한 미분배 보상금에 대하여 문화관광부장관의 승인을 얻어 공익목적을 위하여 사용할 수 있다.

⑨ 제5항, 제7항 및 제8항의 규정에 의한 단체의 지정과 취소 및 업무규정, 보상금 분배 공고, 미분배 보상금의 공익목적 사용 승인 등에 관하여 필요한 사항은 대통령령으로 정한다.

⑩ 제2항의 규정에 따라 교육기관이 전송을 하는 경우에는 저작권 그 밖에 이 법에 의하여 보호되는 권리의 침해를 방지하기 위하여 복제방지조치 등 대통령령이 정하는 필요한 조치를 하여야 한다.

제26조(시사보도를 위한 이용) 방송 · 신문 그 밖의 방법에 의하여 시사보도를 하는 경우에 그 과정에서 보이거나 들리는 저작물은 보도를 위한 정당한 범위 안에서 복제 · 배포 · 공연 또는 공중 송신할 수 있다.

제27조(시사적인 기사 및 논설의 복제 등) 정치 · 경제 · 사회 · 문화 · 종교에 관하여 「신문 등의 자유와 기능보장에 관한 법률」 제2조의 규정에 의한 신문 및 인터넷신문 또는 「뉴스통신진흥에 관한 법률」 제2조의 규정에 의한 뉴스통신에 게재된 시사적인 기사나 논설은 다른 언론기관이 복제 · 배포 또는 방송할 수 있다. 다만, 이용을 금지하는 표시가 있는 경우에는 그러하지 아니하다.

제28조(공표된 저작물의 인용) 공표된 저작물은 보도 · 비평 · 교육 · 연구 등을 위하여는 정당한 범위 안에서 공정한 관행에 합치되게 이를 인용할 수 있다.

제29조(영리를 목적으로 하지 아니하는 공연 · 방송) ① 영리를 목적으로 하지 아니하고 또한 청중이나 관중 또는 제3자로부터 어떤 명목으로든지 반대급부를 받지 아니하는 경우에는 공표된 저작물을 공연 또는 방송할 수 있다. 다만, 실연자에게 통상의 보수를 지급하는 경우에는 그러하지 아니하다.

② 청중이나 관중으로부터 당해 공연에 대한 반대급부를 받지 아니하는 경우에는 판매용 음반 또는 판매용 영상저작물을 재생하여 공중에게 공연할 수 있다. 다만, 대통령령이 정하는 경우에는 그러하지 아니하다.

제30조(사적이용을 위한 복제) 공표된 저작물을 영리를 목적으로 하지 아니하고 개인적으로 이용하거나 가정 및 이에 준하는 한정된 범위 안에서 이용하는 경우에는 그 이용자는 이를 복제할 수 있다. 다만, 공중의 사용에 제공하기 위하여 설치된 복사기기에 의한 복제는 그러하지 아니하다.

제31조(도서관등에서의 복제 등) ①「도서관 및 독서진흥법」에 의한 도서관과 도서 · 문서 · 기록 그 밖의 자료(이하 "도서 등"이라 한다)를 공중의 이용에 제공하는 시설 중 대통령령이 정하는 시설(당해 시설의 장을 포함하며, 이하 "도서관 등"이라 한다)은 다음 각호의 1에 해당하는 경우에는 그 도서관 등에 보관된 도서 등(제1호의 경우에는 제3항의 규정에 의하여 당해 도서관 등이 복제 · 전송받은 도서 등을 포함한다)을 사용하여 저작물을 복제할 수 있다. 다만, 제1호 및 제3호의 경우에는 디지털 형태로 복제할 수 없다.

1. 조사 · 연구를 목적으로 하는 이용자의 요구에 따라 공표된 도서 등의 일부분의 복제물을 1인 1부에 한하여 제공하는 경우
2. 도서 등의 자체보존을 위하여 필요한 경우
3. 다른 도서관 등의 요구에 따라 절판 그 밖에 이에 준하는 사유로 구하기 어려운 도서등의 복제물을 보존용으로 제공하는 경우

② 도서관 등은 컴퓨터 등을 이용하여 이용자가 그 도서관 등의 안에서 열람할 수 있도록 보관된 도서 등을 복제하거나 전송할 수 있다. 이 경우 동시에 열람할 수 있는 이용자의 수는 그 도서관등에서 보관하고 있거나 저작권 그 밖에 이 법에 의하여 보호되는 권리를 가진 자로부터 이용허락을 받은 그 도서 등의 부수를 초과할 수 없다.

③ 도서관 등은 컴퓨터 등을 이용하여 이용자가 다른 도서관 등의 안에서 열람할 수

있도록 보관된 도서 등을 복제하거나 전송할 수 있다. 다만, 그 전부 또는 일부가 판매용으로 발행된 도서 등은 그 발행일로부터 5년이 경과하지 아니한 경우에는 그러하지 아니하다.

④ 도서관 등은 제1항 제2호의 규정에 의한 도서 등의 복제 및 제2항과 제3항의 규정에 의한 도서 등의 복제의 경우에 그 도서 등이 디지털 형태로 판매되고 있는 때에는 그 도서등을 디지털 형태로 복제할 수 없다.

⑤ 도서관 등은 제1항 제1호의 규정에 의하여 디지털 형태의 도서 등을 복제하는 경우 및 제3항의 규정에 의하여 도서 등을 다른 도서관 등의 안에서 열람할 수 있도록 복제하거나 전송하는 경우에는 문화관광부장관이 정하여 고시하는 기준에 의한 보상금을 당해 저작재산권자에게 지급하여야 한다. 다만, 국가, 지방자치단체 또는 고등교육법 제2조의 규정에 의한 학교를 저작재산권자로 하는 도서 등(그 전부 또는 일부가 판매용으로 발행된 도서 등을 제외한다)의 경우에는 그러하지 아니하다.

⑥ 제25조 제5항 내지 제9항의 규정은 제5항의 보상금의 지급 등에 관하여 준용한다.

⑦ 제1항 내지 제3항의 규정에 의하여 도서 등을 디지털 형태로 복제하거나 전송하는 경우에 도서관 등은 저작권 그 밖에 이 법에 의하여 보호되는 권리의 침해를 방지하기 위하여 복제방지조치 등 대통령령이 정하는 필요한 조치를 하여야 한다.

제32조(시험문제로서의 복제) 학교의 입학시험 그 밖에 학식 및 기능에 관한 시험 또는 검정을 위하여 필요한 경우에는 그 목적을 위하여 정당한 범위 안에서 공표된 저작물을 복제할 수 있다. 다만, 영리를 목적으로 하는 경우에는 그러하지 아니하다.

제33조(시각장애인 등을 위한 복제 등) ① 공표된 저작물은 시각장애인 등을 위하여 점자로 복제 · 배포할 수 있다.

② 시각장애인 등의 복리증진을 목적으로 하는 시설 중 대통령령이 정하는 시설(당해 시설의 장을 포함한다)은 영리를 목적으로 하지 아니하고 시각장애인 등의 이용에 제공하기 위하여 공표된 어문저작물을 녹음하거나 시각장애인 등 전용 기록방식

으로 복제 · 배포 또는 전송할 수 있다.

③ 제1항 및 제2항의 규정에 의한 시각장애인 등의 범위는 대통령령으로 정한다.

제34조(방송사업자의 일시적 녹음 · 녹화) ① 저작물을 방송할 권한을 가지는 방송사업자는 자신의 방송을 위하여 자체의 수단으로 저작물을 일시적으로 녹음하거나 녹화할 수 있다.

② 제1항의 규정에 의하여 만들어진 녹음물 또는 녹화물은 녹음일 또는 녹화일로부터 1년을 초과하여 보존할 수 없다. 다만, 그 녹음물 또는 녹화물이 기록의 자료로서 대통령령이 정하는 장소에 보존되는 경우에는 그러하지 아니하다.

제35조(미술저작물등의 전시 또는 복제) ① 미술저작물 등의 원본의 소유자나 그의 동의를 얻은 자는 그 저작물을 원본에 의하여 전시할 수 있다. 다만, 가로 · 공원 · 건축물의 외벽 그 밖에 공중에게 개방된 장소에 항시 전시하는 경우에는 그러하지 아니하다.

② 제1항 단서의 규정에 의한 개방된 장소에 항시 전시되어 있는 미술저작물 등은 어떠한 방법으로든지 이를 복제하여 이용할 수 있다. 다만, 다음 각호의 1에 해당하는 경우에는 그러하지 아니하다.

1. 건축물을 건축물로 복제하는 경우
2. 조각 또는 회화를 조각 또는 회화로 복제하는 경우
3. 제1항 단서의 규정에 의한 개방된 장소 등에 항시 전시하기 위하여 복제하는 경우
4. 판매의 목적으로 복제하는 경우

③ 제1항의 규정에 의하여 전시를 하는 자 또는 미술저작물 등의 원본을 판매하고자 하는 자는 그 저작물의 해설이나 소개를 목적으로 하는 목록 형태의 책자에 이를 복제하여 배포할 수 있다.

④ 위탁에 의한 초상화 또는 이와 유사한 사진저작물의 경우에는 위탁자의 동의가 없는 때에는 이를 이용할 수 없다

제36조(번역 등에 의한 이용) ① 제25조 · 제29조 또는 제30조의 규정에 의하여 저작물을 이

용하는 경우에는 그 저작물을 번역 · 편곡 또는 개작하여 이용할 수 있다.

② 제23조 · 제24조 · 제26조 · 제27조 · 제28조 · 제32조 또는 제33조의 규정에 의하여 저작물을 이용하는 경우에는 그 저작물을 번역하여 이용할 수 있다.

제37조(출처의 명시) ① 이 관의 규정에 의하여 저작물을 이용하는 자는 그 출처를 명시하여야 한다. 다만, 제26조, 제29조 내지 제32조 및 제34조의 경우에는 그러하지 아니하다.

②출처의 명시는 저작물의 이용 상황에 따라 합리적이라고 인정되는 방법으로 하여야 하며, 저작자의 실명 또는 이명이 표시된 저작물인 경우에는 그 실명 또는 이명을 명시하여야 한다.

제38조(저작인격권과의 관계) 이 관 각조의 규정은 저작인격권에 영향을 미치는 것으로 해석되어서는 아니된다.

제3관 저작재산권의 보호기간

제39조(보호기간의 원칙) ①저작재산권은 이 관에 특별한 규정이 있는 경우를 제외하고는 저작자의 생존하는 동안과 사망 후 50년간 존속한다. 다만, 저작자가 사망 후 40년이 경과하고 50년이 되기 전에 공표된 저작물의 저작재산권은 공표된 때부터 10년간 존속한다.

② 공동저작물의 저작재산권은 맨 마지막으로 사망한 저작자의 사망 후 50년간 존속한다.

제40조(무명 또는 이명 저작물의 보호기간) ① 무명 또는 널리 알려지지 아니한 이명이 표시된 저작물의 저작재산권은 공표된 때부터 50년간 존속한다. 다만, 이 기간 내에 저작자가 사망한지 50년이 경과하였다고 인정할만한 정당한 사유가 발생한 경우에는 그 저작재산권은 저작자 사망 후 50년이 경과하였다고 인정되는 때에 소멸한 것으로 본다.

② 다음 각호의 1에 해당하는 경우에는 제1항의 규정은 이를 적용하지 아니한다.

1. 제1항의 기간 내에 저작자의 실명 또는 널리 알려진 이명이 밝혀진 경우

2. 제1항의 기간 내에 제53조제1항의 규정에 의한 저작자의 실명등록이 있는 경우

제41조(업무상저작물의 보호기간) 업무상저작물의 저작재산권은 공표한 때부터 50년간 존속한다. 다만, 창작한 때부터 50년 이내에 공표되지 아니한 경우에는 창작한 때부터 50년간 존속한다.

제42조(영상저작물의 보호기간) 영상저작물의 저작재산권은 제39조와 제40조의 규정에 불구하고 공표한 때부터 50년간 존속한다. 다만, 창작한 때부터 50년 이내에 공표되지 아니한 경우에는 창작한 때부터 50년간 존속한다.

제43조(계속적간행물 등의 공표시기) ① 제39조 제1항 단서 · 제40조 제1항 또는 제41조의 규정에 의한 공표시기는 책 · 호 또는 회 등으로 공표하는 저작물의 경우에는 매책 · 매호 또는 매회 등의 공표시로 하고, 일부분씩 순차적으로 공표하여 완성하는 저작물의 경우에는 최종부분의 공표시로 한다.

② 일부분씩 순차적으로 공표하여 전부를 완성하는 저작물의 계속되어야 할 부분이 최근의 공표시기부터 3년이 경과되어도 공표되지 아니하는 경우에는 이미 공표된 맨 뒤의 부분을 제1항의 규정에 의한 최종부분으로 본다.

제44조(보호기간의 기산) 이 관에 규정된 저작재산권의 보호기간을 계산하는 경우에는 저작자가 사망하거나 저작물을 창작 또는 공표한 다음 해부터 기산한다.

제4관 저작재산권의 양도 · 행사 · 소멸

제45조(저작재산권의 양도) ① 저작재산권은 전부 또는 일부를 양도할 수 있다.

② 저작재산권의 전부를 양도하는 경우에 특약이 없는 때에는 제22조의 규정에 의한 2차적저작물을 작성하여 이용할 권리는 포함되지 아니한 것으로 추정한다.

제46조(저작물의 이용허락) ① 저작재산권자는 다른 사람에게 그 저작물의 이용을 허락할

수 있다.

② 제1항의 규정에 의하여 허락을 받은 자는 허락받은 이용 방법 및 조건의 범위 안에서 그 저작물을 이용할 수 있다.

③ 제1항의 규정에 의한 허락에 의하여 저작물을 이용할 수 있는 권리는 저작재산권자의 동의없이 제3자에게 이를 양도할 수 없다.

제47조(저작재산권을 목적으로 하는 질권의 행사) 저작재산권을 목적으로 하는 질권은 그 저작재산권의 양도 또는 그 저작물의 이용에 따라 저작재산권자가 받을 금전 그 밖의 물건(출판권 설정의 대가를 포함한다)에 대하여도 행사할 수 있다. 다만, 이들의 지급 또는 인도 전에 이를 받을 권리를 압류하여야 한다.

제48조(공동저작물의 저작재산권의 행사) ① 공동저작물의 저작재산권은 그 저작재산권자 전원의 합의에 의하지 아니하고는 이를 행사할 수 없으며, 다른 저작재산권자의 동의가 없으면 그 지분을 양도하거나 질권의 목적으로 할 수 없다. 이 경우 각 저작재산권자는 신의에 반하여 합의의 성립을 방해하거나 동의를 거부할 수 없다.

② 공동저작물의 이용에 따른 이익은 공동저작자간에 특약이 없는 때에는 그 저작물의 창작에 이바지한 정도에 따라 각자에게 배분된다. 이 경우 각자의 이바지한 정도가 명확하지 아니한 때에는 균등한 것으로 추정한다.

③ 공동저작물의 저작재산권자는 그 공동저작물에 대한 자신의 지분을 포기할 수 있으며, 포기하거나 상속인없이 사망한 경우에 그 지분은 다른 저작재산권자에게 그 지분의 비율에 따라 배분된다.

④ 제15조 제2항 및 제3항의 규정은 공동저작물의 저작재산권의 행사에 관하여 준용한다.

제49조(저작재산권의 소멸) 저작재산권이 다음 각호의 1에 해당하는 경우에는 소멸한다.

1. 저작재산권자가 상속인없이 사망한 경우에 그 권리가 민법 기타 법률의 규정에 의하여 국가에 귀속되는 경우

2. 저작재산권자인 법인 또는 단체가 해산되어 그 권리가 민법 기타 법률의 규정에 의하여 국가에 귀속되는 경우

제5절 저작물 이용의 법정허락

제50조(저작재산권자 불명인 저작물의 이용) ① 누구든지 대통령령이 정하는 기준에 해당하는 상당한 노력을 기울였어도 공표된 저작물(외국인의 저작물을 제외한다)의 저작재산권자나 그의 거소를 알 수 없어 그 저작물의 이용허락을 받을 수 없는 경우에는 대통령령이 정하는 바에 의하여 문화관광부장관의 승인을 얻은 후 문화관광부장관이 정하는 기준에 의한 보상금을 공탁하고 이를 이용할 수 있다.

② 제1항의 규정에 의하여 저작물을 이용하는 자는 그 뜻과 승인연월일을 표시하여야 한다.

③ 제1항의 규정에 따라 법정허락된 저작물이 다시 법정허락의 대상이 되는 때에는 제1항의 규정에 따른 대통령령이 정하는 기준에 해당하는 상당한 노력의 절차를 생략할 수 있다. 다만, 그 저작물에 대한 법정허락의 승인 이전에 저작재산권자가 대통령령이 정하는 절차에 따라 이의를 제기하는 때에는 그러하지 아니하다.

④ 문화관광부장관은 대통령령이 정하는 바에 따라 법정허락 내용을 정보통신망에 게시하여야 한다.

제51조(공표된 저작물의 방송) 공표된 저작물을 공익상 필요에 의하여 방송하고자 하는 방송사업자가 그 저작재산권자와 협의하였으나 협의가 성립되지 아니하는 경우에는 대통령령이 정하는 바에 의하여 문화관광부장관의 승인을 얻은 후 문화관광부장관이 정하는 기준에 의한 보상금을 당해 저작재산권자에게 지급하거나 공탁하고 이를 방송할 수 있다.

제52조(판매용 음반의 제작) 판매용 음반이 우리나라에서 처음으로 판매되어 3년이 경과한 경우 그 음반에 녹음된 저작물을 녹음하여 다른 판매용 음반을 제작하고자 하는 자가 그 저작재산권자와 협의하였으나 협의가 성립되지 아니하는 때에는 대통령령이

정하는 바에 의하여 문화관광부장관의 승인을 얻은 후 문화관광부장관이 정하는 기준에 의한 보상금을 당해 저작재산권자에게 지급하거나 공탁하고 다른 판매용 음반을 제작할 수 있다.

제6절 등록 및 인증

제53조(저작권의 등록) ① 저작자는 다음 각호의 사항을 등록할 수 있다.

1. 저작자의 실명·이명(공표 당시에 이명을 사용한 경우에 한한다)·국적·주소 또는 거소
2. 저작물의 제호·종류·창작연월일
3. 공표의 여부 및 맨 처음 공표된 국가·공표연월일
4. 기타 대통령령으로 정하는 사항

② 저작자가 사망한 경우 저작자의 특별한 의사표시가 없는 때에는 그의 유언으로 지정한 자 또는 상속인이 제1항 각호의 규정에 의한 등록을 할 수 있다.

③ 제1항 및 제2항의 규정에 의하여 저작자로 실명이 등록된 자는 그 등록저작물의 저작자로, 창작연월일 또는 맨 처음의 공표연월일이 등록된 저작물은 등록된 연월일에 창작 또는 맨 처음 공표된 것으로 추정한다.

제54조(권리변동 등의 등록·효력) 다음 각호의 사항은 이를 등록할 수 있으며, 등록하지 아니하면 제3자에게 대항할 수 없다.

1. 저작재산권의 양도(상속 기타 일반승계의 경우를 제외한다) 또는 처분제한
2. 저작재산권을 목적으로 하는 질권의 설정·이전·변경·소멸 또는 처분제한

제55조(등록의 절차 등) ① 제53조 및 제54조의 규정에 의한 등록은 문화관광부장관이 저작권등록부에 기재하여 행한다.

② 문화관광부장관은 다음 각호의 1에 해당하는 경우에는 신청을 반려할 수 있다. 다만, 신청의 흠결이 보정될 수 있는 경우에 신청인이 당일 이를 보정하였을 때에는

그러하지 아니하다.

1. 등록 신청한 사항이 등록할 것이 아닌 때

2. 등록 신청이 문화관광부령으로 정한 서식에 적합하지 아니하거나 기타 필요한 자료 또는 서류를 첨부하지 아니한 때

③ 문화관광부장관은 제1항의 규정에 의하여 저작권등록부에 기재한 등록에 대하여 등록공보를 발행하거나 정보통신망에 게시하여야 하며, 신청한 자가 있는 경우에는 저작권등록부를 열람하게 하거나 그 사본을 교부하여야 한다.

④ 제1항 내지 제3항의 규정에 의한 등록, 등록신청의 반려, 등록공보의 발행 또는 게시, 저작권등록부의 열람 및 사본의 교부 등에 관하여 필요한 사항은 대통령령으로 정한다.

제56조(권리자 등의 인증) ① 문화관광부장관은 저작물등의 거래의 안전과 신뢰보호를 위하여 인증기관을 지정할 수 있다.

② 제1항의 규정에 의한 인증기관의 지정 및 인증절차 등에 관하여 필요한 사항은 대통령령으로 정한다.

③ 제1항의 규정에 따른 인증기관은 인증과 관련한 수수료를 받을 수 있으며 그 금액은 문화관광부장관이 정한다.

제7절 출판권

제57조(출판권의 설정) ① 저작물을 복제·배포할 권리를 가진 자(이하 "복제권자"라 한다)는 그 저작물을 인쇄 그 밖에 이와 유사한 방법으로 문서 또는 도화로 발행하고자 하는 자에 대하여 이를 출판할 권리(이하 "출판권"이라 한다)를 설정할 수 있다.

② 제1항의 규정에 의하여 출판권을 설정받은 자(이하 "출판권자"라 한다)는 그 설정행위에서 정하는 바에 따라 그 출판권의 목적인 저작물을 원작 그대로 출판할 권리를 가진다.

③ 복제권자는 그 저작물의 복제권을 목적으로 하는 질권이 설정되어 있는 경우에는

그 질권자의 허락이 있어야 출판권을 설정할 수 있다.

제58조(출판권자의 의무) ① 출판권자는 그 설정행위에 특약이 없는 때에는 출판권의 목적인 저작물을 복제하기 위하여 필요한 원고 또는 이에 상당하는 물건을 받은 날로부터 9월 이내에 이를 출판하여야 한다.

② 출판권자는 그 설정행위에 특약이 없는 때에는 관행에 따라 그 저작물을 계속하여 출판하여야 한다.

③ 출판권자는 특약이 없는 때에는 각 출판물에 대통령령이 정하는 바에 의하여 복제권자의 표지를 하여야 한다.

제59조(저작물의 수정증감) ① 출판권자가 출판권의 목적인 저작물을 다시 출판하는 경우에 저작자는 정당한 범위 안에서 그 저작물의 내용을 수정하거나 증감할 수 있다.

② 출판권자는 출판권의 목적인 저작물을 다시 출판하고자 하는 경우에 특약이 없는 때에는 그때마다 미리 저작자에게 그 사실을 알려야 한다.

제60조(출판권의 존속기간 등) ① 출판권은 그 설정행위에 특약이 없는 때에는 맨 처음 출판한 날로부터 3년간 존속한다.

② 복제권자는 출판권 존속기간 중 그 출판권의 목적인 저작물의 저작자가 사망한 때에는 제1항의 규정에 불구하고 저작자를 위하여 저작물을 전집 그 밖의 편집물에 수록하거나 전집 그 밖의 편집물의 일부인 저작물을 분리하여 이를 따로 출판할 수 있다.

제61조(출판권의 소멸통고) ① 복제권자는 출판권자가 제58조 제1항 또는 제2항의 규정을 위반한 경우에는 6월 이상의 기간을 정하여 그 이행을 최고하고 그 기간 내에 이행하지 아니하는 때에는 출판권의 소멸을 통고할 수 있다.

② 복제권자는 출판권자가 출판이 불가능하거나 출판할 의사가 없음이 명백한 경우에는 제1항의 규정에 불구하고 즉시 출판권의 소멸을 통고할 수 있다.

③ 제1항 또는 제2항의 규정에 의하여 출판권의 소멸을 통고한 경우에는 출판권자가

통고를 받은 때에 출판권이 소멸한 것으로 본다.

④ 제3항의 경우에 복제권자는 출판권자에 대하여 언제든지 원상회복을 청구하거나 출판을 중지함으로 인한 손해의 배상을 청구할 수 있다.

제62조(출판권 소멸 후의 출판물의 배포) 출판권이 그 존속기간의 만료 또는 그 밖의 사유로 소멸된 경우에는 그 출판권을 가지고 있던 자는 다음 각호의 1에 해당하는 경우를 제외하고는 그 출판권의 존속기간 중 만들어진 출판물을 배포할 수 없다.

1. 출판권 설정행위에 특약이 있는 경우
2. 출판권의 존속기간 중 복제권자에게 그 저작물의 출판에 따른 대가를 지급하고 그 대가에 상응하는 부수의 출판물을 배포하는 경우

제63조(출판권의 양도 · 제한 등) ① 출판권은 복제권자의 동의없이 이를 양도 또는 질권의 목적으로 할 수 없다.

② 제23조 · 제25조 제1항 내지 제3항 · 제26조 내지 제28조 · 제30조 내지 제33조와 제35조 제2항 및 제3항의 규정은 출판권의 목적으로 되어 있는 저작물의 복제에 관하여 준용한다.

③ 제53조 내지 제55조의 규정은 출판권의 등록(출판권설정등록을 포함한다)에 관하여 준용한다. 이 경우 제55조 중 "저작권등록부"는 "출판권등록부"로 본다.

제3장 저작인접권

제1절 통칙

제64조(보호받는 실연 · 음반 · 방송) 다음 각호 각목의 1에 해당하는 실연 · 음반 및 방송은 이 법에 의한 보호를 받는다.

1. 실 연

가. 대한민국 국민(대한민국 법률에 의하여 설립된 법인 및 대한민국 내에 주된 사무소가 있는 외국법인을 포함한다. 이하 같다)이 행하는 실연

나. 대한민국이 가입 또는 체결한 조약에 따라 보호되는 실연

다. 제2호 각목의 음반에 고정된 실연

라. 제3호 각목의 방송에 의하여 송신되는 실연(송신 전에 녹음 또는 녹화되어 있는 실연을 제외한다)

2. 음 반

가. 대한민국 국민을 음반제작자로 하는 음반

나. 음이 맨 처음 대한민국 내에서 고정된 음반

다. 대한민국이 가입 또는 체결한 조약에 따라 보호되는 음반으로서 체약국 내에서 최초로 고정된 음반

라. 대한민국이 가입 또는 체결한 조약에 따라 보호되는 음반으로서 체약국의 국민(당해 체약국의 법률에 의하여 설립된 법인 및 당해 체약국 내에 주된 사무소가 있는 법인을 포함한다)을 음반제작자로 하는 음반

3. 방 송

가. 대한민국 국민인 방송사업자의 방송

나. 대한민국 내에 있는 방송설비로부터 행하여지는 방송

다. 대한민국이 가입 또는 체결한 조약에 따라 보호되는 방송으로서 체약국의 국민인 방송사업자가 당해 체약국 내에 있는 방송설비로부터 행하는 방송

제65조(저작권과의 관계) 이 장 각조의 규정은 저작권에 영향을 미치는 것으로 해석되어서는 아니된다.

제2절 실연자의 권리

제66조(성명표시권) ① 실연자는 그의 실연 또는 실연의 복제물에 그의 실명 또는 이명을 표시할 권리를 가진다.

② 실연을 이용하는 자는 그 실연자의 특별한 의사표시가 없는 때에는 실연자가 그의 실명 또는 이명을 표시한 바에 따라 이를 표시하여야 한다. 다만, 실연의 성질이나 그 이용의 목적 및 형태 등에 비추어 부득이하다고 인정되는 경우에는 그러하지 아니하다.

제67조(동일성유지권) 실연자는 그의 실연의 내용과 형식의 동일성을 유지할 권리를 가진다. 다만, 실연의 성질이나 그 이용의 목적 및 형태 등에 비추어 부득이하다고 인정되는 경우에는 그러하지 아니한다.

제68조(실연자의 인격권의 일신전속성) 제66조 및 제67조에 규정된 권리(이하 "실연자의 인격권"이라 한다)는 실연자 일신에 전속한다.

제69조(복제권) 실연자는 그의 실연을 복제할 권리를 가진다.

제70조(배포권) 실연자는 그의 실연의 복제물을 배포할 권리를 가진다. 다만, 실연의 복제물이 실연자의 허락을 받아 판매 등의 방법으로 거래에 제공된 경우에는 그러하지 아니하다.

제71조(대여권) 실연자는 제70조의 단서의 규정에 불구하고 그의 실연이 녹음된 판매용 음반을 영리를 목적으로 대여할 권리를 가진다.

제72조(공연권) 실연자는 그의 고정되지 아니한 실연을 공연할 권리를 가진다. 다만, 그 실연이 방송되는 실연인 경우에는 그러하지 아니하다.

제73조(방송권) 실연자는 그의 실연을 방송할 권리를 가진다. 다만, 실연자의 허락을 받아 녹음된 실연에 대하여는 그러하지 아니하다.

제74조(전송권) 실연자는 그의 실연을 전송할 권리를 가진다.

제75조(방송사업자의 실연자에 대한 보상) ① 방송사업자가 실연이 녹음된 판매용 음반을

사용하여 방송하는 경우에는 상당한 보상금을 그 실연자에게 지급하여야 한다. 다만, 실연자가 외국인인 경우에 그 외국에서 대한민국 국민인 실연자에게 이 항의 규정에 의한 보상금을 인정하지 아니하는 때에는 그러하지 아니하다.

② 제25조 제5항 내지 제9항의 규정은 제1항의 규정에 의한 보상금의 지급 등에 관하여 준용한다.

③ 제2항의 규정에 의한 단체가 보상권리자를 위하여 청구할 수 있는 보상금의 금액은 매년 그 단체와 방송사업자가 협의하여 정한다.

④ 제3항의 규정에 의한 협의가 성립되지 아니하는 경우에 그 단체 또는 방송사업자는 대통령령이 정하는 바에 의하여 저작권위원회에 조정을 신청할 수 있다.

제76조(디지털음성송신사업자의 실연자에 대한 보상) ① 디지털음성송신사업자가 실연이 녹음된 음반을 사용하여 송신하는 경우에는 상당한 보상금을 그 실연자에게 지급하여야 한다.

② 제25조 제5항 내지 제9항의 규정은 제1항의 규정에 의한 보상금의 지급 등에 관하여 준용한다.

③ 제2항의 규정에 의한 단체가 보상권리자를 위하여 청구할 수 있는 보상금의 금액은 매년 그 단체와 디지털음성송신사업자가 대통령령이 정하는 기간 내에 협의하여 정한다.

④ 제3항의 규정에 의한 협의가 성립되지 아니한 경우에는 문화관광부장관이 정하여 고시하는 금액을 지급한다.

제77조(공동실연자) ①2인 이상이 공동으로 합창 · 합주 또는 연극 등을 실연하는 경우에 이 절에 규정된 실연자의 권리(실연자의 인격권은 제외한다)는 공동으로 실연하는 자가 선출하는 대표자가 이를 행사한다. 다만, 대표자의 선출이 없는 경우에는 지휘자 또는 연출자 등이 이를 행사한다.

② 제1항의 규정에 의하여 실연자의 권리를 행사하는 경우에 독창 또는 독주가 함께

실연된 때에는 독창자 또는 독주자의 동의를 얻어야 한다.

③ 제15조의 규정은 공동실연자의 인격권 행사에 관하여 준용한다.

제3절 음반제작자의 권리

제78조(복제권) 음반제작자는 그의 음반을 복제할 권리를 가진다.

제79조(배포권) 음반제작자는 그의 음반을 배포할 권리를 가진다. 다만, 음반의 복제물이 음반제작자의 허락을 받아 판매 등의 방법으로 거래에 제공된 경우에는 그러하지 아니하다.

제80조(대여권) 음반제작자는 제79조의 단서의 규정에 불구하고 판매용 음반을 영리를 목적으로 대여할 권리를 가진다.

제81조(전송권) 음반제작자는 그의 음반을 전송할 권리를 가진다.

제82조(방송사업자의 음반제작자에 대한 보상) ① 방송사업자가 판매용 음반을 사용하여 방송하는 경우에는 상당한 보상금을 그 음반제작자에게 지급하여야 한다. 다만, 음반제작자가 외국인인 경우에 그 외국에서 대한민국 국민인 음반제작자에게 이 항의 규정에 의한 보상금을 인정하지 아니하는 때에는 그러하지 아니하다.

② 제25조 제5항 내지 제9항 및 제75조 제3항과 제4항의 규정은 제1항의 규정에 의한 보상금의 지급 및 금액 등에 관하여 준용한다.

제83조(디지털음성송신사업자의 음반제작자에 대한 보상) ① 디지털음성송신사업자가 음반을 사용하여 송신하는 경우에는 상당한 보상금을 그 음반제작자에게 지급하여야 한다.

② 제25조 제5항 내지 제9항 및 제76조 제3항과 제4항의 규정은 제1항의 규정에 의한 보상금의 지급 및 금액 등에 관하여 준용한다.

제4절 방송사업자의 권리

제84조(복제권) 방송사업자는 그의 방송을 복제할 권리를 가진다.

제85조(동시중계방송권) 방송사업자는 그의 방송을 동시중계방송할 권리를 가진다.

제5절 저작인접권의 보호기간

제86조(보호기간) ① 저작인접권(실연자의 인격권을 제외한다. 이하 같다)은 다음 각호의 1에 해당하는 때부터 발생한다.

1. 실연의 경우에는 그 실연을 한 때
2. 음반의 경우에는 그 음을 맨 처음 음반에 고정한 때
3. 방송의 경우에는 그 방송을 한 때

② 저작인접권은 다음 각호의 1에 해당하는 때의 다음 해부터 기산하여 50년간 존속한다.

1. 실연의 경우에는 그 실연을 한 때
2. 음반의 경우에는 그 음반을 발행한 때. 다만, 음을 음반에 맨 처음 고정한 때의 다음해부터 기산하여 50년이 경과한 때까지 음반을 발행하지 아니한 경우에는 음을 음반에 맨 처음 고정한 때
3. 방송의 경우에는 그 방송을 한 때

제6절 저작인접권의 제한 · 양도 · 행사 등

제87조(저작인접권의 제한) 제23조 · 제24조 · 제25조 제1항 내지 제3항 · 제26조 내지 제32조 · 제33조 제2항 · 제34조 · 제36조 및 제37조의 규정은 저작인접권의 목적이 된 실연 · 음반 또는 방송의 이용에 관하여 준용한다.

제88조(저작인접권의 양도 · 행사 등) 제45조 제1항의 규정은 저작인접권의 양도에, 제46조의 규정은 실연 · 음반 또는 방송의 이용허락에, 제47조의 규정은 저작인접권을 목적으로 하는 질권의 행사에, 제49조의 규정은 저작인접권의 소멸에 관하여 각각 준용한다.

제89조(실연 · 음반 및 방송이용의 법정허락) 제50조 내지 제52조의 규정은 실연 · 음반 및 방송의 이용에 관하여 준용한다.

제90조(저작인접권의 등록) 제53조 내지 제55조의 규정은 저작인접권의 등록에 관하여 준용한다. 이 경우 제55조 중 "저작권등록부"는 "저작인접권등록부"로 본다.

제4장 데이터베이스제작자의 보호

제91조(보호받는 데이터베이스) ① 다음 각호의 1에 해당하는 자의 데이터베이스는 이 법에 의한 보호를 받는다.

1. 대한민국 국민
2. 데이터베이스의 보호와 관련하여 대한민국이 가입 또는 체결한 조약에 따라 보호되는 외국인

② 제1항의 규정에 의하여 보호되는 외국인의 데이터베이스라도 그 외국에서 대한민국 국민의 데이터베이스를 보호하지 아니하는 경우에는 그에 상응하게 조약 및 이 법에 의한 보호를 제한할 수 있다.

제92조(적용 제외) 다음 각호의 1에 해당하는 데이터베이스에 대하여는 이 장의 규정을 적용하지 아니한다.

1. 데이터베이스의 제작 · 갱신등 또는 운영에 이용되는 컴퓨터프로그램
2. 무선 또는 유선통신을 기술적으로 가능하게 하기 위하여 제작되거나 갱신 등이 되는 데이터베이스

제93조(데이터베이스제작자의 권리) ① 데이터베이스제작자는 그의 데이터베이스의 전부 또는 상당한 부분을 복제 · 배포 · 방송 또는 전송(이하 이 조에서 "복제 등"이라 한다)할 권리를 가진다.

② 데이터베이스의 개별 소재는 제1항의 규정에 의한 당해 데이터베이스의 상당한 부분으로 간주되지 아니한다. 다만, 데이터베이스의 개별 소재 또는 그 상당한 부분에 이르지 못하는 부분의 복제 등이라 하더라도 반복적이거나 특정한 목적을 위하여 체계적으로 함으로써 당해 데이터베이스의 통상적인 이용과 충돌하거나 데이터베이스제작자의 이익을 부당하게 해치는 경우에는 당해 데이터베이스의 상당한 부분의 복제 등으로 본다.

③ 이 장에 의한 보호는 데이터베이스의 구성부분이 되는 소재의 저작권 그 밖에 이 법에 의하여 보호되는 권리에 영향을 미치지 아니한다.

④ 이 장에 의한 보호는 데이터베이스의 구성부분이 되는 소재 그 자체에는 미치지 아니한다.

제94조(데이터베이스제작자의 권리제한) ① 제23조 · 제28조 내지 제34조 · 제36조 및 제37조의 규정은 데이터베이스제작자의 권리의 목적이 되는 데이터베이스의 이용에 관하여 준용한다.

② 다음 각호의 1에 해당하는 경우에는 누구든지 데이터베이스의 전부 또는 그 상당한 부분을 복제 · 배포 · 방송 또는 전송할 수 있다. 다만, 당해 데이터베이스의 통상적인 이용과 저촉되는 경우에는 그러하지 아니하다.

1. 교육 · 학술 또는 연구를 위하여 이용하는 경우. 다만, 영리를 목적으로 하는 경우에는 그러하지 아니하다.

2. 시사보도를 위하여 이용하는 경우

제95조(보호기간) ① 데이터베이스제작자의 권리는 데이터베이스의 제작을 완료한 때부터 발생하며, 그 다음 해부터 기산하여 5년간 존속한다.

② 데이터베이스의 갱신 등을 위하여 인적 또는 물적으로 상당한 투자가 이루어진 경우에 당해 부분에 대한 데이터베이스제작자의 권리는 그 갱신 등을 한 때부터 발생하며, 그 다음 해부터 기산하여 5년간 존속한다.

제96조(데이터베이스제작자의 권리의 양도 · 행사 등) 제20조 단서의 규정은 데이터베이스의 거래제공에, 제45조 제1항의 규정은 데이터베이스제작자의 권리의 양도에, 제46조의 규정은 데이터베이스의 이용허락에, 제47조의 규정은 데이터베이스제작자의 권리를 목적으로 하는 질권의 행사에, 제48조의 규정은 공동데이터베이스의 데이터베이스제작자의 권리행사에, 제49조의 규정은 데이터베이스제작자의 권리의 소멸에 관하여 각각 준용한다.

제97조(데이터베이스 이용의 법정허락) 제50조 및 제51조의 규정은 데이터베이스의 이용에 관하여 준용한다.

제98조(데이터베이스제작자의 권리의 등록) 제53조 내지 제55조의 규정은 데이터베이스제작자의 권리의 등록에 관하여 준용한다. 이 경우 제55조 중 "저작권등록부"는 "데이터베이스제작자권리등록부"로 본다.

제5장 영상저작물에 관한 특례

제99조(저작물의 영상화) ① 저작재산권자가 저작물의 영상화를 다른 사람에게 허락한 경우에 특약이 없는 때에는 다음 각호의 권리를 포함하여 허락한 것으로 추정한다.

1. 영상저작물을 제작하기 위하여 저작물을 각색하는 것
2. 공개상영을 목적으로 한 영상저작물을 공개상영하는 것
3. 방송을 목적으로 한 영상저작물을 방송하는 것
4. 전송을 목적으로 한 영상저작물을 전송하는 것
5. 영상저작물을 그 본래의 목적으로 복제 · 배포하는 것
6. 영상저작물의 번역물을 그 영상저작물과 같은 방법으로 이용하는 것

② 저작재산권자는 그 저작물의 영상화를 허락한 경우에 특약이 없는 때에는 허락한

날로부터 5년이 경과한 때에 그 저작물을 다른 영상저작물로 영상화하는 것을 허락할 수 있다.

제100조(영상저작물에 대한 권리) ① 영상제작자와 영상저작물의 제작에 협력할 것을 약정한 자가 그 영상저작물에 대하여 저작권을 취득한 경우 특약이 없는 한 그 영상저작물의 이용을 위하여 필요한 권리는 영상제작자가 이를 양도받은 것으로 추정한다.

② 영상저작물의 제작에 사용되는 소설 · 각본 · 미술저작물 또는 음악저작물 등의 저작재산권은 제1항의 규정으로 인하여 영향을 받지 아니한다.

③ 영상제작자와 영상저작물의 제작에 협력할 것을 약정한 실연자의 그 영상저작물의 이용에 관한 제69조의 규정에 의한 복제권, 제70조의 규정에 의한 배포권, 제73조의 규정에 의한 방송권 및 제74조의 규정에 의한 전송권은 특약이 없는 한 영상제작자가 이를 양도받은 것으로 추정한다.

제101조(영상제작자의 권리) ① 영상제작물의 제작에 협력할 것을 약정한 자로부터 영상제작자가 양도받는 영상저작물의 이용을 위하여 필요한 권리는 영상저작물을 복제 · 배포 · 공개상영 · 방송 · 전송 그 밖의 방법으로 이용할 권리로 하며, 이를 양도하거나 질권의 목적으로 할 수 있다.

② 실연자로부터 영상제작자가 양도받는 권리는 그 영상저작물을 복제 · 배포 · 방송 또는 전송할 권리로 하며, 이를 양도하거나 질권의 목적으로 할 수 있다.

제6장 온라인서비스제공자의 책임 제한

제102조(온라인서비스제공자의 책임 제한) ① 온라인서비스제공자가 저작물등의 복제 · 전송과 관련된 서비스를 제공하는 것과 관련하여 다른 사람에 의한 저작물 등의 복제 · 전송으로 인하여 그 저작권 그 밖에 이 법에 의하여 보호되는 권리가 침해된다는 사

실을 알고 당해 복제 · 전송을 방지하거나 중단시킨 경우에는 다른 사람에 의한 저작권 그 밖에 이 법에 의하여 보호되는 권리의 침해에 관한 온라인서비스제공자의 책임을 감경 또는 면제할 수 있다.

② 온라인서비스제공자가 저작물 등의 복제 · 전송과 관련된 서비스를 제공하는 것과 관련하여 다른 사람에 의한 저작물 등의 복제 · 전송으로 인하여 그 저작권 그 밖에 이 법에 의하여 보호되는 권리가 침해된다는 사실을 알고 당해 복제 · 전송을 방지하거나 중단시키고자 하였으나 기술적으로 불가능한 경우에는 그 다른 사람에 의한 저작권 그 밖에 이 법에 의하여 보호되는 권리의 침해에 관한 온라인서비스제공자의 책임은 면제된다.

제103조(복제 · 전송의 중단) ① 온라인서비스제공자의 서비스를 이용한 저작물 등의 복제 · 전송에 의하여 저작권 그 밖에 이 법에 의하여 보호되는 자신의 권리가 침해됨을 주장하는 자(이하 이 조에서 "권리주장자"라 한다)는 그 사실을 소명하여 온라인서비스제공자에게 그 저작물등의 복제 · 전송을 중단시킬 것을 요구할 수 있다.

② 온라인서비스제공자는 제1항의 규정에 의한 복제 · 전송의 중단요구가 있는 경우에는 즉시 그 저작물등의 복제 · 전송을 중단시키고 당해 저작물등을 복제 · 전송하는 자(이하 "복제 · 전송자"라 한다) 및 권리주장자에게 그 사실을 통보하여야 한다.

③ 제2항의 규정에 의한 통보를 받은 복제 · 전송자가 자신의 복제 · 전송이 정당한 권리에 의한 것임을 소명하여 그 복제 · 전송의 재개를 요구하는 경우 온라인서비스제공자는 재개요구사실 및 재개예정일을 권리주장자에게 지체없이 통보하고 그 예정일에 복제 · 전송을 재개시켜야 한다.

④ 온라인서비스제공자는 제1항 및 제3항의 규정에 의한 복제 · 전송의 중단 및 그 재개의 요구를 받을 자(이하 이 조에서 "수령인"이라 한다)를 지정하여 자신의 설비 또는 서비스를 이용하는 자들이 쉽게 알 수 있도록 공지하여야 한다.

⑤ 온라인서비스제공자가 제4항의 규정에 의한 공지를 하고, 제2항 및 제3항의 규정

에 의하여 그 저작물등의 복제 · 전송을 중단시키거나 재개시킨 경우에는 다른 사람에 의한 저작권 그 밖에 이 법에 의하여 보호되는 권리의 침해에 대한 온라인서비스제공자의 책임 및 복제 · 전송자에게 발생하는 손해에 대한 온라인서비스제공자의 책임을 감경 또는 면제할 수 있다. 다만, 이 항의 규정은 온라인서비스제공자가 다른 사람에 의한 저작물등의 복제 · 전송으로 인하여 그 저작권 그 밖에 이 법에 의하여 보호되는 권리가 침해된다는 사실을 안 때부터 제1항의 규정에 의한 중단을 요구받기 전까지 발생한 책임에는 적용하지 아니한다.

⑥ 정당한 권리없이 제1항 및 제3항의 규정에 의한 그 저작물등의 복제 · 전송의 중단이나 재개를 요구하는 자는 그로 인하여 발생하는 손해를 배상하여야 한다.

⑦ 제1항 내지 제4항의 규정에 의한 소명, 중단, 통보, 복제 · 전송의 재개, 수령인의 지정 및 공지 등에 관하여 필요한 사항은 대통령령으로 정한다. 이 경우 문화관광부장관은 관계중앙행정기관의 장과 미리 협의하여야 한다.

제104조(특수한 유형의 온라인 서비스제공자의 의무 등) ① 다른 사람들 상호간에 컴퓨터 등을 이용하여 저작물 등을 전송하도록 하는 것을 주된 목적으로 하는 온라인서비스제공자(이하 "특수한 유형의 온라인서비스제공자"라 한다)는 권리자의 요청이 있는 경우 당해 저작물등의 불법적인 전송을 차단하는 기술적인 조치 등 필요한 조치를 하여야 한다. 이 경우 권리자의 요청 및 필요한 조치에 관한 사항은 대통령령으로 정한다.

② 문화관광부장관은 제1항의 규정에 의한 특수한 유형의 온라인서비스제공자의 범위를 정하여 고시할 수 있다.

제7장 저작권위탁관리업

제105조(저작권위탁관리업의 허가 등) ① 저작권신탁관리업을 하고자 하는 자는 대통령령이 정하는 바에 의하여 문화관광부장관의 허가를 받아야 하며, 저작권대리중개업을 하고자 하는 자는 대통령령이 정하는 바에 의하여 문화관광부장관에게 신고하여야 한다.

② 제1항의 규정에 의하여 저작권신탁관리업을 하고자 하는 자는 다음 각호의 요건을 갖추어야 하며, 대통령령으로 정하는 바에 의하여 저작권신탁관리업무규정을 작성하여 이를 저작권신탁관리허가신청서와 함께 문화관광부장관에게 제출하여야 한다.

1. 저작물등에 관한 권리자로 구성된 단체일 것
2. 영리를 목적으로 하지 아니할 것
3. 사용료의 징수 및 분배 등의 업무를 수행하기에 충분한 능력이 있을 것

③ 다음 각호의 1에 해당하는 자는 제1항의 규정에 의한 저작권신탁관리업 또는 저작권대리중개업(이하 "저작권위탁관리업"이라 한다)의 허가를 받거나 신고를 할 수 없다.

1. 금치산자 · 한정치산자
2. 파산선고를 받고 복권되지 아니한 자
3. 이 법에 위반하여 벌금이상의 형의 선고를 받고 그 집행이 종료되거나 집행을 받지 아니하기로 확정된 후 1년이 경과되지 아니한 자 또는 형의 집행유예의 선고를 받고 그 집행유예기간 중에 있는 자
4. 대한민국 내에 주소를 두지 아니한 자
5. 제1호 내지 제4호의 1에 해당하는 자가 대표자 또는 임원으로 되어 있는 법인 또는 단체

④ 제1항의 규정에 의하여 저작권위탁관리업의 허가를 받거나 신고를 한 자(이하 "저작권위탁관리업자"라 한다)는 그 업무에 관하여 저작재산권자 그 밖의 관계자로

부터 수수료를 받을 수 있다.

⑤ 제4항의 규정에 의한 수수료의 요율 또는 금액 및 저작권위탁관리업자가 이용자로부터 받는 사용료의 요율 또는 금액은 저작권위탁관리업자가 문화관광부장관의 승인을 얻어 이를 정한다. 다만, 저작권대리중개업의 신고를 한 자의 경우에는 그러하지 아니하다.

⑥ 문화관광부장관은 제5항의 규정에 의한 승인의 경우에 저작권위원회의 심의를 거쳐야 하며 필요한 경우에는 기간을 정하거나 신청된 내용을 수정하여 승인할 수 있다.

⑦ 문화관광부장관은 제5항의 규정에 의한 사용료의 요율 또는 금액에 관한 승인 신청이 있는 경우 및 승인을 한 경우에는 대통령령이 정하는 바에 따라 그 내용을 공고하여야 한다.

⑧ 문화관광부장관은 저작재산권자 그 밖의 관계자의 권익보호 또는 저작물등의 이용 편의를 도모하기 위하여 필요한 경우에는 제5항의 규정에 의한 승인 내용을 변경할 수 있다.

제106조(저작권신탁관리업자의 의무) ① 저작권신탁관리업자는 그가 관리하는 저작물 등의 목록을 대통령령이 정하는 바에 따라 분기별로 도서 또는 전자적 형태로 작성하여 누구든지 적어도 영업시간내에는 목록을 열람할 수 있도록 하여야 한다.

② 저작권신탁관리업자는 이용자가 서면으로 요청하는 경우에는 정당한 사유가 없는 한 관리하는 저작물 등의 이용계약을 체결하기 위하여 필요한 정보로서 대통령령으로 정하는 정보를 상당한 기간 내에 서면으로 제공하여야 한다.

제107조(서류열람의 청구) 저작권신탁관리업자는 그가 신탁관리하는 저작물 등을 영리목적으로 이용하는 자에 대하여 당해 저작물 등의 사용료 산정에 필요한 서류의 열람을 청구할 수 있다. 이 경우 이용자는 정당한 이유가 없는 한 이에 응하여야 한다.

제108조(감독) ① 문화관광부장관은 저작권위탁관리업자에게 저작권위탁관리업의 업무에 관하여 필요한 보고를 하게 할 수 있다.

② 문화관광부장관은 저작자의 권익보호와 저작물의 이용편의를 도모하기 위하여 저작권위탁관리업자의 업무에 대하여 필요한 명령을 할 수 있다.

제109조(허가의 취소 등) ① 문화관광부장관은 저작권위탁관리업자가 다음 각호의 1에 해당하는 경우에는 6월 이내의 기간을 정하여 업무의 정지를 명할 수 있다.

1. 제105조 제5항의 규정에 의하여 승인된 수수료를 초과하여 받은 경우
2. 제105조 제5항의 규정에 의하여 승인된 사용료 이외의 사용료를 받은 경우
3. 제108조 제1항의 규정에 의한 보고를 정당한 사유 없이 하지 아니하거나 허위로 한 경우
4. 제108조 제2항의 규정에 의한 명령을 받고 정당한 사유 없이 이를 이행하지 아니한 경우

② 문화관광부장관은 저작권위탁관리업자가 다음 각호의 1에 해당하는 경우에는 저작권위탁관리업의 허가를 취소하거나 영업의 폐쇄명령을 할 수 있다.

1. 허위 기타 부정한 방법으로 허가를 받거나 신고를 한 경우
2. 제1항의 규정에 의한 업무의 정지명령을 받고 그 업무를 계속한 경우

제110조(청문) 문화관광부장관은 제109조 제2항의 규정에 의하여 저작권위탁관리업의 허가를 취소하거나 영업의 폐쇄를 명하고자 하는 경우에는 청문을 실시하여야 한다.

제111조(과징금 처분) ① 문화관광부장관은 저작권위탁관리업자가 제109조 제1항 각호의 1에 해당하여 업무의 정지처분을 하여야 할 때에는 그 업무정지처분에 갈음하여 5천만원 이하의 과징금을 부과 · 징수할 수 있다.

② 문화관광부장관은 제1항의 규정에 의하여 과징금 부과처분을 받은 자가 과징금을 기한 내에 납부하지 아니하는 때에는 국세체납처분의 예에 의하여 이를 징수 한다.

③ 제1항 및 제2항의 규정에 의하여 징수한 과징금은 징수주체가 건전한 저작물 이용 질서의 확립을 위하여 사용할 수 있다.

④ 제1항의 규정에 의하여 과징금을 부과하는 위반행위의 종별 · 정도 등에 따른 과

징금의 금액 및 제3항의 규정에 의한 과징금의 사용절차 등에 관하여 필요한 사항은 대통령령으로 정한다.

제8장 저작권위원회

제112조(저작권위원회의 설치 및 구성) ① 저작물등의 건전한 이용질서를 확립하고 저작권 그 밖에 이 법에 의하여 보호되는 권리(이하 이 장에서 "저작권"이라 한다)에 관한 사항을 심의하며 저작권에 관한 분쟁(이하 "분쟁"이라 한다)을 조정하기 위하여 저작권위원회(이하 "위원회"라 한다)를 둔다.

② 위원회는 위원장 1인, 부위원장 2인을 포함한 15인 이상 20인 이하의 위원으로 구성한다.

③ 위원은 다음 각호의 자 중에서 문화관광부장관이 위촉하며, 위원장과 부위원장은 위원중에서 호선한다.

1. 대학이나 공인된 연구기관에서 부교수 이상 또는 이에 상당하는 직위에 있거나 있었던 자로서 저작권 관련 분야를 전공한 자
2. 판사 또는 검사의 직에 있는 자 및 변호사의 자격이 있는 자
3. 4급 이상의 공무원 또는 이에 상당하는 공공기관의 직에 있거나 있었던 자로서 저작권 또는 문화산업 분야에 실무경험이 있는 자
4. 저작권 또는 문화산업 관련 단체의 임원의 직에 있거나 있었던 자
5. 그 밖에 저작권과 관련된 업무에 관한 학식과 경험이 풍부한 자

④ 위원의 임기는 3년으로 하되, 연임할 수 있다.

⑤ 위원에 결원이 생겼을 때에는 제3항의 규정에 의하여 그 보궐위원을 위촉하여야 하며, 그 보궐위원의 임기는 전임자의 잔임 기간으로 한다. 다만, 위원의 수가 15인

이상인 경우에는 보궐위원을 위촉하지 아니할 수 있다.

제113조(업무) 위원회는 다음 각호의 업무를 행한다.

1. 분쟁의 조정
2. 제105조 제6항의 규정에 의한 저작권위탁관리업자의 수수료 및 사용료의 요율 또는 금액에 관한 사항 및 문화관광부장관 또는 위원 3인 이상이 공동으로 부의하는 사항의 심의
3. 저작물 등의 이용질서 확립 및 저작물의 공정한 이용 도모를 위한 사업
4. 저작권 보호를 위한 국제협력
5. 저작권 연구 · 교육 및 홍보
6. 저작권 정책의 수립 지원
7. 기술적보호조치 및 권리관리정보에 관한 정책 수립 지원
8. 저작권 정보 제공을 위한 정보관리 시스템 구축 및 운영
9. 저작권 등의 침해 등에 관한 감정
10. 법령이 위원회의 권한으로 정한 업무
11. 기타 문화관광부장관이 위탁하는 업무

제114조(조정부) ① 위원회의 분쟁조정업무를 효율적으로 수행하기 위하여 위원회에 1인 또는 3인 이상의 위원으로 구성된 조정부를 두되, 그 중 1인은 변호사의 자격이 있는 자이어야 한다.

② 제1항의 규정에 의한 조정부의 구성 및 운영 등에 관하여 필요한 사항은 대통령령으로 정한다.

제115조(비공개) 조정절차는 비공개를 원칙으로 한다. 다만, 조정부장은 당사자의 동의를 얻어 적당하다고 인정하는 자에게 방청을 허가할 수 있다.

제116조(진술의 원용 제한) 조정절차에서 당사자 또는 이해관계인이 한 진술은 소송 또는 중재절차에서 원용하지 못한다.

제117조(조정의 성립) ① 조정은 당사자간에 합의된 사항을 조서에 기재함으로써 성립된다.

② 제1항의 규정에 의한 조서는 재판상의 화해와 동일한 효력이 있다. 다만, 당사자가 임의로 처분할 수 없는 사항에 관한 것은 그러하지 아니하다.

제118조(조정비용) ① 조정비용은 신청인이 부담한다. 다만, 조정이 성립된 경우로서 특약이 없는 때에는 당사자 각자가 균등하게 부담한다.

② 제1항의 조정비용의 금액은 위원회가 정한다.

제119조(감정) ① 위원회는 법원 또는 수사기관 등으로부터 재판 또는 수사를 위하여 저작권 등의 침해 등에 관한 감정을 요청받은 때에 이를 실시할 수 있다.

② 제1항의 규정에 의한 감정절차 및 방법 등에 관하여 필요한 사항은 대통령령으로 정한다.

③ 위원회는 제1항의 규정에 의한 감정을 실시한 때에는 감정 수수료를 받을 수 있으며, 그 금액은 위원회가 정한다.

제120조(저작권정보센터) 제113조 제7호 및 제8호의 업무를 효율적으로 수행하기 위하여 위원회 내에 저작권정보센터를 둔다.

제121조(위원회 조직 등) 위원회의 조직과 운영, 조정신청 및 절차, 조정비용의 납부방법, 저작권정보센터의 조직과 운영 기타 위원회에 관하여 필요한 사항은 대통령령으로 한다.

제122조(경비보조 등) ① 국가는 예산의 범위 안에서 위원회의 운영에 필요한 경비를 보조할 수 있다.

② 개인 · 법인 또는 단체는 저작권법 제113조 제3호 · 제5호 및 제8호의 규정에 의한 업무 수행을 지원하기 위하여 위원회에 금전 기타 재산을 기부할 수 있다.

③ 제2항의 규정에 의한 기부금은 별도의 계정으로 관리하여야 하며, 그 사용에 관하여는 문화관광부장관의 승인을 얻어야 한다.

제9장 권리의 침해에 대한 구제

제123조(침해의 정지 등 청구) ① 저작권 그 밖에 이 법에 의하여 보호되는 권리(제25조, 제31조, 제75조, 제76조, 제82조 및 제83조의 규정에 의한 보상을 받을 권리를 제외한다. 이하 이 조에서 같다)를 가진 자는 그 권리를 침해하는 자에 대하여 침해의 정지를 청구할 수 있으며, 그 권리를 침해할 우려가 있는 자에 대하여 침해의 예방 또는 손해배상의 담보를 청구할 수 있다.

② 저작권 그 밖에 이 법에 의하여 보호되는 권리를 가진 자는 제1항의 규정에 의한 청구를 하는 경우에 침해행위에 의하여 만들어진 물건의 폐기나 그 밖의 필요한 조치를 청구할 수 있다.

③ 제1항 및 제2항의 경우 또는 이 법에 의한 형사의 기소가 있는 때에는 법원은 원고 또는 고소인의 신청에 따라 담보를 제공하거나 제공하지 않게 하고, 임시로 침해행위의 정지 또는 침해행위로 말미암아 만들어진 물건의 압류 기타 필요한 조치를 명할 수 있다.

④ 제3항의 경우에 저작권 그 밖에 이 법에 의하여 보호되는 권리의 침해가 없다는 뜻의 판결이 확정된 때에는 신청자는 그 신청으로 인하여 발생한 손해를 배상하여야 한다.

제124조(침해로 보는 행위) ① 다음 각호의 1에 해당하는 행위는 저작권 그 밖에 이 법에 의하여 보호되는 권리의 침해로 본다.

1. 수입 시에 대한민국 내에서 만들어졌더라면 저작권 그 밖에 이 법에 의하여 보호되는 권리의 침해로 될 물건을 대한민국 내에서 배포할 목적으로 수입하는 행위
2. 저작권 그 밖에 이 법에 의하여 보호되는 권리를 침해하는 행위에 의하여 만들어진 물건(제1호의 수입물건을 포함한다)을 그 사실을 알고 배포할 목적으로 소지하는 행위

② 정당한 권리없이 저작권 그 밖에 이 법에 의하여 보호되는 권리의 기술적 보호조

치를 제거 · 변경 · 우회하는 등 무력화하는 것을 주된 목적으로 하는 기술 · 서비스 · 제품 · 장치 또는 그 주요부품을 제공 · 제조 · 수입 · 양도 · 대여 또는 전송하는 행위는 저작권 그 밖에 이 법에 의하여 보호되는 권리의 침해로 본다.

③ 저작권 그 밖에 이 법에 의하여 보호되는 권리의 침해를 유발 또는 은닉한다는 사실을 알거나 과실로 알지 못하고 정당한 권리없이 하는 행위로서 다음 각호의 1에 해당하는 경우에는 저작권 그 밖에 이 법에 의하여 보호되는 권리의 침해로 본다. 다만, 기술적으로 불가피하거나 저작물등의 성질이나 그 이용의 목적 및 형태에 비추어 부득이하다고 인정되는 경우에는 그러하지 아니하다.

1. 전자적 형태의 권리관리정보를 고의로 제거 · 변경 또는 허위 부가하는 행위
2. 전자적 형태의 권리관리정보가 제거 · 변경되거나 또는 허위로 부가된 사실을 알고 당해 저작물등의 원본이나 그 복제물을 배포 · 공연 또는 공중송신하거나 배포의 목적으로 수입하는 행위

④ 저작자의 명예를 훼손하는 방법으로 그 저작물을 이용하는 행위는 저작인격권의 침해로 본다.

제125조(손해배상의 청구) ① 저작재산권 그 밖에 이 법에 의하여 보호되는 권리(저작인격권 및 실연자의 인격권을 제외한다)를 가진 자(이하 "저작재산권자 등"이라 한다)가 고의 또는 과실에 의하여 권리를 침해한 자에 대하여 그 침해행위에 의하여 자기가 받은 손해의 배상을 청구하는 경우에 그 권리를 침해한 자가 그 침해행위에 의하여 이익을 받은 때에는 그 이익의 액을 저작재산권자 등이 받은 손해의 액으로 추정한다.

② 저작재산권자 등이 고의 또는 과실에 의하여 그 권리를 침해한 자에 대하여 그 침해에 의하여 자기가 받은 손해의 배상을 청구하는 경우에 그 권리의 행사로 통상 받을 수 있는 금액에 상당하는 액을 저작재산권자 등이 받은 손해의 액으로 하여 그 손해배상을 청구할 수 있다.

③ 제2항의 규정에 불구하고 저작재산권자 등이 받은 손해의 액이 제2항의 규정에

의한 금액을 초과하는 경우에는 그 초과액에 대하여도 손해배상을 청구할 수 있다.

④ 등록되어 있는 저작권 · 출판권 · 저작인접권 또는 데이터베이스제작자의 권리를 침해한 자는 그 침해행위에 과실이 있는 것으로 추정한다.

제126조(손해액의 인정) 법원은 손해가 발생한 사실은 인정되나 제125조의 규정에 의한 손해액을 산정하기 어려운 때에는 변론의 취지 및 증거조사의 결과를 참작하여 상당한 손해액을 인정할 수 있다.

제127조(명예회복 등의 청구) 저작자 또는 실연자는 고의 또는 과실로 저작인격권 또는 실연자의 인격권을 침해한 자에 대하여 손해배상에 갈음하거나 손해배상과 함께 명예회복을 위하여 필요한 조치를 청구할 수 있다.

제128조(저작자의 사망 후 인격적 이익의 보호) 저작자가 사망한 후에 그 유족(사망한 저작자의 배우자 · 자 · 부모 · 손 · 조부모 또는 형제자매를 말한다)이나 유언집행자는 당해 저작물에 대하여 제14조 제2항의 규정에 위반하거나 위반할 우려가 있는 자에 대하여는 제123조의 규정에 의한 청구를 할 수 있으며, 고의 또는 과실로 저작인격권을 침해하거나 제14조 제2항의 규정에 위반한 자에 대하여는 제127조의 규정에 의한 명예회복 등의 청구를 할 수 있다.

제129조(공동저작물의 권리침해) 공동저작물의 각 저작자 또는 각 저작재산권자는 다른 저작자 또는 다른 저작재산권자의 동의없이 제123조의 규정에 의한 청구를 할 수 있으며 그 저작재산권의 침해에 관하여 자신의 지분에 관한 제125조의 규정에 의한 손해배상의 청구를 할 수 있다.

제10장 보칙

제130조(권한의 위임 및 위탁) 문화관광부장관은 대통령령이 정하는 바에 의하여 이 법에 의

한 권한의 일부를 시 · 도지사에게 위임하거나 저작권위원회 또는 저작권 관련 단체에 위탁할 수 있다.

제131조(벌칙적용의 경우 공무원 의제) 위원회의 위원 및 직원은 형법 제129조 내지 제132조의 규정을 적용하는 경우에는 이를 공무원으로 본다.

제132조(수수료) 이 법의 규정에 따라 다음 각호의 1에 해당하는 사항의 신청 등을 하는 자는 문화관광부령이 정하는 바에 의하여 수수료를 납부하여야 한다.

1. 제50조 내지 제52조의 규정에 의한 법정 허락 승인(제89조 및 제97조의 규정에 의하여 준용되는 경우를 포함한다)을 신청하는 자
2. 제53조 내지 제55조의 규정에 의한 등록(제63조 제3항 · 제90조 및 제98조의 규정에 의하여 준용되는 경우를 포함한다) · 등록 사항의 변경 · 등록부 열람 및 사본의 교부를 신청하는 자
3. 제105조의 규정에 의하여 저작권위탁관리업의 허가를 신청하거나 신고하는 자

제133조(불법 복제물의 수거 · 폐기 및 삭제) ① 문화관광부장관, 시 · 도지사 또는 시장 · 군수 · 구청장은 저작권 그 밖에 이 법에 따라 보호되는 권리를 침해하는 복제물(정보통신망을 통하여 전송되는 복제물은 제외한다) 또는 저작물 등의 기술적 보호조치를 무력하게 하기 위하여 제작된 기기 · 장치 및 프로그램을 발견한 때에는 대통령령이 정한 절차 및 방법에 따라 관계 공무원으로 하여금 이를 수거하여 폐기하게 할 수 있다.

② 문화관광부장관은 제1항의 규정에 따른 업무를 대통령령이 정한 단체에 위탁할 수 있다. 이 경우 이에 종사하는 자는 공무원으로 본다.

③ 문화관광부장관은 제1항 및 제2항의 규정에 따라 관계 공무원 등이 수거 · 폐기를 하는 경우 필요한 때에는 관련 단체에 협조를 요청할 수 있다.

④ 문화관광부장관은 정보통신망을 통하여 저작권 그 밖에 이 법에 의하여 보호되는 권리를 침해하는 복제물의 전송 등으로 인하여 저작권 등의 이용질서를 심각하게 훼손한다고 판단되는 경우 제112조의 규정에 의한 저작권위원회의 심의를 거쳐 대통

령령이 정하는 바에 따라 복제 · 전송자 또는 온라인서비스제공자에게 이를 삭제 또는 중단하도록 명할 수 있다.

⑤ 문화관광부장관은 제1항 및 제4항의 규정에 따른 업무를 위하여 필요한 기구를 설치 · 운영할 수 있다.

⑥ 제1항 내지 제4항의 규정이 다른 법률 규정과 경합하는 경우에는 이 법을 우선하여 적용한다.

제134조(건전한 저작물 이용 환경 조성 등) ① 문화관광부장관은 저작권이 소멸된 저작물 등에 대한 정보 제공 등 저작물의 공정한 이용을 도모하기 위하여 필요한 사업을 할 수 있다.

② 문화관광부장관은 저작물 등의 권리관리정보 및 기술적 보호조치에 관한 정책을 수립 · 시행할 수 있다.

③ 제1항의 규정에 의한 사업 및 제2항의 규정에 의한 정책의 수립 · 시행 등에 관하여 필요한 사항은 대통령령으로 정한다.

제135조(저작재산권 등의 기증) ① 저작재산권자 등은 자신의 권리를 문화관광부장관에게 기증할 수 있다.

② 문화관광부장관은 저작재산권자 등으로부터 기증된 저작물 등의 권리를 공정하게 관리할 수 있는 단체를 지정할 수 있다.

③ 제2항의 규정에 의하여 지정된 단체는 영리를 목적으로 또는 당해 저작재산권자 등의 의사에 반하여 저작물 등을 이용할 수 없다.

④ 제1항과 제2항의 규정에 의한 기증 절차와 단체의 지정 등에 관하여 필요한 사항은 대통령령으로 정한다.

제11장 벌 칙

제136조(권리의 침해죄) ① 저작재산권 그 밖에 이 법에 의하여 보호되는 재산적 권리(제93조의 규정에 의한 권리를 제외한다)를 복제·공연·공중송신·전시·배포·대여·2차적저작물 작성의 방법으로 침해한 자는 5년 이하의 징역 또는 5천만원 이하의 벌금에 처하거나 이를 병과할 수 있다.

② 다음 각호의 1에 해당하는 자는 3년 이하의 징역 또는 3천만원 이하의 벌금에 처하거나 이를 병과할 수 있다.

1. 저작인격권 또는 실연자의 인격권을 침해하여 저작자 또는 실연자의 명예를 훼손한 자
2. 제53조 및 제54조(제63조 제3항, 제90조 및 제98조의 규정에 의하여 준용되는 경우를 포함한다)의 규정에 의한 등록을 허위로 한 자
3. 제93조의 규정에 의하여 보호되는 데이터베이스제작자의 권리를 복제·배포·방송 또는 전송의 방법으로 침해한 자
4. 제124조 제1항의 규정에 의한 침해행위로 보는 행위를 한 자
5. 업으로 또는 영리를 목적으로 제124조 제2항의 규정에 의하여 침해행위로 보는 행위를 한 자
6. 업으로 또는 영리를 목적으로 제124조 제3항의 규정에 의하여 침해행위로 보는 행위를 한 자. 다만, 과실로 저작권 또는 이 법에 의하여 보호되는 권리 침해를 유발 또는 은닉한다는 사실을 알지 못한 자를 제외한다.

제137조(부정발행등의 죄) 다음 각호의 1에 해당하는 자는 1년 이하의 징역 또는 1천만원 이하의 벌금에 처한다.

1. 저작자 아닌 자를 저작자로 하여 실명·이명을 표시하여 저작물을 공표한 자
2. 실연자 아닌 자를 실연자로 하여 실명·이명을 표시하여 실연을 공연 또는 공중

송신하거나 복제물을 배포한 자

3. 제14조 제2항의 규정에 위반한 자

4. 제105조 제1항의 규정에 의한 허가를 받지 아니하고 저작권 신탁 관리업을 한 자

5. 제124조 제4항의 규정에 의하여 침해행위로 보는 행위를 한 자

6. 자신에게 정당한 권리가 없음을 알면서 고의로 제103조 제1항 또는 제3항의 규정에 의한 복제 · 전송의 중단 또는 재개요구를 하여 온라인서비스제공자의 업무를 방해한 자

제138조(출처명시위반의 죄 등) 다음 각호의 1에 해당하는 자는 500만원 이하의 벌금에 처한다.

1. 제35조 제4항의 규정에 위반한 자

2. 제37조(제87조 및 제94조의 규정에 의하여 준용되는 경우를 포함한다)의 규정에 위반하여 출처를 명시하지 아니한 자

3. 제58조 제3항의 규정에 위반하여 복제권자의 표지를 하지 아니한 자

4. 제59조 제2항의 규정에 위반한 자

5. 제105조 제1항의 규정에 의한 신고를 하지 아니하고 저작권대리중개업을 하거나, 제109조 제2항의 규정에 의한 영업의 폐쇄명령을 받고 계속 그 영업을 한 자

제139조(몰수) 저작권 그 밖에 이 법에 의하여 보호되는 권리를 침해하여 만들어진 복제물로서 그 침해자 · 인쇄자 · 배포자 또는 공연자의 소유에 속하는 것은 이를 몰수한다.

제140조(고소) 이 장의 죄에 대한 공소는 고소가 있어야 한다. 다만, 다음 각호의 어느 하나에 해당하는 경우에는 그러하지 아니하다.

1. 영리를 위하여 상습적으로 제136조 제1항 및 제136조 제2항 제3호에 해당하는 행위를 한 경우

2. 제136조 제2항 제2호 · 제5호 및 제6호, 제137조 제1호 내지 제4호 및 제6호와 제138조 제5호의 경우

3. 영리를 목적으로 제136조 제2항 제4호의 행위를 한 경우

제141조(양벌규정) 법인의 대표자나 법인 또는 개인의 대리인 · 사용인 기타의 종업원이 그 법인 또는 개인의 업무에 관하여 이 장의 죄를 범한 때에는 행위자를 벌하는 외에 그 법인 또는 개인에 대하여도 각 해당 조의 벌금형을 과한다.

제142조(과태료) ① 제104조의 규정에 따른 필요한 조치를 하지 아니하는 자는 3천만원 이하의 과태료에 처하며, 제106조의 규정에 따른 의무를 이행하지 아니하거나 제133조 제4항의 규정에 따른 문화관광부장관의 명령을 이행하지 아니하는 자는 1천만원 이하의 과태료에 처한다.

② 제1항의 규정에 의한 과태료는 대통령령이 정하는 바에 의하여 문화관광부장관이 부과 · 징수한다.

③ 제2항의 규정에 의한 과태료의 처분에 불복이 있는 자는 그 처분의 고지를 받은 날부터 30일 이내에 문화관광부장관에게 이의를 제기할 수 있다.

④ 제2항의 규정에 의한 과태료의 처분을 받은 자가 제3항의 규정에 의한 이의를 제기한 때에는 문화관광부장관은 지체 없이 관할법원에 그 사실을 통보하여야 하며, 그 통보를 받은 법원은 비송사건절차법에 의한 과태료의 재판을 한다.

⑤ 제3항의 규정에 의한 기간 내에 이의를 제기하지 아니하고 과태료를 납부하지 아니한 때에는 국세체납처분의 예에 의하여 이를 징수한다.

부 칙

제1조(시행일) 이 법은 공포 후 6개월이 경과한 날부터 시행한다. 다만, 제133조 제1항 및 제3항의 규정은 이 법을 공포한 날부터 시행한다.

제2조(적용범위에 관한 경과조치) ① 이 법 시행 전에 종전의 규정에 의하여 저작권의 전부 또는 일부가 소멸하였거나 보호를 받지 못한 저작물등에 대하여는 그 부분에 대하여 이 법을 적용하지 아니한다.

② 이 법 시행 전에 행한 저작물 등의 이용은 종전의 규정에 의한다.

③ 종전의 부칙 규정은 이 법의 시행 후에도 계속하여 적용한다.

제3조(음반제작자에 관한 경과조치) 종전의 규정에 의한 음반제작자는 이 법에 의한 음반제작자로 본다.

제4조(단체명의저작물의 저작자에 관한 경과조치) 이 법 시행 전에 종전의 제9조의 규정에 의하여 작성된 저작물의 저작자에 관하여는 종전의 규정에 의한다.

제5조(단체 지정에 관한 경과조치) 이 법 시행 전에 종전의 규정에 의하여 보상금을 받을 수 있도록 지정한 단체는 이 법에 의하여 지정한 단체로 본다.

제6조(법정허락에 관한 경과조치) 이 법 시행 당시 종전의 규정에 의한 법정허락은 이 법에 의한 법정허락으로 본다.

제7조(등록에 관한 경과조치) 이 법 시행 당시 종전의 규정에 의한 등록은 이 법에 의한 등록으로 본다. 다만, 종전의 제51조의 규정에 의하여 이루어진 저작재산권자의 성명 등의 등록은 종전의 규정에 의한다.

제8조(음반의 보호기간의 기산에 관한 경과조치) 이 법 시행 전에 고정되었으나 아직 발행되지 아니한 음반의 보호기간의 기산은 이 법에 의한다.

제9조(미분배 보상금에 관한 경과조치) 이 법 제25조 제8항(제31조 제6항 · 제75조 제2항 및 제82조 제2항의 규정에 따라 준용되는 경우를 포함한다)은 이 법 시행 전에 종전

의 제23조 제3항 · 제28조 제5항 · 제65조 및 제68조의 규정에 의하여 수령한 보상금에 대하여도 적용한다. 이 경우 각 보상금별 분배 공고일은 보상금지급단체로부터 권리자가 당해 보상금을 처음으로 지급받을 수 있는 날의 연도 말일로 본다.

제10조(실연자의 인격권에 관한 경과조치) 이 법 시행 전에 행한 실연에 관하여는 이 법 제66조 및 제67조의 규정을 적용하지 아니한다.

제11조(저작권위탁관리업자에 관한 경과조치) 이 법 시행 당시 종전의 규정에 의하여 저작권위탁관리업의 허가를 받은 자는 저작권신탁관리업의 허가를 받은 자로, 저작권위탁관리업의 신고를 한 자는 저작권대리중개업의 신고를 한 자로 본다.

제12조(저작권신탁관리업자의 수수료 및 사용료에 관한 경과조치) 종전의 규정에 의하여 승인한 저작권신탁관리업자의 수수료 및 사용료의 요율 또는 금액은 이 법에 의하여 승인한 것으로 본다.

제13조(저작권위원회 등에 관한 경과조치) 종전의 규정에 의한 저작권심의조정위원회 및 그 심의조정위원은 이 법 제8장의 규정에 의한 저작권위원회 및 그 위원으로 본다.

제14조(벌칙 적용에 대한 경과조치) 이 법 시행 전의 행위에 대한 벌칙의 적용에 있어서는 종전의 규정에 의한다.

제15조(다른 법률의 개정) ① 지방세법 중 다음과 같이 개정한다. 제143조 제2호 중 "저작권법 제52조, 제60조 제3항, 제73조 및 제73조의 9"를 "저작권법 제54조, 제63조 제3항, 제90조 및 제98조"로 한다.

② 방송법 중 다음과 같이 개정한다. 제78조 제3항 중 "著作權法 第69條"를 "저작권법 제85조"로 한다.

제16조(다른 법령과의 관계) 이 법 시행 당시 다른 법령에서 종전의 규정을 인용하고 있는 경우에는 이 법의 해당 조항을 인용한 것으로 본다.

참고문헌

강익희, 『방송 산업 비정규직의 실태와 개선 방향에 대한 연구』, 커뮤니케이션북스, 2004.

강준만, 『대중문화의 겉과 속』, 한샘, 1997.

곽하섭, 「노동법상 연예인의 지위에 관한 고찰」, 조선대학교 석사 학위논문, 2003.

권태동, 「누가 연예계를 움직이는가: 6개 매니지먼트사의 파워」, 〈월간중앙〉, 2001년 11월호.

김성근, 「근로조건 열악 정규직과 이질감 심화」, 〈신문과 정책〉, 2004년 3월호.

김성연, 「스타 시스템과 드라마 외주 제작 시장 변화에 관한 연구」, 한양대학교 석사 학위논문, 2006.

김순희, 「방송작가 세계의 빛과 그림자」, 〈신동아〉 통권 541호, 2004.

김승수, 「TV와 엔터테인먼트: 드라마 제작 시장의 원리」, 〈프로그램/텍스트〉, 2001년 5월호.

김시출, 「방송 인력 채용 어떻게 할 것인가」, '2006년 방송 엔터테인먼트채용박람회 세미나: 방송/엔터테이너 인력 채용 어떻게 할 것인가?' 에서 발표.

김영덕, 「일본 내 방송 한류 실태와 향후 전망」, 〈동향과 전망〉 통권 224호, 2005.

김웅래, 『방송연예론』, 한울아카데미, 2004.

김호석, 「문화산업의 스타시스템에 관한 연구」, 서강대학교대학원 박사 학위논문, 1998.

김호석, 「텔레비전, 그리고 스타와 스타 시스템」, 〈프로그램/텍스트〉 제5호, 2001.

김호석, 『스타 시스템』, 삼인, 1988.

김휴종, 「한국 영화 스타의 스타 파워 분석」, 〈문화경제연구〉 제1권 1호, 1998.

노동부, 「영화 · TV 스텝진 근로 조건 실태 및 관련 제도 연구」, 2005.

노동부 · 한국산업인력공단 중앙고용정보원, 「2005 직업 지도 JOB MAP 산업 · 직업별 고용 구조」, 2005.

더글러스 켈너, 『미디어의 문화: 영화, 랩, MTV, 광고, 마돈나, 패션, 사이버 펑크』, 새물결, 1997.

마이클 J. 울프, 『오락의 경제』, 이기문 옮김, 리치북스, 2000.

문화관광부 방송광고과 내부 자료, 「독립제작사 신고 현황」, 2006.

문화관광부, 「문화산업백서」, 2005/2006.

문화관광부, 『2005 문화산업통계』, 2006.

문화관광부 · 한국문화관광정책연구원, 『2004 문화예술통계』, 2005.

이호영 · 조인희, 「엔터테인먼트 매니지먼트 특성에 관한 고찰」, 〈한국문화산업교육학회〉 1권 2호, 2006.

조인희 · 김희철, 「설문을 이용한 커뮤니케이션 기능 특성 요인 분석에 관한 연구」, 〈한국인터넷비즈니스학회〉 8권 1호, 2007.

조인희 · 김희철, 『현대경영학입문』, 대왕출판사, 2006.

조인희 · 이재혁, 「한류, 중국 시장에서의 성공 요인에 관한 연구」, 〈한국예술교육학회〉 5권 1호, 2007.

조인희, 「한국 엔터테인먼트 산업의 시장현황에 관한 연구」, 〈한국예술교육학회〉 5권 2호, 2007.

조인희, 「한류, 퓨전 국악의 결합과 발전 방안에 대한 소고」, 〈한국문화산업교육학회〉 1권 2호, 2006.

통계청, 「고용직업분류」, 2000.

하윤금, 「방송영상 산업 민간투자 환경 개선과 진흥 제도 연구」, 2005.

하윤금 · 김영덕, 『방송과 연예 엔터테인먼트 산업』, 커뮤니케이션북스, 2003.

한국노동연구원, 「문화산업 전문 인력 형성 구조와 정책 지원」, 2006.

한국방송연기자협회, 「방송연기자 상설 재교육 프로그램 안(案)」, 2005.

한국산업인력공단, 「한국고용직업분류, 2005」, 2005.

교육기본통계(교육통계서비스시스템): www.kedi.re.kr

통계청: www.nso.go.kr

한국고용정보원: www.work.go.kr

국제대학 연예매니지먼트과 홈페이지: http://dept.kookje.ac.kr/dept/ent/

監査法人トーマツ編, 『コンテンツビジネスマネジメント』, 日本經濟新聞社, 2003.
關口一郎, 『コミュニケーションの仕組みと作用』, 大修館書店, 1999.
吉見俊拓, 『メディア文化論』, 有斐閣アルマ, 2004.
瀧山晋, 『ハリウッド巨大メディアの世界戦略』, 日本經濟新聞社, 2000.
梅田勝司, 『最前線´映像ビジネス知りたいことがすぐわかる!!』, こう書房, 2000.
福井健策, 『エンタテインメントの罠』, すばる舍, 2003.
山根節, 『エンタテインメント發想の經營學』, ダイヤモンド社, 2001.
三上俊治譯, 『マス・オーディエンスの未來像』, 學文社, 2002.
小林雅一, 『グローバル・メディア産業の未來図』, 光文社, 2001.
小林眞理, 『アーツマネジメント槪論』, 水曜社, 2001.
郵政省　郵政研究所編, 『徹底研究メディア・ソフト』, クリエート・クルーズ, 1994.
日經BP出版センター編, 『エンタテインメンと・キーワード95-96』, 日經BP出版センター, 1994.
電通總研究編, 『情報メディア白書』, 中央經濟社, 2001.
ニュービジネス協議會編, 『娯樂ビジネスの未來』, 東洋經濟新聞社, 1994.
ハロルド・ヴォーゲル, 『エンターテインメントビジネス』, Rittor Music, 1993.
ミドリ・モール, 『ハリウッド・ビジネス』, 文藝春秋社, 2001.

A. Bagamery, "We Sell Space, Not Fantasy", 〈Forbes〉 133(3) (January 30), 1984.
Harold L. Vogel, *Entertainment Industry Economics: A Guide for Financial Analysis*, Cambridge University Press, 1999, p.XVII.(『엔터테인먼트 산업의 경제학』, 현대원 옮김, 커뮤니케이션북스, 2003.)
Johan Huizinga, *Homo Ludens: A Study of the Play-Element in Culture*, 1938.(『호모 루덴스』, 김윤수 옮김, 까치, 1998.)

Roger Callois, *Les jeux et les hommes*, 1958.(『遊びと人間』, 多田道太郎 옮김, 講談社學術文庫, 1990.)

Roger G. Noll · Merton J. Peck · John J. McGowan, *Economic Aspects of Television Regulation*, Brookings Inst Pr., 1973.

Vicki Abt · James F. Smith · Eugene Martin Christiansen, *The Business of Risk: Commercial Gambling in Mainsteam America*, University Press of Kansas, 1985.

W. Johnson, "The Economics of Copying", 〈Journal of Political Economy〉 Vol. 93 No. 11, 1985.

William R. Eadington, *Gambling and Society: Interdisciplinary Studies on the Subject of Gambling*, Charles C. Thomas Pub Ltd., 1976.

저자 약력 소개

조인희

경희대학교 대학원 졸업/석사

경기대학교 대학원(엔터테인먼트경영 전공)/박사 수료

중부대학교 엔터테인먼트학과/전임교수 역임

현. (주)퍼스테이트/이사,(주)Xing Entertainment/고문

남서울대학교/겸임교수

한국여가레크리에이션학회/이사

한국인터넷전자상거래학회/이사

한국대학생활체육연맹/상임이사

이호영

일본 조치대학교 대학원 졸업/석사

일본 조치대학교 대학원 졸업/박사

현. 경기대학교 다중매체영상학부/교수

경기대학교 서비스경영전문대학원/엔터테인먼트경영 전공/주임교수

한국정치커뮤니케이션학회/부회장

한국방송학회/정회원

한국언론학회/정회원

최병춘

중앙대학교 대학원 졸업/석사

경기대학교 대학원 졸업/박사

일본 와세다대학대학원 상학연구과정 수료

현. 예원예술대학교 예술경영학과/교수

한국소리문화의전당 운영협의회 운영위원

전라북도 문예진흥기금 및 무대공연작품 평가위원

한국창업정보학회/이사 역임(정회원)

한국통상정보학회/정회원

한국무역통상학회/정회원

저자와의
협의하에
인지생략

엔터테인먼트 매니지먼트 실무론

2008년 1월 3일 초판 인쇄
2008년 2월 2일 초판 1쇄 발행

저　　자 : 조 인 희 · 이 호 영 · 최 병 춘
발 행 인 : 정　　광　　식
발 행 처 : **비앤엠북스**
서울시 마포구 현석동 17번지 2층
등　　록 2004.12.29. / 제313-2004-00298호
전　　화 701-0801~2, 팩스 701-0831
홈페이지 bnmbooks.co.kr
이 메 일 bmbooks@paran.com

정가 20,000원　　ISBN 978-89-91879-37-9